〈高知能なのに なぜ生きづらいのか？〉

ジャンヌ・シオー＝ファクシャン

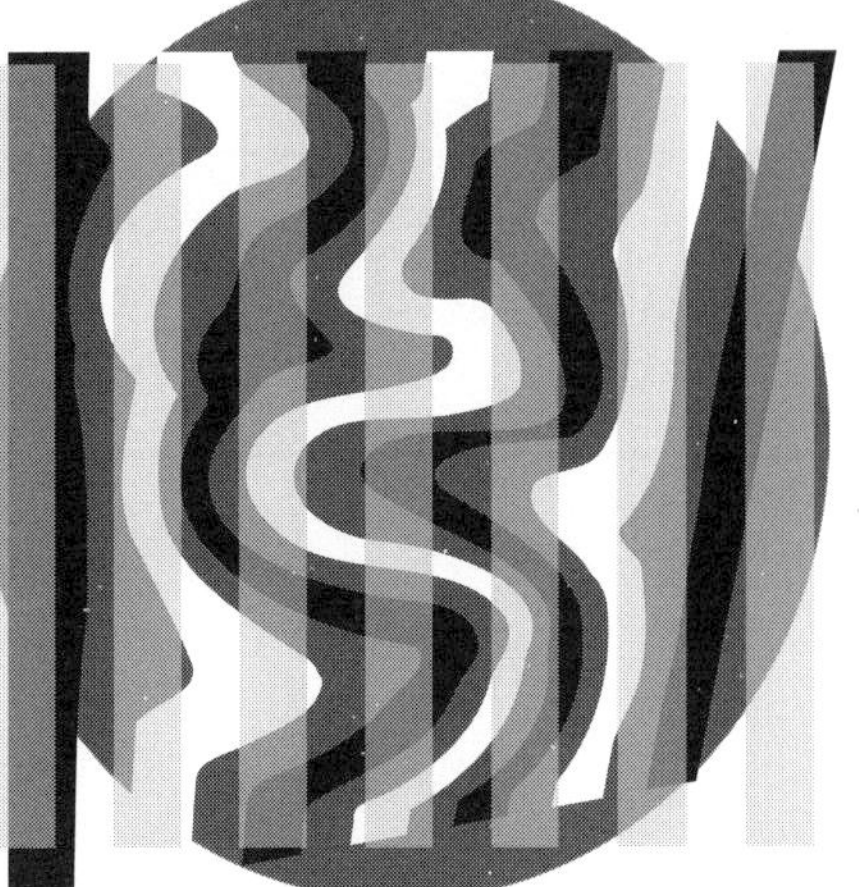

鳥取絹子［訳］

Trop intelligent pour être heureux ?

L'adulte surdoué

Jeanne Siaud-Facchin

筑摩書房

TROP INTELLIGENT
POUR ÊTRE HEUREUX?
L'Adulte surdoué

序文に代えて〈読者への手紙〉

〈読者のみなさまへ〉

日本のみなさん、はじめまして。みなさんとこの本を通じて会えることを嬉しく思っている。しかし正直に言うと、少し緊張している。じつはこの本は、私がフランスで初めて出版した『ギフテッドの子ども――成長と成功を助ける』(二〇〇二年、未訳)の第二弾。最初の本を出版するときも、読者を失望させるのではないか、期待に沿わないのではないかと不安だったのだが、幸いにも熱狂的といってもいいほどの支持を受け、世界各国で翻訳されている。本書は人気を博した本や映画の第二部、第二話のようなもので、人々が待ち焦がれていたぶん、蓋をあけたらがっかりということがよくある。それでも私の手元には、本当に多くのみなさんから「第二弾はいつ出るのか?」という要望があった。それがこの本だ。何年もかけて私の宝物になった新しい出会い、新しい研究、最新の知識とともに、私の視点や、現時点で私が理解していることを紹介するつもりである。

本書でこれから触れていくのは、ギフテッドの機能とその特色、その豊かさと傷つきやすさ。それを理解するなかでの私の考察と、アプローチの仕方である。しかし、時系列も追っている。子ども時代と、怒涛の思春期、そして大人になってからである。そのとき正確にはどんなことが起きるのだろう? これら普通ではない子どもたちは、発達段階で混乱に陥り、途中で思いもかけない障壁や、深い失望、痛切な失敗を味わうことが多いのだが、彼らはいったいどうなるのだろうか?

特異な個性を持ったギフテッドは、大人になってどう生きているのだろう? 研ぎ澄まされた知能と、苦痛を与えることもある結果に対して、私たちは何ができるのだろう? 人よりも敏感な感受性を必死に押さえ込もうとするばかりでいいのだろうか？　私たちに合った人生を築き、気分よく生きるにはどうしたらいいのだろうか？　それよりも、そんなことができるのだろうか？　そして、もしできたとしても、どのようにして？　どんな代償を払って？　このもっとも重要で、頭から離れない問題を抱えたまま、はたして幸せなギフテッドの大人になれるのだろうか？

さらに、子ども時代は「早熟」という考えである程度通せたとしても、大人になったら「ギフテッド」の自分をどう考えているのだろう？　どのように「思い切る」のだろう？　それを信じる方法は？　他人とまったく違うという直感が頭から離れず、つねに周囲から浮いているという感覚、あまり理解されなかったという漠然とした感情……、それでも大人になって、どんな自己イメージを構築できるのだろう？　自身の歴史にどんな意味を与え、大人になった自分をどう理解できるのだろう？　この非常に特別で、普通と違うギフテッドの人物像を見て、それが自分のことだとわかるのだろうか？

私が本当に驚いたのは、初めてギフテッドの子どもの本を出版したときだった。本当のことを言うと、この本を書いたとき頭のなかにあったのは、ギフテッドの子どもを持つ親と、ギフテッドを理解したい教師たちだけだった。まさかこの本が、大人のギフテッドに読んでもらえるとは、本当に、一瞬たりとも思っていなかった。ということは、大人が自分たちの物語の痕跡や、子ども時代の反映をそこに見いだしたということだ。この本がみんなの心を揺さぶり、衝撃を与えたのだろう。子どものいない大人が、ひそかに、自分と同じ仲間に会えると考えて、ちょっと気恥ずかしく思いながら私の本を買ったのだろう。とくに心を打たれたのは、この本を読んでショックを受け、考えが変わった大人の読者から受け取った手紙だった。それは予想もしていなかったので……本を読み直したほどだ！　そうして少し理解した。最初の本では子どものことを話しているのだが、しかしその子どもは、誰であれ、いまも私たちのなかに生き続けているということだ。そして子どもだった自分に出会うということは、普段は忘れているアイデンティティの一部を再発見するか、新たに見つけることでもある。あの頃は何も理解していなかったこと、いちばん多いのは、他人からまったく理解してもらえなかった自分。自身のこの部分と再会することで、はじめて安心できるようになる。子ども時代の自分をいまも内心ひそかに感じながらも、本当には信じていなかった自分をついに理解したと感じるのだ。

それを機に、私はたくさんの大人と出会い、診察した。なかには、私の患者である子どもの親もいる。子どもとの体験や診察を通して自分を知り、突然、自分を違う目で見るようになった人たちだ。

これはアイデンティティを確認するプロセスを逆から行っていると言えるだろう。普通は、子どもが成長するために、親と同一視してアイデンティティを確立する。ところがこうした場合、子どものことを話し、その機能の仕方を説明しているなかで、親が子どもに自分の姿を見出し、同一視していくのだ。これは非常に興味深い現象で、診察現場でその展開を観察するのはとても面白い。そのとき、親の歴史の一種の「沈殿物」と向き合うことになる。まるで親が、これまでの人生のあらゆる出来事や瞬間、感動を超高速で凝縮して読み直し、子どもについて話していたことが、一足飛びに、自分の人生に重なるようなのだ……。この瞬間、親は元の自分に戻るのが難しくなる。あまりに自分から離れて、遠くへ行きすぎているからだ。そのとき私は、最初の段階として、親をゆっくりと診察の現実に引き戻さなければならない。ここにいるのは子どものためであることを説明し、もし自分自身の診察を望むなら、次の機会にしてもらうことにするのである。

私は、人生で「窮地にいる」大人のギフテッドにも出会った。その道のりで私の本を手にし、人生に再び意味と方向を与えるために、自分たちのことを知って理解し、立て直したいと思った人たちだ。

こうして生まれたのがこの本だ。大人のギフテッドにとっては初めての本。私を信頼し、もっと遠くへ行きたいと願った人たち、そしてみなさんのための本である。さあ、一緒に行きましょう！ 私こそ、喜んでみなさんと一緒に長い道のりを進みたいと思っている。

本書では、子ども時代と、思春期について改めて話すことにする。大人をよりよく理解するためと、そして内面で、ありのままの自分と完全に向き合う手がかりを探求するためである。これは私の経験から学んだことで、自分の歴史を「読み返し」、ありのままの自分を現実化して回り道をすることは、絶対に必要なことである。ギフテッドは、世界や自分自身に対する見方をはじめ、個性全体がきわめて特殊な色合いを帯びている。私たち自身のものの見方を知らないと、問題を見逃してしまうことになる。そして私は、それを知らないことは許されないと思っている。そして私たちプロは、それを考慮して、それぞれが自分にあった幸せを成就するのを助けるのが義務だと思っている。みんなそれぞれユニークな存在なのだから。

この本はみなさんのもの。私が理解したことを共有するこの新しい出会いを嬉しく思っている。みなさんの信頼と、私がこの本を書くよう後押ししてくれた、子どもも大人も含めた私のすべての患者に感謝！ おかげで私は引き続きもっともっと考慮し、前へ進み、考えて探求することができた。もっともっと理解するために……みなさんのように！

第3章　子どもから大人へ……自己構築の難しさ　80

第6章 ギフテッドの大人であることの難しさ 183

女性の側

第8章

カップル……似た者同士が一緒になる？ 261

第9章

そしてうまくいっている人たちは？ 269

第10章 うまくいくにはどうしたらいいのだろう? 292

第11章 すべてがうまくいかないとき 328

結論に代えて 347

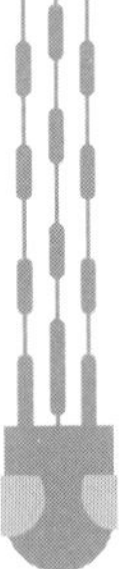

大人のギフテッド——高知能なのになぜ生きづらいのか?

第1章　ギフテッドとはどういう意味？

ギフテッド……あなたは誰？

ギフテッドは単にいま流行のテーマなのだろうか？　実際、メディアが歪曲して拡散した結果、ギフテッドは「急激に増えた」集団で、自己満足で子育てをする親や「スーパー脳」に魅せられた精神科医によってつくられた虚像、という考えがまかり通っている。

確かに、ギフテッドはかつてはすべてを手にしている人と考えられていた。興味が向けられたのはどちらかというと最近のことである。

何があったのだろう？　これにはさまざまな要因が結びついている。心理学的な診断を受ける子どもや思春期の若者の数が増え、心理学的評価がかつてなく普及したことと、それにともない、気がかりなことが一つ確認されたことである。知能指数の高い子どもは、学校で困難な状況に陥り、ときに深刻な精神障害を体験するということだ。ほかには、行動や社会への適応障害まで引きおこす子どももいて、いずれにしろ学業にとってリスクになるというものだ。そして最後が大人、自分の子どもの成績や行動を見て敏感になった親が、困り果てて心理学的診断に殺到、その地位を想像以上に引き上げたことである。

彼らの共通点は？　明らかになっているのは、みんなギフテッドで、困難に直面しているということだ。彼らはギフテッドで、生きづらさを感じ、人生や周囲に溶け込む問題に答えを求めている。成功の問題もそうだ。

ここ数年の流れを見ると、大学での科学的な研究、国民教育省での問題意識の高まり、医学界での細々ながらの専門家養成……などの動きが始まっている。それでも、現実として、これらギフテッドの子どもや大人が、日常的に理解してくれる人やより添い、支援を求めていることを思うと、具体的な方策や提案はまだまだ少ないと言える。

とくに、ギフテッドを並み外れて有利な人ととらえる傾向はいまだに支配的で、多くの人はいまなおそう思いこんでいる。

実際に、人生の行程でギフテッドを疲弊させる、この中核となる矛盾を取りこみ、許容するにはどうしたらいいのだろう。極端な知能と、精神的な脆さが密に結びついているのである。

「奇妙な関係だ。極端な思考と、極端な苦悩は、同じ世界を開くのだろうか？　苦しみとは、結局、考えることなのだろうか？」*

モーリス・ブランショ

・私たちが混同しがちなこと……知能と成績。

・同一視しがちなこと……能力と成功。

＊モーリス・ブランショ『来るべき書物』（ちくま学芸文庫）。

・重ねがちなこと……潜在能力と知的効率。
・結びつけがちなこと……量的に高い知能（規準よりも知能が高い）と、質的に異なる知能。前者は周囲の要求に順応するのに対し、後者は機能の仕方が苦悩や失敗の原因となりうるギフテッド（別の形の知能）の知能である。
・忘れがちなこと……理解や分析、記憶が速いということは、学識や先天的な知識があることとは関係がない。
・過小評価しがちなこと……極端な知能は、極端な感覚過敏症、極端な感受性と切っても切り離せない。
・ひた隠すこと……過度な知能と過度な感受性は、本人を傷つきやすくし、疲弊させる。
・知られていないこと……物質や人間関係のあらゆる構成要素を鋭い意識で感じ、知覚することで、つねに感情的な反応が生じ、これが漠然とした不安の原因となる。

知能について考えたとたん、頭のなかでさまざまに矛盾するイメージが動き出す。すぐに自問するのがその意味についてだろう。知能が高いとは何なのだろう？　次にその結果について。知能が高いと何が想定されるのだろう？　最後が期待について。その場合、私は何をしなければいけないのだろう？　そしてもし、それができなかったら、この知能の前提は見直されるのだろうか？　などなど、知能とその影響をめぐる考えや確信、思い違い、矛盾、恐怖は非常に強いことがわかる。

「知能が高いことはとてもいいこと。でも、いつも必ずちょっとした事件が二、三ついてまわる。知能だけなら、何かの役に立つからとても嬉しい！　でも、それ以外はすべて、あまりに生きづらい」と、オーロールは私に語っている。

おさえておきたいこと

・ギフテッドとは、まずなにより知能のあり方の一つで、機能の仕方が普通とは違うことである。認知リソースの活性化でも、元となる脳基盤が異なるので、身体組織が予想もしない特異性を示すことになる。
・知能が量的に高いということではなく、質的に異なる知能をもっているということで、この二つはまったく同じではない！
・ギフテッドは、並外れた理解力、分析力、記憶力を持つ非常に高いレベルの知能リソースと、「そして」、鋭い感受性と感動、愛情の受容性、五感の知覚、洞察力を結びつけ、その広がりと激しさは思考の分野を占領するほどのものである。この二つの側面は「つねに」複雑にからみあっている。
・ギフテッドとは、人間としてのあり方の一つで、個性全体に彩りを与えるものである。
・ギフテッドは、感情がつねに爆発寸前で、思考はつねに際限がない。

◆知能と感情……ギフテッドの二つの面をつねに理解する

知能と感情はギフテッドの個性を構築し、発達段階に影響を残して、人生全体を構築していくものである。したがって、この二つの側面についてのギフテッドの特別な機能を考慮しないと、時代遅れの観念と勘違いを口実に、人口の一部を無視することになる。ギフテッドは、人も羨むチャンスでもなければ、神の贈り物でも、恵まれた才能でも、妬ましい超知能でもない。多種多様な知能と感情のリソースからなる特異な個性の一つで、その潜在能力が個性全体に一つの力として刻みつけられるのは、唯一、この要因が知られ、理解され、認められてこそなのである。それを統合することでのみ、私たちに合った、快適な人生を築くことが可能になり、それは私たちが試みていることでもある。無視し、否定することは、自分自身を脇に追いやり、深い欠乏感と不完全な感覚を抱いて人生を送ることになる。そして下手をすると、社会的不適応や深刻な精神障害などを発症して苦しむことになるのである。

「幸せとは、とどのつまり、それぞれの能力を百パーセント発揮することでしかない」

ミハイ・チクセントミハイ（訳注：ハンガリー出身のアメリカの心理学者）

警告を鳴らそう！

現在、臨床報告は懸念すべきものである！　ギフテッドの子どもの学校体験は混沌としていることが多いのだ。精神的に傷つきやすい彼らは自己愛が曖昧で、社会で苦痛を感じて苦しんでいる。性格によっては防衛機制や可能性を発達させ、その特色を人生の利点やポジティヴな力に変える子どもはいる。しかし、発達段階でさまざまな情緒障害に陥ると精神障害をあらわすことになる。思春期になると、臨床例が定型と異なる精神的代償不全が多くみられ、ケアが難しく、予測も暗くなることが多い。

障害は、その子がギフテッドとはっきりわかっていたかどうか、何歳で診断を受けたかによって、ある程度特徴づけられるだろう。子どもが本当の自分を知らずに成長すると、精神障害になるリスクは現実味をおびてくる。大人では、過去に諦めたことや心の傷、自身や社会に対する間違った信念、あるいは傷つきやすさから身を守るために築きあげた強固なメカニズムが原因で、性格は不安定な方法で構築されるだろう。ギフテッドの大人の道のりは混沌として落ち着かず、曲がりくねってかき乱されることが多いのである。

もちろん、ギフテッドの大人のなかには、快適な人生でバランスを見つけ、満足のいく計画を立ち上げ、成功する人もいるだろう。しかし、こうして自己実現できたギフテッドが大半だと言いたがる世論の陰で、ありのままの自分を知らずに彷徨う大人を、どうして無視できるだろう。

◆大きな問題……彼らをどう呼ぶか？

この問題は補足的どころか、いろいろな意味で中心的なものである。それぞれの呼び方はどこか部分的で、間違ったイメージを連想させ、いずれにしろどれをとっても不満が残る。

・「知的に早熟」とは、それ以前に子どもの発達についてのことで、現実を反映しておらず――ギフテッドの子どもはすべての面で発達が早いわけではない――、特異性もあらわしていないうえ、発達が「早い」ことで機能に違いが生まれるわけではない。さらによくないのは、「早熟」で片づけると、「早熟な子ども」と理解してしまうことだろう。

・「ギフテッド」？　すぐに思うのは「人より才能があり」、それが生まれつきのものだということだ。その響きから、何か才能があると思うのだが、現実としてそうでなければ、どうしてこの言葉に自分を当てはめることができるだろう？　親にとっては、自分の子どもが学校でも家でもうまくいっていないのに、ギフテッドと言われると辛いところがある。ギフテッドと言われる子どもにとっても、他人が考える自分とまったく違い、自身も可能性を感じていないとなれば複雑だろう。本人にとっては重荷となり、親にとっても複雑だ。自分の子どもがギフテッドだと、どうして人に言えるだろう？　他人の視線に気遅れし、理解してもらえるかどうかさえわからない。みんなが「信じている」ようなことではないと、どう説明すればいいのだろう？　ギフテッドという言葉をなかなか使えないのは、自分の子どもが「進んでいる」印象を与え、「自慢」していると思われるからだ。

では大人の場合はどうだろう？　それまでの人生が失敗と苦しみの連続、虚しいだけだったのに、そんな自分をどうしてギフテッドと思えるだろう？　たとえ人生の困難や喜びをそのまま受け入れ、自分の人生は「成功」したと思っている大人にとっても、ギフテッドという形容詞には困惑する。私がギフテッド？　自分の人生とどんな関係があるのだろう？　もし私がギフテッドなら、別のキャリアを築けたのではないだろうか？

それでも、ギフテッドという呼び方は、フランスではもっとも古く、[*]性格的に特有な特色をあらわしている。既定のものとして、私はほかの呼び方より受け入れられていると思っている。

・現在、流行しているのは、ハイポテンシャルを略した「HP」、あるいは高IQを略したHIQで、迷惑をかけるところや、過剰な部分を記号でごまかしているようだ……。

ハイポテンシャルという呼び名に関しては、別の問題が待ちうけている。潜在能力が高いということは、何か大きなことをして、成功しなければならないと思わせる。そうでなければ、せっかくの能力が「無駄」になる？　待ち受けているのは罪悪感ではないだろうか……。

◆ここでは「おかしなシマウマ」と呼ぶ……

したがって私は、重苦しいイメージを吹き払うために選んだシマウマという用語を引き続き使うことにする。シマウマは変わった動物で、ウマ科では唯一、人が飼い慣らすことができない。サバンナでもシマ模様を使って身を隠すなど、ほかの動物とはっきり区別される。生存の

＊この言葉がフランスに紹介されたのは一九七〇年、精神科医のJ・デ・アフリアグエラが英語の「ハイリー・ギフテッド」を翻訳したもので、一九七五年、科学者レミ・ショーヴァンが出版した基本の書『ギフテッド』（ストック社）で広く知られるようになった。

ために仲間を必要とし、子どもの面倒見が非常によく、みんな同じように見えてとても違っている。また私たちの指紋と同じように、シマウマのシマ模様はユニークで、仲間うちで見分けることができる。どのシマウマも違うのだ。それだから私は、これら「おかしなシマウマ」たちは、この厳しい社会で調和して生きていくために、私たちの気づかいを必要としていると言い続けていくだろう。彼らの「シマ模様」が、私には人生において爪で引っ掻かれた痕のような気がして、みんなを守り続けていくだろう。みんなにはシマ模様はまた素晴らしい特色で、たくさんの罠や危険から救ってくれると、説明し続けるだろう。そのシマ模様は素晴らしく、みんな誇りを持っていいのである。それも堂々と。

私がフランスで運営する学習障害の治療センター「コギトＺ」[*]では、ギフテッドの患者のカルテにシマウマをデザインしたスタンプを押すのが習慣だ。こうして呼び方の問題から解放されたうえで、シマウマのカルテ全体が分類される。スタッフが集まって、その子がシマウマかどうかを議論する。ここでは、シマウマはフランス語の zèbre（ゼーブル）の頭文字をとってＺとなり、考察欄には、たとえばシマウマの特徴が非常によく出ている場合は、Ｚ＋＋と書き込む。そうしてベースとなる患者の管理データには、診断に合わせてＺの印をつけ、以下、正義感のＺ、感情型Ｚ、さまよえるＺ、言うことを聞かないＺ、世捨て型Ｚ、忘れられたＺ……などと書いて分類する。これが結局はとてもうまくいっている！

ギフテッドについて、現在わかっていること

ここ数年、多くの書籍が出版され、研究が飛躍的に増えたことで、政府の関心がギフテッドに向けられている。

こうして普通と違う人口集団を考慮する意識が芽生え、活発で実りある働きかけが可能になった。それにつれ、このテーマを研究する大学のグループが増えていき、多くの臨床医や心理学者、精神科医が養成され、教育機関も再編成されて、より適切な教育方法を考慮することが求められている。確かに、親にとって診察所「巡り」はいまなお非常に難しく、「ハッピーエンド」となるとあまりに少ない。専門家は不足し、適切な機関はあっても例外なのだが、しかし正直に言うと、動いてはいる……少しだけれど。

大きな革命は、おもに神経科学からきている。いまやとくに核磁気共鳴画像法いわゆるMRIのおかげで、脳機能をリアルタイムで見ることができる。私たちは、ある状況や背景で、ある問題を解決するときに脳のどの部分が関わるのか理解できるようになっている。この技術革命のおかげで、重要な問題に対する理解や知識が深まった。ギフテッドの思考は何が、どう違うのだろう？

＊「コギトZ」は学習障害の診断と治療にあたるフランス初のセンターで、二〇〇三年、著者のジャンヌ・シオー＝ファクシャンによってマルセイユで創設された。現在、アヴィニヨンとパリにもある。

◆新たな発見？　それとも確認？

実際は、私が思うに、神経科学の貢献は安心材料にはなるが、しかし、本当の新事実はもたらしていない。臨床医はずっと以前から、ギフテッドの思考や感情現象には特異性が認められることを知っている。親も、それを身近に見ている。教師たちも、どんなに口が重くても、これらの生徒がほかの子のようには反応しないことを認めている。学習の仕方をはじめ、行動、他人との関係、感情的な反応がまったく違うのだ。

つまり、現在、科学が証明するのは、ギフテッドと接する人たちがずっと以前から理解していたことなのである。

いずれの場合も、本当の問題はただ一つ、次の問いで要約できる。「ではいま、何をしたらいいのだろう？」　この問いに対する答えをすべての人、ギフテッド自身と、より添う人、教育する人たちが欲している。

科学的な立証は安心材料だが、しかし、この問いに対する答えはないままである。

だから何なのだろう？　と悪態の一つもつきたくなる。研究がもたらすのは、私たちが以前から考えていたことが事実であるという証明だ。その間、関係する臨床医は全員、もうずっと以前からこれらの困難に直面して苦しむ人たちを、どうしたら助けられるかを探っている。対して研究は、ギフテッドについて研究することを目的とし、あらゆる状況やあらゆる人間から抽出した実験テーマのように扱っている。一つの要因をギフテッドの分子のように分離抽出している。そして確認された事実は、理論的な考察のなかで方向を失い、現場や本当の人生の現実と離れていることが多いのだ。

私は科学的研究の必要性を確信しているが、しかしギフテッドを実験の材料にして彼らのことを「忘れてしまう」のは危険だと思っている。私が確信するのは、臨床は人についての知識ではもっとも信頼できる出所で、個々のケースを元に一般化することができ、何百人というギフテッドとの出会いは有効な研究のデータになるということだ。この考えに揺るぎはない。

◆ギフテッドの脳を旅して……その独特の生き方や考え方を発見する

ここで脳にちょっと寄り道をすることで、ギフテッドの機能の中核を構成する要因に、科学的な視点でアプローチすることができる。感情面、認識面の両方についてである。目に見えないプロセスを「本当に見られる」というのは魅力的で、とくに、機能の特異性が存在するのを証明できるのは驚きだ。臨床医は面くらい、親がノイローゼになるのはもっともだということもよくわかるのである。

脳機能の概念を変える神経科学のいくつかの発見

◆問題は脳神経の数ではなく、接続数

私たちはみんな、神経細胞は二十歳を機に減り始めるという不安とともに生きている。学校で学んだのは、神経細胞は子ども時代に急速に増え、思春期で脳が成熟に達して、あとは衰退が始まる……というものだ。ところで、子ども時代に脳が急速に発達するのは事実だとしても、

知能と神経の数に相関関係があるという話は忘れなければならない。現在わかっているのは、知能に違いが出るのは神経の数ではなく、接続数ということだ。つまり、人が学び、理解して記憶し、刺激的な体験をするほど、より多くの神経同士が結びついていくということだ。そして、この接続機能が大きいほど、脳は高性能になる。

思春期では、脳はまだ完全に成熟していない。逆に最近になって明らかになったのは、この年齢では、行動を管理して予測する脳の部分に未成熟なところが存在することだ。この発見によって理解できるようになったのが、一部の思春期の若者がなぜ、人生を棒に振ってまで馬鹿げたリスクをおかせるのかということだ。脳が彼らにストップ！　とまだ言えないのだ。若者は行動を調整するためにほかの能力を使って努力しなければならないのだ。これは彼らにとって自然にできることではない！

いっぽう大きな発見は、脳の柔軟性である。これはいいことで、本当に素晴らしい！　つまり、人は神経を失ってもまったく問題がないのである（これは本当）。というのも、神経を永続的に接続し新しい神経網を作ることができるからだ。しかも、どんなに高齢になってもだ。私たちは一生、学び、考え、記憶し、脳を働かせることができるのだ。素晴らしいことではないか！

もう一つの特徴は、情報を伝達する速さには個人差があるということだ。神経網を情報が循環する平均速度は秒速二メートル前後で、一部の人は、ほかの人より情報をより速く処理するということだ。伝達速度は、脳の部分や、処理する情報の種類によっても違ってくる。

一部の出来事の情報処理は、わずか三から五ミリ秒しかかからない。みなさんがこの文を読んでいた時間、脳は何百という情報を処理している。あなたの知覚がとらえた外部からの情報、たとえば、準備中の食事の匂い、あなたの肩に触れた一陣の爽やかな風、遠くから聞こえたクラクションの音……などは内面からの情報となる、つまり、連想によるあなた自身の考えになるのである。

◆革命的な発見……脳は総合医

脳機能についての古い概念は、一つの機能は一つの決まった部位が司るというものだった。もしこの部位が傷つくか、破壊されたら（たとえば頭部外傷によって）、関連する機能は行使できなくなると考えられていた。たとえば言語に関する部位がダメージを受けたら、患者はもう言葉が使えなくなる、というふうに。ところで現在、脳はマルチタスクをこなすことがわかっている。脳の部位はすべて多くの異なることを処理できるのである。仮に一つの部位がダメージを受けたら、別の部位が受け継ぐ。ということは、脳の力は無限だということだ。

◆忘れていいもう一つの既成概念……人は脳の十パーセントだけでなく、すべてを使う

しかしこれは同時に、いつも起こるというわけではない。負荷や活性化される度合いはさまざまなのだ。解決すべき問題や状況の制約によって、一部の部位は沸騰状態になるのに対し、ほかの部位は弱い出力で機能する。そうして私たちは無意識のうちに多くの情報を記録しているのである。一部の部位が優先してある問題に取り組んでいるあいだ、ほかの部位は別の情報を統合し、分析し、処理して記録する。

これは現在、無意識の認知と言われるもので、脳が知っているすべてのことをいう。私たちは意識のうえでそれを知らないだけである。

したがって私たちは、脳を百パーセント使っているのだが、しかし、うち九十パーセントは意識しておらず、十パーセントだけ意識していることになる。

これが誤った既成概念の原因である！

◆感情が予想外の役割を果たしている

人は長いあいだ、理性を働かせて考えるためには冷静にしなければいけないと考えていた。デカルト以降、私たちは、感情にまかせると失敗するという信念を持って生きている。感情が乱れると判断能力を失い、間違えるというものだ。ところが驚くなかれ、これは完全な誤り！それどころか逆なのだ。感情は思考に必要なのである。*感情がなければ、人は単に決断し、結論を出して、「薄っぺらな」行動をとる。物事の意味や現実を見落としてしまうのだ。たとえば、もしあなたがどんな感情も抱かなければ、評価を誤り、あなたや他人の利益にならない選択をする危険がある。感情がなければ、脳は理性を失うのである！

ギフテッドの脳の認識機能は特別

◆脳の超活性化……頭のなかは暴風雨

ギフテッドの脳は、つねに活動過剰な状態にあり、超高速で接続し、それが脳のすべての部位で同時に行われている。常時、脳が「沸騰」していると、思考能力はいちじるしく拡大するが、しかし、あっという間に整理するのが難しくなる。

「頭のなかがいっぱいで、全部を言うために早く話そうとするのだけれど、でも、わけがわからなくなってしまって、結果は散々」

「あまりにたくさんのことを同時に考えるので、ときどき、自分がどこにいるのかわからなくなり、考えがプツンと途切れてしまう。それもあっという間にそうなって、肝心な考えを忘れてしまうような気がする」

「脳のなかがあまりにびっしりで、ときどき、過熱して、もたなくなるような気がする。本当に怖くなる。だから、無理をして考えないようにするのだけれど、どうしてもできない。まるで自分が脳のなかに閉じ込められているような気持ち」

◆速度

始まりは、脳のなかでの接続の速度である。ギフテッドの場合、情報の伝達速度は明らかに速い（知能指数が一ポイント上昇するごとに秒速で〇・五メートル速いと言われている）。ということは、同じ時間が経過するあいだに、数にしてより多くの情報が統合され、分析されるということだ。すべてがより速く進み、多数のデータが同時に処理されることになる。

＊アントニオ・R・ダマシオ『デカルトの誤り——情動、理性、人間の脳』（ちくま学芸文庫）。

脳の流れは中断なし。活性化のレベルは非常に高く、その激しさを抑えるのは難しい。

結果は？　思考がつねに進行状態。思考を止めることができない。

「どんなに自分の神経を休ませたいことか」あるいは「どうしたら考えを止められるのか、もうお手上げ」、もっと決定的なのは「接続を切断する薬か、外科手術はないものかしら？」……。絶え間なく考えることに疲れ果てた、大半のギフテッドが口にする不満や懇願である。

◆多空間の情報処理

情報処理についてよく言及されるのは、脳が外部と自身の内面からくる情報を一緒に処理するやり方だ。外部からというのは、私たちの周囲で起きていることを五感がキャッチするものだ。内面とは、私たちの頭のなかからの情報で、思い出や連想、心に思い描くことなどから発せられる。

ギフテッドの場合、これらの情報はすべて神経網に取りこまれ、脳の多くの部位を循環し、分配されていく。接続が正確に脳のどの部位で行われるのかは突きとめられていない（一般的には機能する場所が観察できる）。加えて、処理は同時に行われるので、すべてが同時に、大量に処理されることになる。関連する神経の数たるや倍々で増え、じっさい問題……頭は満杯だ！

◆挑戦……適切な情報の選択

このように脳がつねに加速して活性化するなかで、どうして主要な情報をつきとめることができるだろう？　どうすれば、いまこの瞬間に目の前にある問題を解決するのに適切な情報を見分けられるだろう？　すべてが速く進み、すべてが同時に脳にあらわれる。ある考えをつかもうとすると、それはすでに遠くへいき、何百という別の考えがあらわれる。おまけに、神経と同じペースで活性化する感情が、思考をさらに遠くへ運んでいく。この感情の負荷から解放されるにはどうしたらいいのだろう？

・潜在的抑制機能障害

潜在的抑制機能とは、私たちの脳が処理しなければならない刺激や情報に序列をつけ、必要なものを選びだす認識のプロセスである。

たとえば、私たちがある場所に入ると、そこの匂いを感じるが、すぐに消えていくように。脳が情報を記録し、その匂いを「不要」な部類に片づけ、脇においたのだ！　同じことは騒音でも起きる。時計のチクタクが気になっても、少しすると聞こえなくなり、周囲に消え去ったようになる。これは潜在的抑制機能が働いて、この情報は二次的だと分類したのである。

私たちの脳が受け取った、視覚、聴覚、触覚なんでもいい、あらゆる情報を選別し、有効で適切と判断したものに注意を向けさせるのが潜在的抑制機能である。「背景の」騒音やイメージ、感覚を削除する認識の働きだ。一種の「自動選別」で、私たちがこれらすべての情報に埋没せず、大切なことに集中できるために行われる。これは基本となる神経プロセスで、意識的な意思と関係なく無意識に作動するものだ。

この「自動選別」が、ギフテッドの脳では始動しないのだ。そのため無数の情報を前に、

「手動」で処理しなければならなくなる。これを「潜在的抑制機能障害」という。そこから考えられるのは、どれが優先する情報かを決めるのに、ギフテッドは頭のなかで大変な努力をしているということだ。ギフテッドが思考を組み立て、構築するときに出合う困難がよく理解できるだろう。そのとき、関連するあらゆる感情や感覚に、どれほどとらえられているかも理解できるだろう。

・分野に関する依存性／独立性……能力が異なる二つの認識様式

この概念は、全体が複雑ななかで、はっきりとした要因を一つ見つけるときの認識能力に二つ様式があることを意味している。そして私たちはそれぞれ、どちらか優先する認識様式にしたがって機能する。

「分野から独立」していると、細部を容易に隔離でき、与えられた仕事に不要な情報をぼかすことができる。そこに多くの要因があっても同じで、脳は探しているものを簡単に見つけることができる。

逆に、脳が「分野に依存」している場合、「目標」を識別することが難しくなり、定められた目的に到達するのに大変な注意力を払わなければならない。

認識様式を評価するのに使われる典型的なテストは、入り組んだ形全体のなかから、限られた時間内で、幾何学図形を一つ探すというものだ。もちろん、この課題をより速く、効率的にできるのは、「目標」の形を見えにくくする不適切な形に邪魔されにくい人たちだ。

こうして明らかになったのは、認識様式と知的効率は同じではなく、むしろ性格の特性と関係があるということだ。

「分野から独立する」様式の場合、不要な要素を脈絡から容易に切り離すことができ、知的能力をより効率的に活性化できる。空間から障害物が取り払われ、与えられた問題を解決するのに必要な力を発揮することができるのだ。これは独立した人格で、影響を受けにくい人に共通するもので、必要ならば感情面を脇に置くことができる。つまり、「物事を考慮」できる人たちだ。

まったくそうではないのが「分野に依存する」人たちで、すぐに周囲に呑み込まれ、重要なこと（あるいはそう見えるもの）を引き出すことができなくなる。ギフテッドは、もちろん、このタイプだ！

ありあまるほどの物事を知覚して、わけがわからなくなったギフテッドは、データを素早く効率的に処理するのに必要な判別ができない。そのうえ、状況に依存していることから、感情面が大きくふくらんでいく。

ギフテッドはつねに感情的な状況に依存しているので、その場の感情の負荷や大きさを考えずに機能することを知らず、そうすることができないのである。

・ギフテッドのパフォーマンスは状況次第

もっと理解するために、状況によってギフテッドのパフォーマンスが違うことを観察してみよう。問題を解決する実験の一つで、できるだけ効果的な解決法を見つけるというものだ。問題は二つの異なる形で提供される。①「クローズド・タスク」――必要なデータだけが提供される削減された状況——と、②「オープン・タスク」——さまざまな可能性があり、いろいろなやり方が可能な状況——である。

違いは特徴的かつ明快にあらわれる。

「クローズド・タスク」の場合、ギフテッドは速く集中して、能率的。

「オープン・タスク」の場合、すぐに指示から遠ざかり、考えが超高速でつながり、記憶していた情報があらわれ、そして……時間が過ぎ、問題は解決されないか、間違いが多くなる。

ということは、ギフテッドが能力を発揮するには、データを削減することが重要ということだ。

学校での場合を例にすると、ギフテッドの能力に最適なのは、選択式質問やマークシート式ということになる。あるテーマについて文を作成しなければならないと、とたんにあらゆる考えが自動的に動きだし、知識が呑み込まれてしまうのである。

実生活では、状況による行動の違いが容易に観察できる。

ギフテッドがあることに超集中していると、ものすごいエネルギーが動員されているはずだから、当然速く先に進み、そうして本人はその他の情報すべてから距離をおくことができる。思考をつかんでおかないと、逃げていかれるようで、無意識に突き進むのだ。その間、「切り替える」ことも多いが、それにはまた大変な注意力が必要なのでうまくいかない。

いっぽう、感情の情報がいっぱいの状況になると、ギフテッドは注意力をうまく整理できない。そこで「覚醒」モードになって、必要最低限の情報だけを脳に入れるようにする……。この瞬間、何も聞こえず、自分がそこにいないような気持ちになる。これはときに本人にとってよくなく、まわりの人もイライラさせる！　本人は節約モード！　話を聞いてもらうには、何度も何度も繰り返さなければならなくなる。

ギフテッドの機能は百パーセントかゼロ。しかし本人にとって百パーセントは、過剰なことが多いのである。

・「考え過ぎ」から衝動まで……些細な対立を発端とする機能の特色

本気で聞かず、本気で考えないのは、脳のエネルギーを節約しているようでもある。ギフテッドは、自分が本当に馬鹿な印象を周囲に与えることがあり、ときに軽率な行動に出て、一人で決断することもある。いちばん多いのは、つまらない問題に対してだ。覚醒モードになり、浅はかで、ときに的外れな決断をして答える。そこから軽蔑され、もつれにもつれて喧嘩になることが多い。知能も感受性もあるはずのギフテッドが、このように不適切な行動をし、介入してくるとは、実際、理解に苦しみ、受け入れがたいことで、私たちは信じることができない。そんなときギフテッドは、「わざとしたのではない」、「こんな結果になるとは思っていなかった」、「よくわかっていなかった」などと言い訳をすることが多く、それには驚いて、開いた口がふさがらないのだが、しかしこれは本当なのだ！　その結果、コミュニケーションが成立しなくなる。相手はこのような嘘っぽい話は聞いていられないと言い張り、対してギフテッドは言い訳するのに疲れはてて、「闘い」の場を去る。自分に閉じこもって、一言も言わず、逃げてしまうことが多い。もう何を言っていいかわからなくなり、無力感を感じて、対立から逃げ出してしまうのだ。論拠がおかしいことは、自分でもわかっているのだが、しかし、相手はそれも認めてくれない。

発作的な興奮、喧嘩、ふてくされ、罰、叱責……当事者それぞれの立場によるが、ギフテッドが無意識に引き起こした「機能不全」の結果はさまざまで、本人もお互いがこれほど理解しあえないことで悲しい思いをしている。

この動きが、下手をすると生意気、傲慢、あるいは挑戦と受けとられがちなのがよくわかる。そしてこれは、年齢に関係がない！

右脳と左脳

もう一つ、脳活動の神経科学の別の分野では、任務を司る大脳半球の部位によって、機能が異なるという研究が盛んに行われている。

よく知られているのは、私たちの脳は二つの大きな部分から構成されていることだ。右脳と左脳である。それぞれの大脳半球には、異なる能力を割り当てられた機能をもつ一定数の部位がある。大ざっぱにいって、役割分担は次のように考えられている。

左脳
—分析力があり、思考を組み立て、構築できる

―論理的、理性的な能力
―論拠を示した推理、言葉によるコミュニケーション
―言語機能
右脳
―全体的かつ映像による処理
―多数のデータを同時に処理する能力
―連想によるアナログ機能
―直感的な知能
―創造力と多様な思考（共通の思考から生じる）
―感情に強く巻きこまれる

◆線状思想と樹木状思想

情報の処理では、脳には二つの方法があると考えられている。

線状、つまり連続した処理では、定められた出発点から論理的な脈絡で処理し、説明のつく結果にたどり着くことができる。段階をおって処理するので、どんな手順でしたのかを伝え、わかりやすく説明することができる。加えて、連続した処理を行うことで、不適切な情報を自動的に抑制することになる。脳が、この理性的な機能を妨害する思考や考え、仮定をすべてブロックするのである。脳のこの機能のおかげで、私たちは議論を組み立て、考えを発展させ、

推理を構成して、結果を正当化できるのだ。線状処理はもっとも効率のよい仕事で、厳密さと手順、論理的なセンスが求められる。また、言葉の使い方がフレキシブルでかつ、巧妙、正確であることも要求されるだろう。

いっぽう、同時処理はまったく違うプロセスになる。一つの刺激、考え、指示から、連想のネットワークが超高速で拡大する。さらにそれぞれの考えから、論理的な裏づけのない別の考えが脈絡もなく生まれる。加えて、さまざまな思考軸が同時に展開され、まさに樹木状の思考がつくられていく。映像、感覚、感情がこの樹木に養分を与えていき、どんどん複雑に、無数の「枝」が無限に拡がっていくのである。あっという間に、思考の密度は濃くなり、それらを組み立てたり、構成したりすることができないように思われる。これは創造的で新しい考えがあらわれるには絶好で、映像や感情の豊かな思考がほとばしる。網目状の思想は言葉ではっきり説明できず、議論を展開することもできないのだ。

◆ギフテッドでは右脳が優先

ギフテッドの認識プロセスに右脳が大きく関わっているという仮定は、多くの科学的立証の対象になった。

右脳が支配的な場合、多くの仕事がより難しくなる。学校での学習はもちろん、知的であってもなくても、きちんと整理して、秩序立っていることが要求されると、どんな状況であっても難しくなるのだ。

「普通の子どもは、質問されると、一本のアンテナが立って、それについて考えるのだけれど、私たちの場合、二十五本もアンテナが立つので、すぐにこんがらがって、整理できなくなる。自分の考えを言いあらわすのがとても難しくなる」と語るのはジュリー、十四歳である。

◆直感的な答え……手順をふむことができない

答えを引きだす手順にアクセスできないのは、右脳による処理のもっとも大きな罠の一つである。

数学の問題を例に説明しよう。問題を、年齢に関係なくギフテッドに提示する。答えを出すように言うと、結果は正解。ここで、どうしてその答えを得たのか説明を求める。答えは、

「だって、それが正しいから」

「もっと説明できない?」

「だって、そうだとわかるから、それだけ」

それはそれでいいのだが、ある——小さな——分野では、説明不要の答えは受理できても、大半の状況ではそれは勧められないだろう。まず学校でも当然そうだし、人生を通してそうである。もっとも厄介なのは、ギフテッドにはまったく悪意はないということだ。それは意識を超えたところで機能しているのである。どんなに頑張って説明しようとしてもできないのだ。

「問題を抱えると、最初と最後はわかるけれど、途中に何があるのかわからない」こうは

っきりと説明するのはアドリアン。

ギフテッドはすべてこのような問題を抱えている。本質的に機能が豊かであることを考えると、矛盾した問題と言えるだろう。

この特性は神経心理学で説明できる。神経の接続が超高速で進み、それが意識で知覚できないほどの速さなのだ。情報でいっぱいの神経網が動きだしたところから、稲妻のように直感を感じるのである。脳機能イメージングで明らかになっているのは、このとき脳内では過去の知識を神経網に取りこみ、独創的に接続する能力が活発に動いているということだ。**直感的な知性は、膨大なリソースの罠による結果であることは明らかなのである。**

◆言葉にする……言うための単語

右脳の活動は、映像や視覚、空間の思考に対応する。いっぽう言葉や単語にし、言語で筋の通った構成にするのは、その中枢が左脳にあるので、右脳が優先するギフテッドには特別な努力と集中力が要求される。ある状況、解決すべき問題、障壁、さらには日常的な種種雑多の思考を前に、最初に動員されるのが映像を処理する部位である。ギフテッドはまず映像を見てから言葉にするのである。

その場合、二重の問題が生じる。

・映像が、樹木状の考えを結びつける最初の出発点になることである。そのため頭のなかで映像を「固定」してから、大急ぎで言葉に変える必要がある。これは危険な作業だ。というのも、神経網の結合は非常に速いからだ。

たとえば、私がみなさんに「水上を進む船」を描写するよう頼んだとする。おそらく、みなさんにとってはそれほど難しいことではないはずだ。頭のなかに自然に言葉が見え、構文の単音を聴覚で処理し、そして一件落着。ただし、ギフテッドの場合は違う！　というのも、心の画面にあらわれるのは単語ではなく、紺碧の海上を静かに航行する本当の船。それが波に乗って、あなたの連想とともに進んでいく。そのイメージから、さまざまな考えや思い出、関連する思考が呼び起こされ……あっという間に、あなたは私が最初に書くように頼んだ小文からどんどん遠ざかっていくのである……。

・イメージがハレーションを起こして意味がぼやけ、言葉で要約することができなくなる。そうなるとギフテッドは、思考を選別して再び組み立てることができなくなる。

以下はその特徴的な話である。

ユーゴは十六歳、アメリカ旅行から帰ってきたところである。家族でいるとき、彼は滞在中の逸話や体験した瞬間、出会い、経験したことなどをたくさん話した。ある夜、夕食会のとき、客の一人が旅行について彼に質問した。ユーゴは「素晴らしかったけれど、アメリカ人は好きになれない」と答えた。「どうして？」と相手が聞く。小休止。ユーゴはどう言ったらいいのかわからないでいる。自分の考えや感じていることを正確に伝える言葉が見つからないのだ。そこで母親のほうを向き、みんなが驚いたことに、こう頼んだ。「ママ、なぜ僕はアメリカ人が嫌いなの？」。ユーゴはラッキーだった。というのも、彼の母はユーゴがどう言ったらいいかわからなかった話を、正確に要約し、彼に代わって落ち着いて、ゆっくりと答えてくれたからだ。ユーゴは、自分自身の考えが簡単にまとめられているのを聞いてうっとり、有頂天になった。「その通りだ、信じられない！　そう、だから僕はアメリカ人が嫌いなんだ！」。ユーゴにとってそれは解放、心の底からほっとしたのである。自分の考えていることを、正しい言葉と考えで説明できるとは！

◆イメージから言葉へ……樹木状にからまるとき

このように思考と感情が目まぐるしく動くと、実際、言葉にするのが難しくなる。この内面のがやがや、沸騰する感情、周囲の煮えたぎるような感覚を、考えを裏切らず、正しい言葉を見つけて、ちょうどいいときに表現するにはどうしたらいいのだろう？　しかも、他人が正確に理解できると確信して言わなければならないのだ。話すということは、このあり余るほどの思考をボトルネックを通して出すということだ。言葉は一つずつ、きちんとした秩序にそって配置され、正確にコミュニケーションできるものでなければならないからだ。

「根底にある可能性をすべて考えて、独断的に決断すれば、人は世界を直線的に見ることができる。でも樹木状モードになると、言葉を選ぶのがとくに難しい。というのも、同じ意味か、ほぼ同じ意味の言葉が四つ、同時に思い浮かぶんだ。同時にだよ」と語るのはラファエル、十七歳だ。

いまここで言いたいことも、思考と完全に接続しないと言えなくなることがある。

「思考に浸っているときは、自分の言いたいことの言葉が見える。何かを言えるには、感情と接続していなければならない。もしそうではないときに、誰かから何かについての考えを聞かれても、どう言っていいかなにもわからない。というのも、思考の化学反応とも接続していないから」

感情がつまった思考の強さは、激しくなっているときしか存続しないので、表にあらわすことができない。活性化の速さと、情報があまりにふくらんでいくことから、データを安定して統合するのが難しく、あとで使おうとして見逃されることが多いのだ。しかし、再び動員するには大変なエネルギーが要求され、思考はすぐに滑り落ち、消えていくことが多い。「考え過ぎ」は逆に思考を削除するのである。

◆言葉が樹木状のなかに消えるとき

自分の気持ちを表現したいのに、言葉が頭のなかを素通りしてしまうと、コミュニケーションに深刻な問題が生まれ、人間関係が難しくなることがある。言いたいことをはっきりと正確に表現できないので、理解してもらえないか、最悪、間違えて理解される危険がある。感じていることをあらわす言葉もなかなか出てこないのだ。

そうなるとギフテッドは黙ってしまうことが多い。話さないのは、話すことがないからではなく、どう言ったらいいかわからないからだ。話すことで、無意識に人を傷つけることもある。その言葉はよくなかった、言ってはいけなかった……と。

思考に没頭すると、ギフテッドはまわり道をして考えの輪郭を決めることが多い。これがときに、自分の言葉を理解しやすくする、唯一の方法となる。

◆言葉の意味が理解できない……暗黙の意味が解明できないとき

二十四歳のマルクはこう説明する。「僕に言わせると、ギフテッドには意味に関する問題がある。ある言葉が、意味的に正しい文脈で使われないと、理解できない。物理を例にすると、僕の場合、物理は大好きなのに、その概念となるととても苦労する。物理では、多くの言葉が日常語からきていて、統合されている。その結果、同じ単語でも、僕はいろいろな意味にとってしまい、それを身体で強く感じてしまう。物理の概念を理解するために、僕はいつも、その概念があらわれた歴史的背景まで調べなければならない。そうじゃないと理解できない」

マルクの個人的な説明はやや専門的すぎるかもしれない。しかし、ギフテッドの人生では、この問題は日常的だ。議論の場では、ギフテッドは的外れな答えをするか、質問されたことを理解していないように見えることがある。これはすぐに人をイラ立たせ、疲れさせ、我慢できなくさせる。まわりは彼がわざとそうしていると考え、挑発ととらえる。たいていの場合、対話は成立しなくなり、議論は非難合戦になる。なぜだろう？　なぜなら、一つの言葉、一つの言い回しにこめられた意味は、人によって同じに取られないからである。

「死後の人生について話すのは、適切と思わない。生のあとに来るのは死に決まっているのだから、別の言葉を探さないといけないと思う」と語るのは、十歳のジュリアン。意味をなさない言葉を使うのを理解できないようだ……。

ギフテッドにとって、絶対的な正確さは基本中の基本だ。物事をそのままの意味で理解するからだ。ギフテッドにあなたが言いたいことを理解してもらうには、背景も含めて説明しなければならない。そうして初めて彼らは、その言葉にあなたが与えているのと同じ意味を与え、その内容を共有することが可能になる。そうでなければ、彼らは理解できないか、あるいはもっと正確に言うと、違うふうに理解する。これが、ひどい誤解や、もつれにもつれる喧嘩の原因で、人生のあらゆる段階、あらゆる分野で遭遇することになる。学校では、ギフテッドの子どもは「テーマからズレている」か、あるいは、簡単そうに見える質問に答えられない。親に対しては、言われたこととはまったく反対のことをする。そして大人になると、職場の上司や同僚との力関係がからみ、夫婦の場合は、口論が暴走してとんでもないことになるのである。

このごく普通の暗黙の意味が解明できない問題は、ときにギフテッドに、大小の差はあっても、世界を理解していないという感覚を与え、自分は変わっている、ズレているという感情を強めることになる。というのも、みんな同じように何かをしているように見えるのに、自分はできないから。ということは、普通でないのは自分、ということになる！　そうして二重に苦しむ。この違いのせいで他人から孤立しているという認識が生まれ、そこから自己イメージを攻撃してしまうのだ。ギフテッドは自分に責任があると考え、他人と同じようにできないのは自分が悪く、自分は無能と思ってしまうのだ。これらのメカニズムは、引きこもりになったり社会への関わりを徐々に停止したりする原因となる。関心を失ってしまうからだ。

感情面でも、ギフテッドの脳は特異性を示す

ギフテッドの感情的機能の基盤は、やはり脳のなか、感覚的知覚の神経生理学的なプロセスのなかにある。これらの特異性を見ることで、ギフテッドの性格や、社会との関係でよく見られる、つねに特異な特徴の大部分が明らかになるだろう。

◆ギフテッドはまず心で考える

これがおそらく、ギフテッドの感情体系でもっともよくあらわれる特性で、もっとも特徴的な機能の一つだろう、感情の介入である。ギフテッドの特性では、多くの部分で知能の形が上位を占めているにもかかわらず、非常に特異な性格の深部が明らかになるのは、実際はむしろ、感情や愛情面の機能である。ある意味で、こう言っても間違いではないだろう。ギフテッドは

まず、頭で考える前に心で考えるということだ。そしてそこに、よく見られる無理解だけでなく、他人には言えない、わかってもらえない心の傷があらわれるということだ。

感情面での強い感受性は、ギフテッドの中核である。まさにスポンジのように、周囲に浮遊する感情のどんな小さなかけらも休みなく吸収する。まわりの感情にひどく敏感なギフテッドは、他人の感情も同じように強く感じる。これを感情移入と言う。ギフテッドの感情移入はいつものことで、人間関係を妨害するものだ。誰かといる場合、単に影響を受けやすいだけでなく、いつも必ず、相手が感じていることや、感情的な体験を、同時に、体験せざるをえないのだ。この浸透性には切れ目がなく、したがって、つねにその影響に合わせることになる。それを非常に強く感じた場合、どうして無関心でいられるだろう？　そのときの状況がなんであれ、深く関わらないでいられるだろうか？　あらゆる感覚を通して強く感じたさまざまな感情を、どうすれば遮断できるだろう？

◆感覚過敏またはすべての感覚で強く感知すること

感覚過敏とは、感覚能力が過剰なことである。つまり五感のことだ。ギフテッドは視覚、聴覚、味覚、嗅覚能力が高いだけでなく、運動感覚（触覚）も人口の平均よりすぐれて高いことがわかっている。

・鋭い視覚

凸凹がはっきり、コントラストもくっきりと目立つ。まぶしい光に照らされていても、陰に隠れていても、ギフテッドの鋭敏な視覚に入らないものはなにもない。ごく小さなもの、知覚できないもの、二次的なもの、とにかくその場のあらゆる細部に目がいき、知覚し、分析する。ほかの人がその存在さえ気づかないものにもだ。非常に早くから、視線は詮索好き。ときにその鋭さで、迷惑をかけることもあるほどだ。ギフテッドを対象に行われた実験で明らかになっているのは、種種雑多の細部からなる一枚の写真や映像から、かなりの数の要素を、ごく短時間で抜き出す能力があることだ。

・鋭い聴覚

ギフテッドはいろいろな音源からくる音の情報を、同時に聞き分けることができる。聴覚のチャンネルをいくつも持っているようだ。耳で感知したメッセージは、すべて同時に処理され、どの音に対しても一様に反応することができる。周囲を大いに驚かせるのは、音楽を聞いていたり、テレビがついていたり、電話中や、通りの騒音がうるさいと、絶対に聞こえないはずと思うだろう。ところがギフテッドには聞こえている。ちゃんと聞いているだけでなく、すべてを聞いて、完全に取り込んでいる。本当かどうか、試して確認してみよう。音楽を聞いているギフテッドに「いま私は何を言った？」と意地悪く聞くと、つねに答えてくれるはずだ。さらに、音を聞き分ける能力のおかげで、ギフテッドには非常に低い周波数の音も聞こえる。ひそひそ話、小さなざわめき、どんなにか細い声でも、普通に聞こえる音と同じように脳まで行くのである。

・つねに活発な嗅覚

嗅覚は、現代社会では二次的な感覚になってしまった。周囲を分析し、理解するためにはもう使わなくなっている。人類が変化するにつれ、聴覚と視覚が私たちの優先的な感覚になったのだ。

しかしギフテッドは違う。この驚くべき能力をいまも保ち、周囲の人や物事の情報を引き出すのに、匂いを利用している。本人がそれについて話すことは滅多にない。というのも、ほかの人が嗅覚を利用していないとは思ってもいないことと、匂いを感じるのは自分だけだとわかっているとしても、過度の嗅覚は欠陥だと考えるからである。だから、何も言わない。それでも、ギフテッドはその嗅覚によって感覚の受容度をさらに拡大し、感覚的な情報の数はいっそう増え、それらは脳によって処理、統合されるのである。嗅覚が働くことで、ギフテッドは他人には見えない、感知できないことを理解し、結論を引き出すか、あるいは要因を記憶する。そうして思考の複雑さはますます深まるのである。

・味覚と触覚

これらについてはあまり研究されていないが、しかし臨床的な観察で明らかになっているのは、ギフテッドには「美食家」が驚くほど多いことと、触感との関係がきわめて特別だということだ。他人の皮膚組織に敏感で、素材に引きつけられ、よく理解するために触ってみたいと言うことが多い。まるで、触ることで、ある物の構成要素をすべて確認しているようだ。また、ギフテッドのなかには、ある種の素材に触ることができない人口がかなりの数いることもわかっている。ウール、合成素材、新聞紙などだ。反応は皮膚にあらわれ、触ることでアレルギーになる場合もある。

五感の過剰な能力で説明できるのが、感情面での極端な反応と、愛情の重要性である。すべての感覚が恒常的に覚醒していることで、感受性が世界に広がっていくのである。感覚が過剰になることで、感情的な感受性が高まり、結果、つねに、すべてが感知される。過刺激性、つまり、人体組織による感情的な反応の速さは、感覚過敏と直接に相関する。

◆そして脳のなかでは？

注目されたのは、ギフテッドの脳では扁桃体の感受性が特別で、それゆえ、感覚的な刺激を大量に浸透させるということだ。扁桃体は感情脳（側頭葉内側）のもっとも奥にある、もっとも古い部位である。外部からの感覚や、イメージや音、匂いを、最初に受容するのが扁桃体だ。感情を自動的に作動させ、前もって意識的に分析することもない。扁桃体の感受性が高いほど、感情の知覚や反応はより多く、頻繁になる。まさに身体の見張り番ともいえる扁桃体は、まわりに存在するどんな小さな感覚の信号もとらえ、強烈に反応する。この怒濤のような感情を前に、前頭前皮質はすぐにパンクして機能しなくなる。前頭前皮質とは、脳の前面、額の下に位置して、感情をコントロールし、思考を組み立てる部位である。いわゆる実行機能の司令部で、いってみれば私たちの「管制塔」だ。導いて、計画を立て、整理して、状況を管理する適切な命令を与えるところである。私たちが「理にかなった」決断をし、内容や問題の到達点を分析するのは、脳のこの部位だ。ところが大脳周縁系（感情を司る司令塔）、とくに扁桃体が感情の負荷でいっぱいになると、前頭の機能を妨げる。「オフ」にセットされるのだ。感情が独占的に状況をコントロールし、整理も管理もされず、複雑な分析を必要とするプロセスに組みいれることもできない。そして感情に支配され、何が起きてもおかしくない状態になる。脳は呑み込まれ、ギフテッドは感情に流されていく。というのもすでに触れたように、感情は正しい決断と、適切に機能するのに重要だとしても、「過剰な」感情は、理性的な分析力を弱体化し、妨害するからである。

ギフテッドの特性として必ず出てくる、普通以上の感じやすさや傷つきやすさは、感情的な感受性の神経生理学的プロセスの結果の一つで、過剰でコントロールが効かないことが原因である。

◆本当にあふれると、感情的な反動で暴力的に

一生懸命に抑えて、我慢して……爆発する！　そうなると、すべてが制御不能になる。感情があふれ出るのだ。われを忘れて行動する。発作的な暴力は、発端が意味不明なぶん、ことさら強い印象を与えることになる。

感情が限界に達し、もう推敲も整理もできなくなる。これがいわゆる感情的な過剰反応で、ギフテッドの場合、反応をひきおこす閾値が普通よりずっと低く、感情の調整能力が高くないことで説明できるだろう。

わかりやすく言うと、ギフテッドはほんのちょっとしたことに大げさに反応するのである。

神経心理学の面で見ると、すべては押し寄せる感情の波に直面する前頭前皮質の段階で行われている。

◆感情の爆発

ここで理解しなければいけないのは、ギフテッドはこれでも一生懸命に抑えているということだ。休みなく襲いかかるこれらの感情と距離を置くように努力しているのだ。しかしすぐに、神経にさわり、傷ついてしまうのだ。最初はなんとか整理し、理論化して最小に抑えようとしていたギフテッドの感情が、なんでもない注意、軽く言い流された言葉、ぞんざいな表現をきっかけに爆発してしまうのである。最初は涙があふれ、怒りがこみあげても、負荷を減らそうとする。しかし、感情をなんとか長く抑えられたとしても、歯止めとなる防壁がすべて崩壊すると、激流のような感情がすべてを押し流すのだ。すべてを破壊するツナミのようだ。

暴力的な反動はしかし、当初の状況とはまったく関係がなく、ありふれたことがきっかけになることが多い。そういうときは、唸り声をあげ、壁を力まかせに叩き、物を投げつけたりはするが、自身や他人に対する攻撃はまれである。この過度の発作は、過剰なものを排出するのが目的だ。つまりガス抜き、吐け口なのだが、しかし、ときに本当の喧嘩や、もっと深刻な結果を招くこともある。

ここでいちばん大変なのは、本人を落ち着かせることだ。ただし筋道をたてて話し合おうとしても、あまり効果はない。何を言っても発作が倍々で激しくなるだけだ。唯一の可能性は、聞くことだ。あるいは何も言わないか、言うにしても中立的なことだけにする。関係のない話をする。感情によって理性から遠くへ運ばれてしまった彼らを「元に戻さなければ」ならない。考え方としては、感情が激昂しないように仕向けるということだ。議論は次の段階にすべきだろう。

◆共感覚……驚くべき感覚能力

共感覚とは、さまざまな感覚を無意識に結びつけることで、一つの感覚の刺激を知覚すると同時に、刺激されているわけでもない別の感覚を知覚することである。感覚が交ざり合い、重なって知覚することだ。

共感覚ではたとえば、赤い色を見るだけでなく、「聞く」こともできる。なぜそうなるのか？　脳の白質が過剰にあると、大脳皮質の異なる部位が接続され、情報が伝達されるからである。ギフテッドはこの白質がとりわけ多いようで、共感覚が頻繁に起こるようだ。

このインターモーダル＝協同一貫（さまざまな感覚が同時に関わること）が働くことで、連想がふくらみ、感覚や感情が横並びになって、誇張されたり、過剰になったりするのである。ギフテッドがこれについて話すことはあまりない。というのも、彼らの多くの特性と同じように、他人も同じ体験をしていると思っているからである。

共感覚はつねに無意識に働き、意識して止めることができないものである。

ギフテッドの並外れた感受性や、感情を知覚する鋭さに、共感覚がいかに貢献しているかが理解できるだろう。

偉大な芸術家は共感覚の持ち主だった。詩人アルチュール・ランボーと、彼の詩『母音』を思い出してみよう（Aは黒、Eは白、Iは赤、Uは緑、Oは青……）。ほかの例では、非常にカラフルな作品を描いたロシアの画家カンディンスキーもそうだろう。彼にとって色は触感だった。作曲家のフランツ・リストもそうだろう。彼の作品を聞くと、音が色を連想させる……。

小テスト：もしかしてあなたは共感覚？
・もしこの文を読んで、単語が色に見えた場合（私が使っているのは白と黒だけなのに？）。もしそれぞれの文字が特有の色に見える場合（Aは黒、Oは青、Eは白、Iは赤、Uは緑……というふうに？）。しかし、単語自体の色はそれぞれの色を混ぜたものではない！
・もし、誰かと話しているとき、その人のまわりに幾何学模様が見える場合……。
・もし、音楽を聞いているとき、口に甘い味を感じる場合……。
・あるいは、この三つのうち一つか二つ、似たような感覚がある場合……。
あなたはおそらく共感覚の持ち主だ！

◆ギフテッドをすばやく理解するための要約

・ギフテッドとは、他人より知能が高いことではなく、異なる知能で機能していることである。

・ギフテッドの場合、
―感覚過敏。

―感情的な介入がつねにある。

―過剰な感受性。

―感情移入で他人の感情をすべてキャッチする。

―五感が発達しすぎ。

これらが性格に欠かせない要素である。

・ギフテッドの知能は豊かで強力だが、しかし異なる認識を元にしている。
―脳の活性化がきわめて活発。

―神経の接続数が明らかに多く、神経網が脳のあらゆる部位に広がる。

―樹木状の情報を、連想ですばやく枝分かれして処理していくので、構成が難しくなる。

―潜在的抑制機能が働かないことから、脳は周囲からの情報をすべて、選別せずに取りこむ。

つまりギフテッドは頭がいっぱいな状態。

―問題を解決するとき、使用される戦略にアクセスできない。神経網の接続が意識の限界を超えて超高速で行われるためである。

―直感とイメージによる知能が強いおかげで、言葉や単語、話すときの構成がうまくできない。

・ギフテッドの認識面や感情面の特徴は、現在の科学的知見、とくに神経科学で立証されている。これは信仰でも、神話でも、幻想でもなく、客観的な事実である。

神話は生きづらい！

「知能にはどこか気高いところがあると考える人たちは、それが呪いでしかないと納得するには、十分に知能を持ち合わせていないのだろう[*]」

マルタン・パージュ

確かになかには、ギフテッドは非常に高い知能の持ち主で、だから、人生を容易に成功させる大きな利点があり、それが特有の困難や弱さの源と見なすいわれはまったくないと考え、要求し続けている人たちがいる。

それについて一部の心理学者はこう書いている。

「知能の働きが超高度であることと、なんらかの困難や、なにかを放棄しなければならないこととは別問題である。（ギフテッドは）彼らが望めばあらゆる方向に知能を展開できる。（……）優れた認識機能と対になり、単刀直入に言って、質のいい社会生活と、成功が待っている[**]」

「私たちが前提とするのは、ギフテッドとされる子どもや思春期の若者は、幼児時代の鬱病を穴埋めするという無意識な目標に向かって、筋の通った推論や知識を過剰に投資するということである。私たちが考えるのは、鬱病の位置づけを曖昧にしていることから、エディプス・コンプレックスの構造化による効果をうまく実施できず、結果として、目標の喪失という重大な問題が発生することである」***

こうして、現在もなお心理学者のなかには、一部のギフテッドがうまくいかないというのはすべて幻想で、それは典型的な精神分析的精神病理学に由来しており、個人的性格の特徴とは何の関係もないと、断言して「闘って」いる人がいる。

この二十一世紀のはじめでもなお、知能は鬱病に対する防衛機制という考えを支持する、精神分析に着想を得た大学の論文も読まれている。

時代遅れの観念を口実に、少数とはいえ一部の人口集団を完全に否定するとは、人道的にどうして可能なのだろう？　何の目的で？　これら苦しんでいる人たちを、どうして尊重できないのだろう？　それだけではない。自分の子どもにより添って助けてくれる人を探し求め、途方にくれている親たちもいるのである！

過剰な知能だからこそ不安を引きおこし、そこから感受性や明晰さ、社会での生き方が生まれて、それが個性全体の印となることを、どうして無視できるのだろう？

＊マルタン・パージュ『僕はどうやってバカになったか』（青土社）。
＊＊Éditorial du volume *La Culture des surdoués*, Érès, 2006. Marika Bergès-Bounes et Sandrine Calmettes-Jean.
＊＊＊Thèse de Caroline Goldman, *L'Enfant surdoué normal et pathologique*, sous la direction de Catherine Chabert, Université Paris-V, 2006.

どうして、人口の二パーセントを占める人たちの機能や順応の特異性を否定できるのだろう？　彼らの対極に同じほどいる知能障害者は客観的に見られているのに？　ということはつまり、知的に制限があると、個性や社会的順応にはね返りがあることを、人は受け入れ、統合できるということだ。そして、知的障害者にはより添って援助し、予防や教育的な対策に取り組むべきとされているのに、人口曲線のもう一方の側では、何も対策が行われていない。そこは空っぽ、何も存在していない。彼らはただ知能が「普通より高い」だけ、だから世話をする理由は何もない。この過剰な知能から生じる特異性や順応の困難さなど考慮する理由はいっさいない、ということだ。このことに私は本当に、本当に怒っている。

しかし、正直に言うと、あるいは安心材料を探すと、「知的障害」もまた、受け入れられるのに長い期間が必要だった。確かに、知的障害は精神障害の範疇に属し、万全の対策が必要なことを理解するのに、何十年もかかったのは本当だ。そうだとしたら、ギフテッドが理解され、特徴である傷つきやすさが援助されるには、たぶん、集団の精神構造が変化し、神経科学が進化をさらに加速させ、一部の臨床医が知識を現代に合致させるまで待たなければならないのだろう。理由はなんであれ、苦しみを軽減するために援助を欲している、みんなと同じように。私たち臨床医の仕事は、そんなときを待ちわびるみんなが、最高の充実感を得られるよう一緒に歩むことである。

第2章　なぜギフテッドの大人に関心を抱くことが重要か？

「自分が普通だとわかってどれほど安心したか、あなたにどう言ったらわかってもらえるでしょう。これまでつねにズレて、順応できず、不適格者のように生きてきた私が、ついに、悩みを言葉にすることができました。私は自由ではありませんが、本当に解放された気分です」

これは、私が最初の本『ギフテッドの子ども――成長と成功を助ける』（二〇〇二年）を出版したときの、四十三歳の女性読者からの証言である。人は同じ機能を共有する集団にいると感じると、新しい息吹きを感じられることが、正確な言葉で語られている。ギフテッドの大人の問題は、子ども以上にデリケートな治療になる。発達中の子どもなら、特有な素質を示しても許容できるとしても、大人がこの特異な機能モードを保持し、他人と違っていることを受け入れるのは非常に難しいからだ。彼ら自身も、それを知覚し、他人も強く感じているのだが、しかし、なんと名づけていいかわからない。したがってごく普通に性格の特徴の一つ、独自性の一つ、「社会から外れた」個性、あるいは「反抗的」、友人に敏感すぎ……などのせいにしている。ギフテッドの大人はずっとこのようにとらえられてきたので、ミラーシステムの鏡のように、多くは歪んだ自身のイメージが彼らにはね返っている。

自分探しの旅

ギフテッド自身、自己の反映、アイデンティティを探し求めている。みなさんと同じように、自分は誰で、どのように機能し、なぜ人は愛し、拒否されるのか、本当の力や意味は何なのか、自分の本当の限界は何か……を理解したいと願っている。これは正当で普遍的な探求でもある。人は自分のなかにアイデンティティの核を感じとり、それを元にアイデンティティは構築され、そこから人生ゲームに、他人との関係に入っていくからだ。小さな子どもの頃から、私たちは倦(う)まず弛(たゆ)まず、自分自身を理解しようとしている。世界や他人をもっと理解して、よりよく生きるためだ。この自然な動きは、個人によってだが、多少なりとも意識的に行われている。一部の人は、自分にとって安心安全な信条と確信を胸に、前向きに生きている。物事はそのようにしなければならず、状況によってこのように行動するのが適切だ……というふうに。対してほかの人は、すべてに手探りで、絶えず自問し、生きる意味を質問し、自分が知っていたはずのことが揺らぐと些細なことで不安になる。周囲のどんな小さな変化にも反応し、物事の深い意味を理解するためならつねに最初からやり直し、他人と一緒にいながら一緒にいないというどこか浮いた気持ちで生きている。一時的に順応する大人は、自分に合わない人生を信じているかのように見せて生きている……なぜなら、みんなそれが当たり前だと思っているように見えるから！
しかしそんな彼らの特異な苦しみは、経験をつんだ臨床医の目をごまかすことはできない。人生を諦め、精神的にひどく苦しむギフテッドの大人の数は多く、真剣な対策を講じることが望まれる。経験のない専門家に相談したり、最悪、診断を拒否すると、結果として診断や治療を求めて「巡り歩く」ようになり、ギフテッドの生きづらさや孤独感、無理解感は加速するだけだろう。

「ありがとう。あなたは、普通だと感じることがおかしいという考えの持ち主ではなかった。なんという矛盾！　僕は子どもの頃、ずっと人と違っていたいと思っていた、でもあなたの本を読んで「きみは違っている」と言われたとき、自分は普通だと感じた。これは馬鹿げているが、でも心が落ち着く。（……）なんというショック！　本を読んでいるあいだ、目に涙が。（……）あなたは僕に、僕の人生や理性の働きを語ってくれた。なんという安心感。僕は知能テストを受けたことはないけれど、でも、ずっと何かを疑っていた。いつもそんなことがあった。あなたが他の人に、待って、そこに問題があると言ったとき、みんなはするべき反応をしなかった。明らかなのは、気が変な人が「誰もがみんな気が変だ」と言ったら、その人も気が変だということだ。だから、僕も気が変だということになる？」

◆重要な鍵

みんなと同じと感じながら同時に、違うと感じる。しかし、何が違うのだろう？　そしてなぜなのだろう？

この違いを維持したいと同時に、なんとしても「普通」でありたい、つまり規範に沿っていたいのだ。

ほかの人のように行動できないのは、他人に原因があるのではなく、自分自身にあるという感覚。そして、一般的な考えに押されてこう考える。もし自分が「ほかの人のよう」ではなく、「ほかの人のよう」に行動せず、「ほかの人のよう」に理解できないとしたら、自分は気が変なのだろうか。

ありのままの、本当の自分を理解されることの必要性。これは、ギフテッドが習慣として、規範との違いを理解して対処しているということではない。精神医学療法を通しての見方である。ギフテッドは、精神医学的な病気の人たちと機能の中心点を共有している。それは社会での順応の仕方が違う点だ。「人間として」のあり方が、ほかの人と異なるのである。そこから、ときに混同が生まれ、精神障害と診断されるリスクがある。しかし「普通に気が変」なのではなく、文字通り並外れた個性、つまり、普通の外にいるのである。この違いは非常に大きい！

それだから、私はギフテッドの大人すべてに言いたい。それを知っている人、理解していた人、そして、それを感じながら知らない人、そう、あなたたちは特異な人なのだ。

・思考の形。

・理性の働かせ方。
・世の中を感知し、理解し、分析する仕方。
・過剰な感受性。
・あふれんばかりの感動。
・抑えきれない知識欲と支配欲。
・周囲や他人の感情に対する強い受容性。
・すべてを、つねに問題提起し、たえず再検討したい欲求。
・刺すような明晰さで心休まる暇がない。
・他人からは知性があると見られていても、内心では無能だと思っている。

……これらが、あなたを他人のあいだで「部外者」にしていくのである。それなのにあなたは内心で、この世界から受け入れられたいと願っている。あなたは理解しすぎているのに、それを何も理解していない世界。あなたは関係を築きたいと探っているのに、いつも逃げていくような世界、あなたは仲間に加えて欲しいのに、何か口にしたとたん拒否される世界……。

あなたはただ、特異性も含めて理解されたいだけなのだ。というのも、あなたは本質を理解してほしいとは要求しないからだ。あなたは、他人があなたの理性の働かせ方や、問題提起、敏感なところについてこられないのを理解している。あなたが要求しているのはただ、それぞれのアイデンティティを尊重して、素直に理解して欲しいということだ。違いがなんであっても!

◆なんて世界は面白い！

「違い」は私たちの社会や政治の中心問題になった。どんな違いでもすべてを統合することは、大衆に訴える積極的な政治的意見の一つである。政府はその問題に全面的に取り組み、あらゆるところで法改正をし、違いのある人を迎え入れるべきと訴える。身体障害者、移民、ホームレス……、それは大歓迎だ、もちろん！　そして、それぞれに居場所を作るという、この重要な必要性を理解した現代社会には感謝する。しかし、それでもギフテッドの現状を見ると悲しくなってしまうのだ。違いが目に見えず、すぐに障害者とは思われず、違いが同情よりは羨望を生んでしまう人たち。つまりギフテッドは、誰にも言えずに苦しみ、一人で解決法を探しているのに、この二十一世紀の社会で、まったく（あまりに少ししか）考慮されていないことである。これらギフテッドの大人の苦しみ、人生への統合問題は、同情でなければ、せめて理解されるべきだろう。エリート主義と非難されるのを覚悟で断言すると、それで十分だろう。また、苦しみや戸惑い、社会的排除を未然に防ぐことにもなるだろう。それもこれも私たちの社会が、これらギフテッドの豊かさを理解し、その感受性、普通とは異なる知性から引き出せる恩恵を理解するためである！　なんともったいないことか！　おまけに、なかにはいまだにギフテッドは輝かしい成功をおさめ、有名校に進学して、社会で人も羨む地位につくと考える人がいるのは驚きだ！　どうしていまだにこんなことを考えられるのだろう？　ギフテッドをチャンスと考えている人たちが、次のことを知らないのは確かだ。壊れやすく感受性の強いギフテッドが求めているのはたった一つのこと。それは、同じ成功でも、彼らにとっての成功は、ありのままを愛され、受け入れてもらうことなのである。

過剰な知能は二重の苦しみだ。それで苦しんでいるのに、苦しんでいる人に誰も同情しないことだ。逆に、嫉妬や攻撃性を生み、それによって苦しみがさらに拡大する。「彼はいい人だけれど、頭がよすぎてかわいそう！」などとは、誰も言わないだろう。何でもできると思われている知能の持ち主に、どうして同情などできるだろう？　しかしアンドレ・マルローが『人間の条件』で、「人間は考えるがゆえに苦しむ」と書いているように、人は過剰な知性をはたして自分のものにできるのだろうか？

◆「優秀で勤勉」は、ギフテッドではない……

これが混乱の原因である。輝かしい成功をおさめるのは、必ずしもギフテッドとは限らない。ここでは異なる二つの特徴が混同されている。優秀で勤勉な人は高い知能の持ち主だが、しかしそれは順応できる知能である。知能の形は一般人に近いのだ。違いはただ一つ、「量的」なもので、「質的」ではないということだ。優秀で勤勉な人は「量的に」高い知能を持っているのだが、しかし「質的」には一般の人と同じなのである。さらに、順応できる知能のおかげで、いろいろと勉強しながら、それを他人に対する見本のように成功する力に最適化できるだろう。

学校や仕事、人間関係でも、簡単に成功するのはそういう人たちだ。教師に可愛がられるのもそういう人たち。幼稚園から始まって仕事でも、一番をかっさらう人たちだ。それはいいことだ、一番になる人はいなければならない。それはチャレンジ精神を強くするものだが、一番になることが不正とみなされることはない。あるテニス選手が試合に優勝しても、誰も不正とは考えない。なぜなら、彼は相手より「才能」があるからだ。あるいはある作曲家が、その才能のおかげで、何千という視聴者を陶酔させても、誰も文句を言わない。それなのになぜ、知能となると怪しまれるのだろう？　すべてがイライラの対象になるとわかれば、知能を発揮するのを少し抑えることになる。そうなると、見るからに優秀で勤勉な子どもは、不安定な大人になるのではないだろうか……。

しかし、これら優秀で勤勉な人はギフテッドと明らかに違っている。順応できる形の潜在能力を楽に使えるので、私たちの社会に適合しているのだ。いっぽう、ギフテッドの知能はこんがらがり、無秩序で密で、騒然としていることから、「形式化」するのが難しい。彼らにとって、闘いの相手は、まず自分自身になる。その思考や、世界に触れて理解したことを自分のものにし、整理して、筋の通った流れに持っていかなければならない。しかもその間、感受性でもっとも敏感で苦痛を感じる部分を抑えつつなのだから、これが最初の難題である。そしてそのあと、やっとそのあと、考えられるようになるのである。この世界でどうしたらいいのだろう？　期待に応えるための答えは？　自分も成功するにはどうしたらいいのだろう？

よくある質問、ギフテッドの子どもはどうなるのだろう？

これは繰り返し聞かれる質問である。二言目には全員が投げかける。ギフテッドの子どもはどうなるのだろう？　彼らが大人になったら？　どうなるのだろう？

まずこう答えたい。みんなそのまま大人になる。みんなそれまでの自分と変わらない大人になる。それぞれの個性や、人生の物語で構築された大人になる。愛されて、より添われていたか、理解されていたか仲間外れにされていたか、人生や他人に拒否され、虐待されていたかによって、みんな違った大人になり……私たちと同じように、できる範囲で大人になる。

ここで私が伝えたいのは、誰にとっても決められた、同じ道はないという考えだ。私たちそれぞれに違いがあるということだ。誰かと「一緒に」何かをやりとげたかどうか、あるいは何かに「対して闘った」かどうか、さらには、自分自身のモヤモヤのなかにいたまま手探りで、方向も目的もなく、消えない不満を抱きながら歩んできたかどうか。

これはギフテッドにとっても同じである。みんなと同じ、たとえ人よりつねに「過剰」であってもそうだ。感覚も「過剰」で苦痛を与える。一方は受け入れてもらえるのに、ギフテッドの場合は感情の爆弾に変わることがある。すべてが増幅される。過剰になる。極端になるのである。

◆早熟児も大人になればただの人？

この見出しであなたは笑っただろうか？　そう願いたい！　これはあるPTAの会がある日、講演のテーマとして私に提案したものだ。この提案には無意味なものがすべて含まれている。人は「早熟」だった自分を喪失して大人になると言いたいのだろうか？　どこかしら「古く」なって、もう今日的な問題ではないから？　おかしい、おかしい……。ギフテッドを知能の発達が早熟なことと同一視して、結果として子どもだけに関係するという考えは、いまも根づいている！

◆すべての親が投げかける中心問題

この「奇異な」テーマをめぐる話は、この問題をめぐる曖昧さをよく示しており、ギフテッドの子どもの親にとってどんなに聞きたいテーマであるかを見てとるべきだろう。親であるということは、子どもが幸せな大人になり、幸せに生きるために、子どもにより添って行く使命を託されることである。これは要約だが、しかし重要な問題はそこにある。

ギフテッドの子どもといると、研ぎ澄まされた知能や感情の機能が身体じゅうから感じられ、親の心配は倍増する。ほかの子どもと比べると、一方は、束縛を嫌がりながらも受け入れ、延々と話さなくても従ってくれ、親に注意されて悲しむことはあっても暴れることはない……対して、ギフテッドの子どもは些細な不満で爆発し、命令一つにしつこく反論し、否定的なほのめかしだけで泣き崩れる……。子どもはみんなそうだと言いたいのだろうか？　それはそうだがしかし、そうとも言い切れない。ギフテッドの場合、すべてが過剰で、絶対的で、有無を言わせない。発達段階ごとに、ギフテッドの子どもは特異性を示し、親の仕事はより複雑になって、つねに考え直すことになる。この過程で、漠然とした不安が目に見える形で明らかになるのが、学校へ通う時期である。

人を傷つけるのではないか、どうしたらいいかわからないのではないか、下手をして「すべてを台無し」にするのではないかという不安が、どの親にもつきまとうのである。

◆好条件……子どものときに診断を終える

ギフテッドの子どもがその後「どうなるか」は、子どもの頃に診断してもらったかどうか、何歳のときに診断されたかによって、大きな違いがある。

それについてはいくつか大きなグループに分けることができるだろう。

1. 子どもの頃にギフテッドと診断された大人は、高知能と過感情はつねに個性の一面ととらえられてきた。
2. 子どもの頃にギフテッドと診断されたのだが、特異な子どもと見られずに成長したか、あるいは最悪、知能と成功を混同して大成功を期待されてきた。
3. 大人になってギフテッドと診断されたグループ。きっかけは偶然、間違えて、好奇心から、自分の子どもと同一視して、などさまざま。
4. 最後は、ギフテッドと診断されたことがなく、おそらくされることのないグループ。この人たちは、私たちの目の届く範囲から逃れており、ギフテッドを理解するうえでの間接的な解決策をもたらすはずだ。どんな人たちだろう？　どう生きているのだろう？　その人生は何に似ているのだろう？

そのなかには、あらゆる障壁を上手に乗り越え、成功した人がいる。いずれにしろ、普通の基準で見た場合だ。というのも彼らは、心の奥底で、何を感じているのかわからないからだ。このめざましい成功に満足しているのか、何をしていたのか、その感受性や愛情面、愛の欲求をどう管理してきたのかなどは誰も知らないからだ！　いずれにしろ、科学的にも臨床的にもわからないことだ。しかし、あなたのまわりに目を向けてみよう。彼らのうちの誰かが、夢を語っているにもかかわらず、満足気な微笑みの後ろに小さな炎が揺らめいているのに、あなたは気づかないだろうか？　私にとっては、それが彼らが自分自身や人生に対して持っているイメージで、眠りに就こうとする私をよく悩ませる。自分の部屋や、戸内や戸外で見つけた暗がりで一人になったとき、彼らは本当にどうしているのだろう？

それから、一度も診断を受けたことのない人のなかには、彷徨う大人のギフテッドも確実にたくさんいると言われている。私には何が起きていたのかわからない。はたから見て、彼らの知的、人間的能力にみあった人生を、仕事でも、愛情面でも、人間関係でも構築できなかった人たちだ。「失敗した」人たち、あるいは社会の周辺で、現実的な計画もなく生き、社会の中にも外にもいない人たちだ。そういう人たちは、彼ら自身の凹みのなかで、誰にも認められずに息詰まっているのではないだろうか。口にしたことのない反抗心、考えてもらえずに埋もれている感覚……を感じているのではないかと、私は考えている。無言で、言葉のない苦しみ、たとえようのないものにどうして名前をつけることができるだろう？　人が何も知らず、言葉が存在することさえ知らないものに？

予想をすることはできるのだろうか？

◆よりよく成長するには早期診断を

診断が子どもの頃の早期にされた場合、温かい目で守られた環境で育った子どもなら、大人になって成熟し、人生に満足するチャンスに恵まれることは、容易に理解できる。これが最高の予想であるのは確かだ！　個性とアイデンティティを構築するなかで、知能と感受性が調和して統合された場合である。自分自身を理解していることで、各段階の人生体験に意味を与えることができた。そんな人は現在も過去も、すべての手段を手に入れることができる。個性の自己愛のベースもしっかりしている。人生を自信たっぷりに歩むことができ、自分自身といて「快適」なのである。

◆検知されても……間違った診断か、無視される

診断されたとき、唯一返されてきたのが、子どもの知能指数が高く、従ってすべてに成功すると認められたことだった！　明らかなのは、この「奇妙な指数」、この魔法の力を持つと言われる不思議な知能指数は、「子どもの発達とは無関係な一つの構成要素」にとどまっていることだ。たとえるなら、その子には運よくおまけの「何か」があり、貴重なものを持っていると言われたのだが、しかし、それについては何も説明がなかった。

別の解釈もある。「いまやきみに大きな可能性があることがわかっている。だから、きみはそれを活かさなければならない！」

これが際限のない罪悪感の温床になる。子どもにとっては、内面で激しく葛藤することになる。口では何も言わなくても、その葛藤は一生ついて回るだろう。私は成功しなければならな

いと言われたけれど、もし成功しなかったら、ただのいい子で、無能ということだ。もし私に何の価値もないとしたら、このまま続けて何の役に立つのだろう？　もし成功しなかったら、みんなを失望させ、もう愛してもらえなくなるだろう。もうかまってもらえなくなるだろう。もし私がほかの子より優れていると思われ、そのくせ私自身はそれ「以下」で、傷つきやすく、無能で役立たずと感じているとしたら、私は何者なのだろう？　これらあらゆる問いかけが、ギフテッドの子どもの感受性と思考体系によって考えられることになるだろう。もしいつになっても成功が難しいとなれば、罪悪感の網が張りめぐらされてどんどん大きくなり、自己イメージが崩壊し、あげくの果てに、深刻な精神障害を引きおこすことになるだろう。そして子どもは悪循環に陥り、将来の見通しに暗い影を投げかけることになるのだ！

要注意、子どもは傷つきやすい。診断の説明は慎重にすることだ。子どもの生活に意味を与えるような、正しい言葉を使うことだ。親にあなたは自分の子どもに満足し、安心できるとか、絶対に成功できる！　など、気を引きそうなことは言わないことだ。ギフテッドとはそういうことではない。人間としての生き方、理解し、考え、推理して感じるやり方が、異なる方法で組み立てられているのだ。そして、仮に実際、はかりしれない可能性や能力があったとしても、優しく温かい目でしっかりより添ってもらうことを必要としている。それは壊れやすい強さで、あなたをうっとりさせるほど輝くことはあっても、しかし、小さなショックで壊れてしまうのだ。だから慎重に、そして子どもを信頼して。

「それを私はいつも知っていたけれど、でもみんな私に言ったのは、あなたは頭がいいのだから、成功しないといけないって。だから私は、期待にこたえようと一生懸命頑張った。でも内心は不安だらけ。うまくいかず、失望させるのではないかって。なぜならみんな、私なら絶対にできると言ったから。大人はみんな、私ならできると思っていた。でも私は自分が無能だと感じていた！　本当に不安だった！　だけれど、ええ、できました！　まあ、数学の教師になったことが成功だと思ってもらえるのなら、これは成功です！　でも少なくとも数学では、私の場合、考えても迷うことは少なかった。論理的で、いつもそうではないけれど、でも合理的なところが安心できた。でも、人に何をしているのかと聞かれても、何も「話す」ことがないの。数学なんて、誰も興味がないから！」と語るのはミシェル、四十八歳の女性である。

◆診断を無視して子どもに隠すと、病気の原因となることも

起こりえるのは、診断結果を見た一部の親が、子どもには何も言わない選択をすることだ。なぜだろう？　なぜなら、「生意気に」なって、高知能を理由に何も努力しないのではないかと心配するからだ。これは親自身の見通しだ！　こういう親は、診断の知能面だけを解釈して、誇りには思うのだが、この運のよさが子どもを「堕落」させてはいけないと考える。それは親なりの考え方である。いっぽう、なかには診断の無視を決めこむ親もいる。子どもの知能が高いのはわかった、だったら絶対に成功するはずだ、で終わり。診断内容の重要性が認識できない親は、結果を知らせて何の役に立つ？　と考えるのだ。これを私は非難できない。人はそれぞれできることをして生きているからだ。しかし、これは子どもの発達にとっては危険だと思

っている。

診断結果を隠すことは、子どもから本当の自分を知る機会を奪うことだ。子どもは、なんらかの状況に置かれると、困難にぶつかってもなぜなのか理解できず、その困難がどこからきているのかもわからない。とくに、他人との関係では、子どもは違いを感じ、グループに溶け込むのに苦労するか、さらには仲間外れにされたと感じるだろう。そうなると、理由を説明できる糸口がないまま苦しむことになるだろう。その感受性や、あちこちに拡大する認識、あふれ出る感動を、彼は欠点としてとらえ、抑えなければならないと思うだろう。彼は自分が特異な個性の子どもで、知能や感情がひどく変わったふうに結びつき、非常に豊かであると同時に他人とは異なることを、ずっと知らずに終わるだろう。あえてたとえるなら、近眼の子どもに何も言わず、視力も修正されない場合を想像してみよう。その子にとっては「ぼやけて」見えるのが普通になり、みんなそう見えるのだと信じて、なんとか順応しようとするだろう。どうしても順応できずに困ったときは、自分のせいでそうなると考えるだろう。そして自分は無能で、何の能力もなく、価値もないと感じるだろう。近眼だから世の中が違ったふうに見えると、どうしてわかるだろう？　そこでメガネを使えば本当にはっきり見えるのだ！　ギフテッドの子どもにとっても同じこと。知ることで、自分や世界がよく見えるようになる。このことで理解できるのは、自分が他人と違うことで説明がつき、それには名前があり、しかも話題にして、明白にできるということだ。そして、それによってすべてが変化する！

基本のロジックを要約すると

・「ありのままの自分」を知ることは、どういう大人になるかを理解するのに欠かせない前提条件。自己構築の基本である。

・ギフテッドの大人とは、普通と違う形の知的、感情的機能を元に構築された個性とともに生きることである。それを知っていることで、自意識をしっかり持って生きることができる。

・ギフテッドの大人は、まず、ギフテッドの子どもだった。それを知っていることで、自分自身により添って成長する可能性が大きくなる。

・ギフテッドの子どもの将来は……ギフテッドの大人である。

・ギフテッドの子どもは普通とは異なる子どもで、だから、特異な大人になるだろう。

・ギフテッドの子どもは、素晴らしい才能のある大人になる可能性があるが、そうならない場合もある。必然的な因果関係は、いずれの方向からもない。それぞれがわが道を行く。ここで重要なのは、道は存在するということだ。

第3章　子どもから大人へ……自己構築の難しさ

子ども時代を通過する

八歳のピエールが、私に説明する。「あなたに会いにきたのは、僕は別にいるからです」。この話をするのに、ピエールが力説したのは、「僕はザパールなんだ」。そこで私は言い返す。「まあ、そうするとあなたは自分がザパールだから私に会いにきたの？」。これがザパールの冒険物語の始まりで、ピエールは『星の王子さま』のように、友だちをつくるために世界をまわり、孤独と寂しさと、違いを感じるザパールの悲しみを語る。他人が怖く、それなのに一緒にいたい、同じになりたいと思っている。自分は正義と愛、寛大さを心から欲しているのに、なぜ拒否されるのかわからない。面談を重ねるうちに、ザパールの物語は形になっていき、私たちは彼が感情でしかコミュニケーションできないことを理解する。そのやり方で、他人や世界と接触しようとする。しかし道は長く険しく、ザパールはなぜ思うようにいかないのか理解できないことが多く、その謎を知りたいと望むようになる。少しでもこの世界に受け入れられ、友だちに出会いたいのに……自分に似ている友だちに！」

私は最近この話を読み直したのだが、幼いギフテッドを待ちうけるあらゆる困難と、子ども時代の驚くべき洞察力をよくあらわしている。理解し理解され、コミュニケーションしたいのに、同じやり方で機能しない。出会いを求めているのに拒否される、他人の感情を強く感じるのにたまらなく孤独を感じる。繰り返されるのは、つねに他人とズレていて、お互いに理解できない苦しい体験である。

ここでギフテッドの子どもの成長段階をもう一度紹介しよう。大きく発達段階で分けてみる。

ギフテッドの幼児期

◆詮索する赤ん坊……世の中を見るのではなく、視線で突き刺す感じ

赤ん坊なのにすでに質問しているようで、知覚する能力もある。ママたちがよく言うのは、幼い乳児から質問するような視線を投げかけられ、とまどってしまったという話だ。なかには、子どもの扱い方をちゃんと知っているのか確かめられているような気がして、不安になったと言うママもいる。

「言いづらいことなのですが、じつは子どもの視線が怖かったことがあって。なんだか私が判断されていたようで。そういうときは、すぐに夫に抱っこしてもらいました」

まだ小さいのに、しぐさや姿勢、身振り、言葉にはならないおしゃべりが空間を支配する。生き生きと、好奇心たっぷりに、言葉にならない言葉で世界に問いかける。そうして、まわりで起きていることをすべて吸収する。最大限に。

◆言葉が早い

それほどでもないこともあるが、親がよく報告するのは、子どもが初めてしゃべったとき、ほぼすらすら話したということだ。「幼児語」も使わなかった。主語の取得も早く、構文も正確、語彙は豊富で、考え抜かれていたということだ。

◆それから、早熟に質問攻め。しかもすべてに、休みなく

質問の中心テーマは、人生の限界や死について。大人を大いに困らせる質問、というのも、どう答えていいかよくわからないからだ。なぜ人は生きているの？　人生のあとは？　死ぬって何？　地球に人間があらわれる前、何があったの？　なぜ人は存在するの？　などなど。難しいのは、我らの幼い哲学者は、曖昧な返事では決して満足しないことだ。知りたがり、理解したがる。返事を欲しがっている。なぜだろう？　なぜなら、その子はいつもそれを考えているからだ。そして不安になっているからだ。私たちもそうだと、あなたは言うだろうか？　もちろんそうだけれど、その子はまだ二、三歳。そんな子どもに、私たちが満足に答えられないことを説明するのはとても複雑だ。とくに、子どもを不安にさせると困る。そこで大まかに、

遠回しに答える。しかし、ギフテッドの子どもには十分ではない。また同じことを質問し、また始まる。きりがない。ギフテッドの子どもは安心させてほしいのだ。どうしたらいいのだろう？　私たちがイライラしているのを見て、子どもは私たちを困らせるのを徐々にやめていく。私たちが答えられないのを理解したのだ。それがまたその子を不安にさせる。それもひどく。しかし、今度は私たちに同情している。というのも、子どもが不安になれば……私たち親も不安になるのを理解し、どちらの不安も大きくなることがわかったからだ。これらの質問を、子どもはその後も問い続けるだろう。こうして、子どもはすでに自分自身と向き合っている。いっぽう大人は、子どもが質問をやめたのでまた元気になる。しかし、子どもの内面では、答えのない苦しい質問がうるさくつきまとっているのを、親は知らない。私たちはそのことを知っておくことが重要だ。ギフテッドの子どもは何も口に出して言わなくても、ずっと安心を求めていることを理解することである。

◆読めるようになるのも早いことが多い

まず普通のテンポを把握しておこう。フランスでは一般に、子どもに読み書きを教えるのは小学校の準備コースからとなっている。では、ギフテッドの子どもはなぜまだ早いのに読みたがるのだろう？　なぜなら、世界を理解したいと思っているからだ。すぐに文字を覚えれば扉が無限に開かれることをつかむからだ。まさに無限、無限はギフテッドのもの！　そこで読み書きを覚えたいと頼む。親は困惑することが多い、教えていいのだろうか？　この点では学校に主導権があり、親が子どもの好奇心に答えるだけで罪悪感を抱くことになる！　実際一般的には、素人による「無秩序な」学習は、「学校での」学習に害を与えると解釈されている。それの何が、子どもの学業にとって問題なのだろう……。私が理解できるのは、教育熱心な親が入学前の子どもに過剰な刺激を与えることに対する教師の心配と、その子が「賢いサル」（訳注：理解せずに訓練して学ぶことの例え）になるのではという不安だ。しかし、子どもが自分から学びたいという欲望を聞き入れただけの親に、周囲は脅威をふりかざしている。なんと的外れで危険なことだろう！　親のみなさん、落ち着いて。もしあなたの子どもが読み方を覚えたいと言ったら、助けてあげることだ。その子が求めているのは案内役で、教師ではないのだ。その子は世界を発見したいと本気で思って、読むことになるのだから。素晴らしい将来の前ぶれだ！

それからすぐに、子どもはすべてを、むさぼるように読む。これ以上ないほど喜んで。朝食用のシリアルの箱、街の広告、店舗の看板……など、とにかく大喜び！「超うれしい！」、現代っ子ならこう言うだろう。

自己イメージの最初の基盤

自己愛の道をたどるなかで、子どもは自分にはかなりの能力があることを感じている。最初に構築する自己イメージは、自信だ。この段階での幼児は、理解できないことはいくつかあっても、どちらかというと感嘆の的。親も誇りに思う。人はその子を、進んでいる、覚醒している、面白いなどと言う。したがって、この段階ではすべてがあるいはほぼ、うまくいく。

学校に入ってから

◆最初の誤解……暗黙の意味が理解できない

「幼稚園の最終学年のとき、先生が黒板にその日の日付を書き、それからクラスの生徒に今日は何日か質問しました。誰も答えなかった。そのとき僕はもう読み書きができて答えがわかったのだけれど、すぐにそれが学校のルールだと考えた。先生が質問したら答えてはいけないんだってね。小学校の最後になってやっと理解したのは、あのとき生徒が答えなかったのは、ただ読み方をしらなかったからだったんだ！　僕にはみんな黙っていた意味が理解できず、推測したのは完全に間違ったルールだった！　だから、それから長いあいだ、僕は先生に質問されても答えなかった。そして長いあいだ、そのことで先生がなぜ怒っているのかわからなかった。これって本当に変な話」

これは二十二歳のアルチュールが、懐かしさと少しの怒りをこめて思い出した、学校での最初の頃の奇妙な話である。何年か経ったあとでも、思い出すと感情がかき立てられる経験だという。彼はこの学校のルールが理解できていなかったことにいまも驚き、それが彼の人生に影響を残し、彼に言わせると、現在の難しさの元になっている。彼はいまもズレを感じ、つねにもっと理解できていたら……と思っている。

このような話ならいくつでも報告できるだろう。みんな同じ特徴がみて取れる……ギフテッドの子どもは学校での暗黙の意味が解明できないということだ。あるいは、もっと正確にいうと、理解しているが、違うふうに解釈する。この学校や教師とのあいだで起きる根源的な誤解は、知識や学習、学校との関わり方の基礎になる。そして困難の温床となるのは予想できるのだが、しかしその後も長く——ずっと？——、本人にとっても大人にとっても理解不能な問題として残るのである。困難が単なる誤解からくるとは、どうして考えられるだろう？ それぞれが同じようにきちんと理解していたのに？ 生徒は言われたことを正確に理解し、ほかの生徒と同じように、求められていたこともはっきりわかっていた。そこで答えないか、答えが的外れだったとしても、それは挑発でも無礼でも、反対しているのでもなく、ただ……ギフテッドに対する無理解である！

もっとあとになっても、学校生活では、これらの曖昧さが重い結果を生む例にまだいくつも出合うことになる。ある意見や命令、問題を前にすると、ギフテッドの生徒は何を要求されているのか理解できない。学校でのノウハウに長く溶けこんでいる普通の生徒の思考とは違うのだ。その特異な思考形態が彼らを違う方向へ、さらには提示された質問の先へ運んでいくのである。それだからもちろん、的外れの答えをし、テーマから外れ、白紙の答案を提出することはある。なぜなら、自分でどうしたらいいかわからないことを確信しているからである。

中学のフランス語の教師の話である。

「こういう生徒がいるクラスでは、テキストを提示して、説明するよう求めるとき、たとえば、それが会話であるとどのようにわかるかというとき、彼らにはまず、明らかに会話だとわかることをすべて書くように言わなければならない。というのも、答えにはこう書かれているだろうと予想がつくからだ。会話とわかるのは、二人の人物が話しているからで、そこにカギ括弧がついているからだし、文の始まりにダッシュ符号があるからと、そういうこと！　テキストを細かく分析して、エッセンスを引き出すなんて必要なし……というわけだ。だから、きちんと指示しないと、ギフテッドは明白な事実など考えもしない。求められているのが鉤括弧だけでいいと、こんなことをほかの誰が一瞬たりとも想像するだろう」

ほかにもある。と教師は続ける。「修正した答案を返したとき、この生徒はこう言った。

「あっ、こう書くべきだったんだ！　なあんだ簡単すぎ！」」

◆悪循環……無理解から非難へ

このことからも、ギフテッドの機能様式がどんなに本人を罠にはめ、お互いが理解できない悪循環の中心に置くかが理解できるだろう。教師はそんなギフテッドを生意気で挑戦的、さらには反抗的で、学校の課題に抵抗していると決めつける。いっぽうの生徒は、困難に陥っている原因が理解できず、学校の規範を外れた自分の特異な機能がどう働くかもわからない。これらの非難を不正な攻撃と感じ、自信を持っていた自己イメージが傷つけられていくのである。そんなギフテッドを誰が助けられるだろう?

◆正確さを求める欲求

質問に答え、言われたことを実行するために、ギフテッドの子どもは「正確に」理解することを求める。ギフテッドはよく求められたことと違うことをしがちなのだが、それは違ったふうに理解したからだ。正確さを求めるのは、順応するための戦略の一つなのだが、しかし、そのことで挑戦的あるいは生意気にみられることが多いのだ。

カウンセリングで、私は九歳のピエールに、ほかの子どもたちに対するときと同じように、学校で得意なのは何かと聞いた。その返事に私は一瞬、うろたえてしまった。「学校で得意なもの? クラスで? それとも休み時間で?」

この正確さを求める欲求は、言葉の解釈でもみられ、多くの混同の原因となっている。「ところでテオ、ヴァカンスでは何をするの?」「気をつける」。ごく普通の質問をして、ごく普通の答えを期待していた私に、七歳の少年はこう答えている!

◆最初の失望……学校って、こんなもの?

学校へ行くのを待ちきれず、楽しみにしていたギフテッドの子どもが、最初の数日間でがっかりして帰ってくるのは珍しくないだろう。新しいことを山のように学べると考えていた彼らは、シールを貼って塗り絵をしながら、すぐに失望している。そして「学校なんて、赤ん坊のものだ」と言うようになる。月日が経ち、学年があがるにつれ、別の失望が待ち受けている。生徒が知っていると、教師には面白くない！　有頂天の生徒に対して、嫌味を言う。「きみね、私はきみが知っていることはわかっているよ」。したがって彼らは、学校では知らないでいるほうがいいのだと結論を出す。それとは別に、頭のいい子の哀れな運命がある。知っていることがほかの子どもたちから悪く見られ、嘲笑の的になり、あげくは「頭でっかち！」などと罵倒される。それだから、これ以上いじめられないよう、黙りこくることを学ぶのである。

◆無能の不安またはそうなりそうな感情……ズレの罠

しかし、別の深刻な障壁もギフテッドを待ちうけている。そんなことは思ってもいなかったぶん、子どもにとっては辛い体験になる。いつもながら速く理解し、難なく記憶し、さして勉強もせず覚えられるのだが、しかし人から言われたことができないのだ。あるいはもっと正確にいうと、そのやり方がよくなくて、悪い意味で注目され、テストの点数も下がりはじめる。どぎまぎしつつも、本人はどうしたらいいかわからず、なぜうまくいかないのかも理解できない。加えて、周囲の大人はそのことに驚き、こう言ってせきたてる。「もっとできるのに、努力していない、もっと真面目に勉強しなさい」などだ。それはわかっているが、しかしどうすればいいのだろう？　自分の困難の本質さえ説明できないのに、言われてもできないことをどうして理解してもらえるだろう？　困難と関係しているのは、もちろん、違う知能から生じるズレなのだが、しかしそのことを誰が知っているだろうか？　困難はまた、その特異な思考の戦略にアクセスするのが難しいこととも関係している。たとえ正しい答えがわかっていても、正しく説明できない。議論ができず、推論を発展させられず、自分の考えを、たとえ知っていても構築できないことなどが、普通とは違う知能機能の罠となり、学校での要求に適合しないのだ。

そうして成績が落ちると、当初のやる気が少しずつ萎えていき、自分は無能で何もできないと思い込むようになる。失敗の悪循環が始まり、それとともに精神のバランスや行動、自己イメージにさまざまな影響があらわれる。この種の悪循環は、困難が積み重なり、年を経るにつれてひっくり返すのが難しい。

◆ギフテッドの子どもと学習障害……偽りの敵

一般に思われていることとは反対に、ギフテッドの子どもは学習障害から免れられない。現在ではむしろ、考えられていたより頻繁に見られることがわかっている。ギフテッドの四分の一近くが統合運動障害（筆記と構成力）または学習障害で、十パーセント近くが注意欠陥障害なのだ。問題は、これらの障害が長いあいだ見過ごされたままになるということだ。というのも、子どもはそれらを知能で埋め合わせるからだ。ただし、ある瞬間、もうそれができなくなる。そのとき子どもは、本人も誰も予想していなかった事態に直面する。それとともに、高い知能と直接結びついていた自己愛も崩壊する。ギフテッドの学習障害は注意深く見守っていこう。おそらく特定の原因があるはずだ！

◆最初の退屈

退屈は他人とのペースのズレから生じてくる。いつ最初の言葉を理解するか、いつ最初に読んだものを記憶するか、いつ説明を求めるか、などだ。自分がすべて知っていることを、教師が繰り返しさまざまな形で確かめているあいだ、何をしたらいいのだろう？　学校での時間は長く、非常に長くなるはずだ。そして矛盾の極みになる。なぜなら、学校ではギフテッドの子どもは知能を十分に使えないからだ。教育制度の性質上、その特異な能力を発揮することができないからだ。簡単すぎてやる気をなくし、好き勝手にふるまうようになるからだ。そうして学校の時間は「自由時間」になり、その間いろいろと考える。そして考え、その思考をたどるということは、子どもにとって不安の元にもなる。そうなると学校は、ギフテッドの子どもにとって嫌いなところになることが多い、あまりにも多い。学校での年月が際限なく続くようにみえる……。退屈が学業を嫌で仕方がないものにしていく。これが一連の障害の原因となり、統合と精神的バランスをより複雑にしていくのである。

◆他人との出会いの難しさ

「私は授業中は自分のこの部分をクラスのみんなに合わせることができ、みんなと仲良くできる。でも、それ以外のときを共有できる人は誰もいない、私がいちばん大切にしていることを誰もわかってくれない」と語るのは五歳のクロエ。まだ幼い少女なのに、すでに休み時間をどう過ごしたらいいのかわからないでいる……。

友だちになり、好きになってもらう……これは一生ついてまわる問題だ。ギフテッドの子どもにとって、他人に自分と同じ目印を見つけるのは難しい。同じであると同時に違うと感じ、他人の反応や態度を理解できないことが多いのだ。溶けこんでいるように見えてつねにズレを感じる……他人との出会いは問題だらけ。最悪、一生ついてまわる心の傷の原因にもなる。というのも、拒否され、仲間外れにされ、からかわれれば、攻撃されて動揺した子どもに傷痕が残ることになるからだ。その子は、自分の何が攻撃の対象になっているのかわからない。いっぽう他人も、この違った子どもがよく理解できず、イライラする……「みにくいアヒルの子」であるギフテッドの子どもは、強制的に孤立させられて苦しみ、本当の疎外感を感じるようになる……。

他人との関係でもう一つの罠は、仕切りたがることである。ギフテッドの子どもは、指揮したいという欲求を強く感じている。なぜなら本人は、何をすべきで、どうしたらいいかわかっていることを確信しているからだ。それは自分のほうが強く、頭がよく、才能もあると思っているからではない。そうしたほうが他人にとってもいいと感じているからである。小さな隊長なのだけれどまったく評価してもらえない。とくに、イライラして、暴力的になることがあるからだ。男子はとくにそうだ。というのも、女子は意見の一致を求めようとして、交渉もするからだ。巧妙なやり方で、勝手に決めるというよりは、賛同を得ようとするのである。

◆あふれる感情

さらに個性の特徴の一つが邪魔をして、他人との生活にうまく順応できないこともある。他人の感情も含めすべてを強く感じると、周囲の影響を受けやすくなり、そこから反応や行動が、他人にはこっけいで過剰で受け入れがたく、奇妙に見えることがある。突然の涙から激しい怒り、他人にはこっけいで根拠がないように見える理解不能の不安、あふれでる熱情……この感情的な激しさすべてが、ギフテッドの子どもを周囲から浮いた存在にする。他人の目には不可解な人になる。本人自身、最後はコントロールできない自分の反応を恥ずかしく思うようになるのである。

正義への過剰な感覚もまた彼らを、態度の決定や、場違いな介入、言葉や行動による熱い喧嘩騒ぎに走らせる。教師との関係では、それがときに決定的になることがある。すぐに教師は、この生徒の介入を生意気と思うだろう。勘違いなのに……。

学校での経験で自信を傷つけられる

学校でのギフテッドの出会いの難しさは、徐々にその自信を傷つけていく。フランス語の自信の語源は、ラテン語の「フィデス」＝信頼に由来する。つまり、自分を信頼し、周囲の人を信じるという意味だ。他人を信頼できると感じるのは、他人が私たちを理解しているからだ。しかし、ギフテッドの子どもにとって、逆のことが起きる場合があまりに多い。自分をもう信頼できないだけでなく、学校での体験から、理解して助けてもらうのに他人を信頼することに大きな疑問を抱いているのである。

◆家でも事態は複雑

ギフテッドの子どもをしつけ、育て、より添っていく日々は、非常に豊かなのだが、しかし持続してエネルギーが必要である。朝から夜まで、夜から朝まで、その子はこい求め、割り込んで口をはさみ、議論し、簡単な説明では決して満足しない。なぜなのかを知りたがり、すべての指示を検討する……。なぜそうしなければいけないの？　それが何の役に立つの？　なぜそれを求めるの？　なぜこれが義務なの？　などなど。限界をテストするかのように、子どもは親を疲労困憊させ、お手上げ状態にさせて悲しませる。親が自分をもてあましていることをキャッチし、感じる子どもにとって、それはさらなる不安の元になる。もし親が倒れたら、自分はどうしたらいいのだろう？

次にくるのが、親の弱さや限界を感じることで、アイデンティティを築くプロセスが複雑になることだ。父や母のようにする、弱そうに見えるけれど、成長するのにそれを見本にすることになる……。子どものギフテッドは困り果て、一人で、自分自身の目標を立て、自分を構築していくことになる。これは簡単なことではない。

突然の発作と涙。目に滲む涙、コントロールできない発作であふれ出る涙。突然の怒りと過激な暴力、話し合いもできないほどのふくれっ面、大したことのない状況での過剰な反応などは、感情の過剰な受容性のあらわれである。一緒に生活し、管理するのは難しい。誰にとっても。

◆大人との関係の難しさ

ギフテッドの子どもは大人との関係が理解できない。彼らのほうは、相手が子どもでも大人でも、分けへだてなく話すことができる。確実に聞いてもらえると思っている。最初は、なぜ叱られるのか理解できない。そういうことは「大人」に聞くことではないと言われる。そんなことはしないものだと。そこで、少しずつ、してはいけないことを覚えていく。質問するのはよくないこと。これは迷惑になると、少しずつ、黙るようになる。自分に閉じこもるようになる。なぜ質問してはいけないのか理解できないまま……。

歪められた子ども時代の鏡とそのリスク

ギフテッドは、攻撃された自己イメージを抱いて子ども時代を終えることがあまりにも多い。歪められてもいる。なんでもできると思っていたのに、喪失感を感じている。自分と自分の能力を信じていたのに、傷つきやすく、弱いと感じている。早く大人になりたいと思っていたのに、世の中の複雑さが不安になっている。本当に知りたいのか、立ち向かうことができるのか、わからなくなっている。

これは危険である。思い描いていた事態ではない。ギフテッドのなかには、自分に合った人生を送り、他人といても幸せな人は存在する。非常にたくさんいるのは確実だ。ただ、よく知られていないのは、カウンセリングに来ないからだ。来ても少しだから。なかには予防のために来る人もいる。ギフテッドの普通とは違う機能への理解が深まり、経験を積んだ専門家によるより添いに重きがおかれたおかげである。

ギフテッドの思春期……思い違いから裏切りまで

◆大きな段階……思春期

思春期は誰をも不安にさせる。すぐにこの時期のイメージが動き出し、非常に難しく、騒がしくて、ひどくデリケートに見える。

危険で、社会の針路から外れているのが思春期と称され、定められた規格のもと同じ機能をする集団とされている。現在、思春期の若者は、行動から服装、対立、要求まで、想定通りの思春期の若者にならなければならない。マーケティングもそこから進められている……。

語源的には、フランス語の「思春期」はラテン語で「成長」を意味する「アドレスケレ」からきている。

そして思春期は過程であり、動きである。それは人なら全員と関係があり、肉体や精神、知能、愛情、社会などの面が変化することである。一つの通過であり、活力にあふれる一つの段階で、完全なアイデンティティの状態ではない。すべてを混同してはいけないのである！

思春期の大きな矛盾……自分自身でいながら変化していくことである。アイデンティティの問題はその基礎であり、思春期の過程での目標でもある。

確かに、もちろん、暴風雨が思春期を支配することはある、本当に、思春期は人生の重要な時期である、確かに、思春期の発作は激しいこともある、思春期では苦しみが爆発することもある。

しかし、そこは慎重に、良識を保つようにしよう。それには二つの意味がある。

・「その子はまだ六歳ですって？　もう思春期の子かと思った。思春期が思いやられること！」。この場合、地震は予想されている、ほぼ織り込み済み。思春期を想像するとおびえてしまい、親はその前から不安になる。

・「ええ、これが普通、これが思春期」。なんらかの障壁が、この味もそっけもない文で片づけられるときは、用心する必要がある。なんでもないことにして安心させようとしているからだ。道から外れたり、理解できない苦しみを思春期のせいにするのは、助けを本当に必要としている思春期の若者には非常に危険である。

この二つの姿勢から浮き彫りになるのは、思春期という概念が生みだす不安であり、既成概念だ。思春期の若者により添うということは、成長して自己を完成し、不安を少なくするのを助けることである。それは意識して、子どもが陥りやすい混乱を警告しつつ行うことなのだが、しかし、誇張も矮小化もしないことだ。子どもたちの立場に立って、私たちの立場を守りながら。責任のある、抵抗する力のある親としての立場である。これが私たちの子どもが本当に必要としていることである。

いっぽう思春期は、他人のようになりたいという欲求が強い時期である。集団のアイデンティティが支配的になり、とりわけ自分がとくに存在し、受け入れられていると感じるために周囲と同じでいたいのだ。それゆえ、思春期のギフテッドは自分が周囲と違っていることを望まないし、認めたくないのである。それどころか、ギフテッド？　バカバカしい、意味なし、無価値。「そんなの意味ないよ！」と言い切ることが多いのだ。

思春期のギフテッドが体験する、初めての現実的でアンビバレントな困難――物事のやり方や自分の構築の仕方が違っているのに、「同時に」、アイデンティティの感覚を乱す違いを完全に拒否するのである。

◆不可能な確信

ギフテッドの思考形態は、すでに述べたように、つねに稼働中である。さまざまなことを連想し、質問や新たな仮定をしてどんどん遠ざかり、そのせいで正確で確実な答えを得るのがほぼ不可能になる。新しい答えを得ても、すぐに新しい問題が生まれ、疑問がいつまでも永遠に続くからだ。対象となるテーマも、内的なものから外的なものまですべて。この機能モードが、選択をめぐると大きな問題を引き起こすことになる。可能性がこんなにあって、一つの確信でいさぎよく決められないのに、どうして選べるだろう？　なぜそれよりこれを選ぶのだろう、すべて再検討していいものなのに？　選ぶとは、諦めることである……。

人が考えを止められないとき、知能がいかに不安の種になるかが理解できるだろう。

メラニーは十六歳。ある朝、疲れた顔で診断に来て、こう訴えた。

「考えるのを止めてくれる薬はありませんか？」

「人間は世界を言葉と思考によって単純化し、そうして確信を得ている。確信を得ることは、この世界でもっとも強い喜びで、金とセックスと権力を合わせたものより強い。本当の知能を放棄すると、確信を得るのに代償を払うことになり、これは私たちの意識の銀行にとって目に見えない支出となる」[*]

不可能な選択の時期

思春期は選択の時期である。進む方向を決めて、将来を選択する。そして、たえず迷う思春期の若者の前に、大人たちから非常識で、まさに矛盾した命令が下される。さあ、選択しなければいけない、もはや選択肢はないのだから……と。まさに矛盾した命令は思春期の若者を固まらせる。選択はすでに不可能な使命なのに、それでも大人は、何も選択しないことを選択するのもいけないという考えにこだわっている……。この行き止まりからどう抜け出せばいいのだろう？

＊マルタン・パージュ、前掲書。

◆集団意識

思春期のギフテッドの多くは非常に強い集団意識を持っている。自分たちが生きている状況から目を離すことができない。環境を広角レンズで見てしまうことから、自分自身に集中できず、非常に広い環境に関する要素を心配し、満足の糧にすることにのめりこむ。すでに非常に若い頃から、不正を許すことができなかったギフテッドは、思春期になると、世界の不正や統一性のなさを許すことができなくなっている……。

二十歳のジュリアンが、最近、私にこう言った。「いずれにしろ、憎しみと紛争、多くの不幸に満ちた世界で、どうして自分が幸せになることを許せるだろう？　僕にとって、それは不可能だ！」そして、女友だちを愛しているにもかかわらず、彼は自分が幸せになるのを許していない。

思春期のギフテッドにとって、自己中心的な幸せはすぐに受け入れ難いものになる。世界を変えるには力不足なことがわかると、自分自身の人生が虚しくなる。こんなに不公平で、実際に変える可能性が少ない世界に生きているとしたら、なぜ生きるのだろう？　自分に幸せになる権利はあるのだろうか？　子ども時代はよく、なんでもできるという幻想と、人類の不平等と闘える人になるという希望に胸を躍らせていた。世界を変える方法が、興奮しやすい子どもの思考の大半を占めていた。あれこれ計画を練り、新しい考えが浮かび、いつかは実行できると考えていた。「大人になったら、エイズに効く薬を発明するんだ」と八歳のジャンが打ち明ける。彼は植物のサルビアになにかしらの効能があると読んだか聞くかして、頭のなかで「奇跡」の成分を調合している。自分の力でエイズ患者を救えると信じている彼は、まだ全能の幻想に支配されている多くの子どもと同じだ。違うのは、その思い込みが過剰なことが多いところだ。そこが同年齢のほかの子どもと違うところで、大半はこの病気が猛威をふるっているのを知らないか、知っていても自分には関係がないと思っているのである。

「次の朝、私はママに今日も学校に行けないと言ったの。ママはどこか調子が悪いの？ と聞いたので、答えたの。

いつもいつも、毎日同じことの繰り返し。

—病気なの？

—悲しいの。

—原因は何？

—全部。

—全部って？

—お家の冷蔵庫に入っている肉や乳製品から、街の喧嘩騒ぎ、車の事故、それからラリー……。

—ラリーって誰？

—国立自然史博物館の前にいるホームレス、いつも「食べるためだ、絶対ほかには使わないから」と言って、私にお金をせがむの。ママはラリーと言われてもわからないと思うけど、いつも見ているはずよ、(……)、それから映画館の窓口にいる首の短い怖い男性、いつの日か太陽が爆発することを考えると悲しいし、誕生日になるとみんな私がもう持っているものをくれることも、貧しい人たちが安いからといって塩分の多いものを食べて肥満になること(……)、悪夢もそうだし、マイクロソフトのウインドウズも、日中に何もすることのない老人も、だって、誰も老人と一緒に過ごしたいとは思わないし、老人のほうも恥ずかしくて一緒にいてくださいとは頼めないでしょ、それから秘密(……)。きれいな歌、五十年のうちに人類が消滅するという話。

—五十年後に人類がいなくなるって、誰が言ったの?

(……)

—あなたは楽天家? それとも悲観主義なの?

(……)

—楽天家でも悲観主義でもないのね、でもママは楽天家よ。

—だけどママ、人間は可能になったらすぐお互いに殺し合いを始めるって、それも近いうちって、そんな話を聞いたら、ママだって驚いて嫌な気分になるはずよ。

—なぜきれいな歌が悲しいの?

—だって本当じゃないから。

—ぜったい?

—きれいで本当のものはなに一つない」*

◆世界や他人を見る目が明晰すぎて、内面を落ち着かせるのが難しい

本当に些細なことが、とくに感情面では過度の割合を占めて異常に大きくなり、感情的に手に負えなくなることが多くなる。感情的に傷つきやすく、批判に弱い思春期のギフテッドは、少しのことで精神的にひどく不安定になる。なぜなら距離を置くことができないからだ。この明敏さは知的な分析能力によってさらに増大する。ここでは感覚の分野だけでなく、体験したそれぞれの状況が深く分析される。どんな情報も漏らさない、極端に細かい分析だ。

・自分に対する容赦ない明晰さ

他人に対して明晰であるということは、まず自分に対してもそうであるということだ。ギフテッドはいっさい譲歩せずに自己分析し、自分の失敗や限界、どんな小さな欠点も感知する。こうして自己愛をたぐり寄せるのがもっと難しくなる。自分自身に容赦のない視線を当てることが多く、自分を愛することが難しいのである。

・明晰さはアイデンティティ構築のブレーキ

この極端なほどの明晰さが、これから大人になるギフテッドの見通しを妨害することになる。将来的に予想されるリスクを鋭く分析し、成長の邪魔になるのではないかと本気で不安になる。思春期は、知能が特別に不安を引き起こすのである。

＊ジョナサン・サフラン・フォア『ものすごくうるさくて、ありえないほど近い』（ＮＨＫ出版）。

◆三次元

驚かされるのは、ギフテッドは思春期前からそれぞれの状況を三次元で生きていることだ。その状況を生きると同時に、ローアングルで見るように遠景に置き、舞台を観察するような位置に身を置くのだ。そうして自分が動いて行動し、考える様子を自分で見て、俳優と同時に観客として感じるのである。これから起きることや、他人が答えること、他人の感情（感情移入の能力があることはすでに述べた）、自分自身が言うことまで先取りするのである。思春期のギフテッドが語るのは、何をするにもつねにすべてを分析し、些細なことまで感知したくなるので、その状況だけを生きるのはときに難しいということだ。

◆突然の思春期の変化と、感情の負荷の防御

一般的に、認識が発達する最終段階が思春期と言われている。抽象的な観念や、概念化、仮説を立てて推論するなどである。しかし、思春期のギフテッドはずっと前から、この思考段階にたどり着いており、すでに成熟した思考に思春期の特徴が加わることになる。その場合、抽象的な観念が積極的に使われるようになる。それが思春期の特徴と肉体的な変化を刺激し、これまでにない感受性や感情が表にあらわれて、「認識による防御」のメカニズムが強化されることになる。思春期のギフテッドは、あらゆる感情から距離を置くよう認識で操作するのである。それとともに、感覚を喪失するリスクがある。肉体を通しての感覚が何もなくなるうえ、さらには内面にも完全な空白空間があらわれて、もはや何一つ感じなくなるのである。知能と

肉体の溝が非常に大きくなり、感情面の接触を切断してしまうのだ。こうして思春期の若者は、感情をすべて抑制するようになるか、逆に行動であらわし、深刻さに程度の差はあっても道から外れていく。そこでおもにあらわれるのは、依存症や、行動障害である。

◆恋愛が怖くなる

誰かを愛すると、感情や愛情のままに流されるものである。ところで、思春期のギフテッドはまさにこれと闘っている。恋愛感情に対する抵抗が非常に高いことが多いのである。思春期の若者にとって危険なのは、防御をゆるめ、感情の波に運ばれると、もはや制御も管理もできなくなってしまうことだ。思春期のギフテッドはこの感情があふれ出て、自分の傷つきやすさや感受性、苦しみが顔を出すのを怖がっている。そんなとき、コミュニケーションの入り口として、自分を守るメカニズムとしてよく使うのがユーモアだ。これはまた、恋愛にうってつけの武器でもある。

◆思春期のズレ

思春期のギフテッドで学校の成績がいい場合、思春期の兆候の落差を恥ずかしく思うケースもある。

十歳のジュリアは、現在中学二年生。「友だちの家では泊まれない。なぜって、シャワーを浴びるときに嫌な思いをするからよ。クラスの女の子にはみんな胸があるんだけど、私はぺっちゃんこ。赤ん坊だって言われちゃう。自分は普通じゃないと感じてしまう」と語っている。

◆仲間との同一化

思春期のギフテッドにとって難しいのは、他人と同一化することだ。集団で行動し、グループに属するのがルールとされる思春期では、他人との違いを感じることがより根深くなる。グループに溶け込もうと努力するのだが、友だちであっても、どうしても他人との距離を感じてしまう。完全に仲間になることができないように思えるのだ。小さな距離であっても、他人とは離れている。さらには、ほかの若者が注意を向けるテーマに興味を持つことが難しいことが多く、それに合わせるのに大変な努力をしなければならない。それでも、ほかの若者と同じように、自分を構築するのに集団を必要としている。そんな思春期のギフテッドが、グループのなかでアイデンティティの媒体を見つける可能性から見放されると、辛い孤独に追いやられることになる。こうして一部の若者は完全に自分に閉じこもり、へたをすると外の世界と断絶することになる。ギフテッドであることがもっとあとになって検知された場合、他人との関係で抱いた疎外感について話す人が多く、溶け込めなかったのは自分の頭がおかしかったからではないかと怖かったという。こうして、他人との違いの感情は心のなかに大きな不安を生じさせ、そこから抜け出すのが難しくなる。このことでいっそう明らかになるのが、早期診断の必要性である。最悪のケースを避け、できるだけよりよい発達を促すためだ。

◆ついに成績が落ちたとき……

思春期のギフテッドはまた、その特異な思考様式を世間で認知されていないことから、自分の知能の価値に疑問を抱いて辛くなることがある。疑念は自己愛も不安にする。人から本当の自分を認められないと、その思考様式をアイデンティティの構築に組み入れることも難しい。

◆子ども時代の幻想との別れ

思春期のギフテッドが味わう大きな失望は、現実の限界をはっきりと意識することだ。もっと小さい頃は、大人になればもっと大きなことが達成でき、世界を変え、新しい生活を創造できると考えていたのが、突然、自分自身の能力と、世界の能力の限界に気づくのである。あれは幻想だった！　ギフテッドは思春期の辛い別れに立ち向かう。自分自身の一部と、子どものときに抱いた計画との別れである。

このとき親の役割は重要だ。というのも、思春期のギフテッドは非常に傷つきやすく、助けを必要としているからだ。たとえ反対の行動をしているように見えてもそうなのだ。

◆過剰な怒り

思春期のギフテッドで、この時期もっとも支配的になるのが、おそらく怒りの感情だろう。地球全体に対する怒り、違っていることへの怒り、期待通りに成功しないことへの怒り、理解されていないという感覚への怒り、生きづらさを感じさせるシステムや規範、人生に対する怒り……。

思春期のギフテッドに特有の病気

思春期のギフテッドが病気になると、その形は思春期ならではの病気と同じ道をたどるのだが、しかし適切なケアをするために、特異な点があることを知っておくことが必要だ。

◆自尊心の障害と鬱病

思春期のギフテッドの自尊心の障害は、ほぼ体系的に説明できる。成長とともに変動する自己イメージが、精神的に安心して安定する可能性をことごとく奪ってしまうのだ。あれほどなんでも達成できると確信していたのが、突然、心底無能な感覚に襲われて打ちひしがれる。とくにいくつかの成功で価値をあげていても、また突然、予想外の失敗に襲われると、思春期の若者の心身の障害ははたから見えるほどになる。

無能？　才能がある？　有能？　力不足？　このモザイクのように細分化され矛盾した自己イメージのなかで、どうして自分を再び見出せるだろう？

自己イメージの深刻な障害は、通常、鬱症状と高い相互関係があり、とくに思春期のギフテッドに見られるのが鬱的な代償不全である。これは自己イメージが対立するなかで自分を構築し、とくに自己愛の基盤が不安定になるからである。

◆「とにかくもう考えない」……思春期のギフテッドの鬱の特異性

鬱に関連する通常の症状とは別に、ギフテッドの鬱病は「空白」に向かう鬱病と形容することができる。目標は、とにかくもう考えないことだ。とくに苦しみの根っこ、この考える破壊装置をもう動かないようにすることだ。この空白の鬱病は思考に対する防御のメカニズムで、ほかの診断例にみられるような構造上のものとは異なっている。思春期のギフテッドにとって、「考える」ことは「危険」とある意味同義語で、それは死の危険である。いっぽうで、認識による防御も働いて感情に蓋をする。診断に来る思春期の若者は、何を聞いても、質問には「わからない」と憑かれたように答えるだけである。答えたくない、この思考を自分から活性化させることなどできないのは、再び耐えがたい苦しみに呑み込まれる危険があるからだ。もう考えないということは、答えのない質問を忘れようとすることだ。自己について、他人や世界、生きる意味……そして死について。治療で苦しみを和らげ、ケアすることがどんなに難しいか、理解できるだろう。

◆知能の抑制と登校拒否

思春期のギフテッドにとって、抑制は社会統合の戦略の一つである。その特有の機能を停止させることは、他人と同じになろうとすることなのだが、苦しみを止めることでもある。一九七〇年代、精神科医のアラン・ゴーヴリは知能の拒食症について話している。思考に浸るのを止め、知的なものをすべて否定することだ。ここで頭に浮かぶのが、自分の一部との別れの概念だ。この知能は何の役にも立たず、むしろ統合や精神生活にとって危険でさえある。唯一の出口は停止すること、というわけだ。

こうなるとまさに自己からの攻撃、自分自身に対する逆襲である。

そしてこの過程で極限までいき、実際に知的能力まで攻撃するギフテッドも珍しくない。知的な抑制はまた、思春期の若者に擬似虚弱の仮面をかぶらせ、目立たずに過ごす助けになることもある。

不安障害でもっとも深刻なのが、登校拒否である。残念なのは、これが思春期のギフテッドに目立って多いということだ。これは治療で治すのがもっとも難しい病気の一つで、さらに思春期のギフテッドとなると、知能と理論のメカニズムが硬直しているので、より複雑で難しくなるのである。学校に戻る？　何をするため？　どんな将来のため？　どんな大人になるため？　こういう若者たちは、耐えがたい行き詰まり状態にいると感じ、どんな出口を想定してもつねにまた考え直す。満足できる答えは一個もなく、どの道も不確かで、どの仮定にも納得できる意味がないのである。

◆舞台の裏側……自信からプレッシャーまで

「あなたならできる」「いずれにしろ、あなたはいつもうまくやっているじゃない！」。しかし、失敗がこんなに怖いのに、どうしたらいいのだろう？　自分は無能だと感じているときに、こうも信頼されたらこの先もっと難しくなることを、どう言ったらいいのだろう？　親がその子はできると考えていて、もしできなかったら、その子は大きな罪悪感にむしばまれるのではないだろうか？　本人は恥ずかしさでいっぱいになり、孤独感と無気力感を抱くのではないだろうか。それから、本当に失敗したら、やっぱり本当に無能だったと考えるのではないだろうか？　期待され、知能が高いと言われていたのに？　そして最後に待っている危険が、自分を激しく卑下し、自分の負の感情に攻撃されてひどく辛くなることである。

クレマンスは十六歳、中等教育の六年目だ。いつもいい生徒だったのだが、やはり自分をいつも疑っていた。ギフテッドがよくするように、彼女もよく自分の問題を問い直している。どの失敗も、弱点もつきとめている。それでも、これは本当のことだが、彼女はつねに成績がいい。現在思春期で、人生の方向を決定するときが近づき、不安が大きくなっている。自己愛も大きく揺らいで落ち着かないのだが、それでも両親はそんな彼女を無条件で支えている。何度か自殺未遂をし、拒食症も体験し、クラスでの居心地悪さや、意味不明で医者も説明できない失神も何度かした。しかしそんなことで両親の絶大な信頼は揺るがず、それでもクレマンスは内面で地獄のような混沌に落ち込んでいく。そんな彼女を助けるため、両親はたえずこう言っている。「心配しないで、そのうちよくなる、あなたなら大丈夫」……。しかしこの声かけは、クレマンスを安心させるどころか、不安を倍増させている。彼女は自分の問題を前に、絶望的なほど孤独を感じている。ではどうしたらいいのだろう？　もし親が子どもを勇気づけることが、子どもの不安の原因になるとしたら？　もしこういう子どもたちがどんなに価値を認められ、励ましを欲しているか、わかっているとしたら？　確かに、矛盾がある。正しい姿勢はバランスだ。子どもを褒めて、誇りに思っていることを口にするのはいいのだが、しかし、思春期の若者には、困難で失敗できる場所を残しておくことである。そして、緊急を要するいくつかの兆候を理解しておくことだ。思春期の若者は、聞いてもらいたい欲求もあれば、不安を抱くのも普通で、不安はときに非常に辛く、疑念が心につきまとうことも理解しておくことだ。よく、子どもに対する親の不安が、彼らをそのような姿勢に導くことがある。親は子どもの感情を否定しないことだ、それだけで大きな安心感を与え、精神的に立ち直る可能性が見えてくる。それを決して忘れないことだろう！

思春期のギフテッドのケア

思春期のギフテッドを正しくケアするには、彼らがギフテッドであることを知らなければならないのはもちろんだが、しかし、治療のやり方に順応するため、その機能の特徴もまた知っておかなければならないだろう。思春期のギフテッドには、思慮に富んだ精神療法医を選ぶことが絶対条件だ！　思春期のギフテッドの精神治療では、精神療法医は覚悟をもって取り組む必要があるからだ。出口はある、必ず見つかるという信念を持ち、一緒に感情移入しあい、助け合って、双方向で、エネルギッシュに行うことである。私たちができるのは、この思春期の若者が同化するのを待つだけである。精神療法医がしなければいけないのは、その子にいちばん合う道筋を「つける」ことである。

思春期のギフテッドに必要なのは、手を取ることではなく、一緒に「引っ張っていく」こと

である。

思春期のギフテッドに、精神療法医がこう言ったとしよう。「ほら、これが私の理解していること」「ほら、これがこれから一緒にすることで、これがうまくいく理由……」。これだけですでにこの自分を見失い、ありのままの自己を認めて欲しいと願っている若者の状態はぐっとよくなる。本当に、心から。こうして人は、有能で経験豊富な同行者に口を開くのである。

ここで偽薬効果のことを忘れないでおこう。現在、その治療効果が医学会で広く証明されているものだ。人がある薬を効くと思ったら、脳が先回りして安心し、痛みを抑えるモルヒネのような化学物質を放出するのである。この効果は、精神療法でも認められている！　それを忘れないようにしよう！

◆自己認識のケアは不可欠

治療の方向を決定するのに中心となるのは……自己認識の部分を治療に統合しなければいけないことである。そのことで思春期の若者は、デリケートな思考の進展に優しく忍耐強くより添いながら、徐々に再び関係を築くことができるようになる。直ちに組み入れなければいけないのは、「考えることの危険性」である。これは乗り越えるべき障壁のなかでもっとも難しいものになるという認識だ。なぜなら「考える」ことがまさに病気の原因だからである。その意味で、この「自己認識を再活性」させることは、全体の心理に再び活気を与え、自己愛を回復するのに欠かせないものとなる。自己認識の部分をケアするということは、前提として治療に認識の媒介を組み入れる能力が求められる。これは治療を支えるてこととして絶対に必要なことである。

◆ケアは必ず是々非々で

思春期のギフテッドのケアには、是々非々で対処することも必要だ。治療の枠内で柔軟に、相手が表現する苦しみにつねに順応することである。一つの固定した治療の枠内で行うと、思春期の若者を一つの過程に閉じ込めることになり、なかなか受け入れてもらえないことになる。

◆思春期のギフテッドは経験豊富な策士

精神療法医はまた、ギフテッドの若者の人を操る驚くべき能力にも用心しなければならない。まず彼らが療法医をテストし、理解力や援助の能力を評価するのである。これは対立でも無意味な力関係でもなく、ただ、彼らにはまわりの人を分析し理解したいという抑えきれない欲望と、それができてしまう才能があるからである。たとえば、親を喜ばせるため、あるいは、内心ほくそ笑みながら頭のよさを証明するため、ギフテッドは療法医のやり方や、期待に合わせることがある。よくあるのは、質問や解釈を先取りしてふるまうことで、罠にはまった療法医は自分の能力を勘違いして力づけられることだろう。しかし結局は、何ヶ月も、ひどいと何年も、無駄なケアをして、その間、解きほぐせない問題を抱える思春期のギフテッドを放っておくことになる。というのも彼らが本当に望んでいるのは、人が素直に彼らを理解し、効果のある援助をしてくれることだからだ。本当は助けを渇望しているのだが、しかし見つけられないので失望しているのである。

◆普通の治療シーン……精神療法医と思春期のギフテッド

あるいは、闘牛場での闘牛士と牛の死を賭けた闘いに例えてもいいだろう。勝つのは精神療法医か、それとも患者か？　それよりむしろ、療法医がこの激昂した、固い守りの姿勢でいる患者のガードを外させることはできるのだろうか？　この傷つきやすい患者は、人が彼らの感情体験に近づくのを恐れ、荒々しいエネルギーで自分を守っている。仮に療法医がそれに成功したら、患者の防御のメカニズムや固く閉ざした殻を象徴的に「殺し」たことになり、彼らにとってはきわめていいことになる。仮に「勝つ」のが思春期の患者だったら、彼らは二重に失うことになる。内面の傷を守り抜き、そしてまたしても他人の上に立ち、支配するのに成功したことになる。本当は助けをあれほど待っていたのにである。この場合ギフテッドは、誰も彼らを理解できず、助けることもできないという辛い確信をさらに深めることになる。患者にとっての「死刑」とは、ガードを外し、他人の援助を受け入れることだ。自分の傷つきやすさを認めることなのだ。なぜなら療法医が激しい応酬に成功し、苦しんでいるギフテッドの信頼と評価を得たことになるからである。

エドゥアールが語る。

「僕の精神科医はカードを出すのが早すぎた！　もう少し僕を問い詰めるべきだった。頑張ったのは一時間半だけで、そのあとは投げ出した。彼女の個性が再び上に立った。感受性も丸出し。彼女は疲れたはずだ、大変なエネルギーを使ったはずだ！」

エドゥアールの言葉から察せられるのは、この内的な闘いに使われるエネルギーだ。同じ土俵で展開される、ある意味不平等な闘いでは、それぞれに努力と緊張が求められる。エドゥアールは結局、闘いを放棄した、同情からだ。療法医を評価し、彼女にこれ以上の職業上の困難を与えてはいけないと思ったのだ。療法医とその能力を尊重していることになる。これが彼を救ったのだ……！

◆ほかにもっと何かできることは？

「思春期は一つの入り口で、絶対に見逃してはいけないものである」*

これは重要だ。人を信じなければならないということだ。思春期は将来を決めるものではない。簡単な子ども時代を過ごした人が難しい思春期を生き、難しい子どもだった人が思春期を晴れやかに通過し、辛い思春期を経験した人が幸せな大人になる……こともある。

思春期には将来性がある。カードが分配し直され、人生ゲームが演じられ、出口では別の形になっている。つねに。誰にとっても。思春期の呪いも、取り返しのつかない障壁も存在しないのである。

◆私が出会った思春期のギフテッド

私は多くの漂流する思春期のギフテッドに出会った。ときに大変だった。彼らはみんな最初は意固地だった。荒れ狂っていた。協力などしない、大人を喜ばせるものかと、決めてかかっていた。しかし、この抵抗の裏に傷つきやすさの仕掛けが隠れていることがわかり、この若者の知能と愛情の機能の歯車をつかんだとき、そのときにこそ、無理をしなくても、彼らに……自分自身を話させることができる。思春期のギフテッドを相手にするときは、映画のナレーションのように、客観的に語りかけなければならない。いま理解していることや、本人が認めたがらないことをきちんと言わなければならない。そうすることで、少しずつ、最初は驚いて、次は安心して、ついに彼らは自分のことを正しい言葉で話し、この特別な関係に身を投じるようになる。そこで初めて、自分自身とよりよく向き合うために、一人の他人と出会うのだ。そして、賭けに勝ったところで関係が築かれ、治療が始まることになる。患者はすぐに共犯者になるだろう。それは自信を持って断言できる。一部の古い療法医はショックを受けるかもしれないが、思春期のギフテッドとは共謀しないと何も進まない。療法医はまた、その関係に回り道や操作をせずに関わらなければならない。この極端に疑い深い若者の信頼を得るには、それが唯一の方法である。彼らはお互い真摯に向き合うという担保がなければ、他人とは機能しないのである。そういうことだ。

フィリピヌは十六歳。ふくれっ面で診察室に入ってくる。彼女は療法医を知り尽くしている！　山のように会ってきた！　両親があちこち連れて行ったのだが、しかし彼女はず

＊Philippe Jeammet, *L'Adolescence*, J'ai lu, 2004.

っと前から療法医が何の役にも立たないことを理解していた。それが彼女が私に伝えようとしていたメッセージであるのは明らかだ。私は彼女の抵抗をやめさせようとはしない。攻撃的な姿勢にも反応しない。ただ彼女の横で、一つの筋道を描いている。私が理解していることを説明する。彼女はなぜうまくいかないのか。なぜそれほど具合が悪く、無力なのか。私が信じていること、彼女にとって必要と考えていることを説明する。彼女の存在と反応は気にしないようにする。彼女の意に反して。少しずつフィリピヌは私を盗み見するようになり、椅子の上でこっそり姿勢を正し、隠すはずのつもりが微笑んでしまう……これで勝ち！　信頼関係が成立し、治療を始めることができる。むしろパートナーシップと言うべきだろう。というのもいま、私たちは一緒に「近道」を見つけようと、探し歩いているからだ。彼女が自分にふさわしい、ついに心地よさを感じられる道に戻れるために。

ついにその日が来る……大人になる！

たとえるなら始動装置のようなもの？　人は子どもの頃、「大人になったら……」と夢見ている。この状態には約束がすべて含まれていると思っている。大きな思い違いもしている……やりたいことをすべてできるだろう！

しかし人は「いつ」大人になるのだろう？　これは事実なのか、それとも概念なのか？　おそらく夢だろう、しかし、現実化するのは難しいことが多い。大人になることと他人の視線には大きな溝がある。まず子どもの視線、そして大人自身が自分で感じる視線だ。私たちの何人がこの溝を感じているだろう？　人はみんな、子どもの頃は大人になるとはどういうことか想像したのだが、しかし、大人になって感じることにぴったりと当てはまることは決してない。

◆大人になるとは、子どもだった自分の手を取ること

「エレベーターのなかで、私が丁寧に挨拶した私より少し年上のこの男性は、知っているのだろうか。彼に話しかけたのが小さな少年で、少し内気で、大人に話すのを戸惑いながら、いかにも大人であるかのように、そしてそれを相手が信じてくれたことに、五十歳でありながら、驚き、満足したことを？　おそらく、私には知るよしもないが、私の隣人も少年のままで、それにまったく気づかず、六十歳代の顔つきの下に不条理に埋もれているかもしれないことを……。大人などいない。大人になったと見せかけている子どもがいるだけだ。あるいは、現実として大人にはなったが、しかし本当にそうなったとは信じられず、子どもだった自分を消すことができず、そのまま、自分のなかに持っているか、あるいは子どもだった自分に支えられている……」*

人はときに大人を演じ、大人のように見せかけ、大人のふりをする……子どもの頃を夢見な

＊André Comte-Sponville, *La Vie humaine*, Hermann, 2005.

がら！　そして人生のなかでもよき時代だったかのように郷愁を抱いて考える。他人に運ばれるままでいられた時代。あの頃は、本当の大人だと信じていた人たちに！　たとえつねに納得できなくても、彼らの行動で悲しくなっても！　人は子どもたちに、大人は何でも知っていて、何でもできて、全能の力があるという幻想を与え、そして人生のこの段階の入り口にきた子どもたちは、それが大きなごまかしであるのを発見する。大人は何も知らない、どうしたらいいのかもよく知らず、つねに不安を抱いている。なんという恐怖！　子どもの頃に感じたよりも、もっと強い不安を感じるのだ。なぜならいま、誰に慰めを求めたらいいのだろう？　一時でも？　いま理解した、やっとわかった！　大人は全能ではなかったのだ！　そして、その道は豊かで、確実で、しかし危険に満ちていることも理解したのである。

◆ギフテッドの子どもはずっと前から理解していた

もっとも多いのは、ギフテッドの子どもはそれを知りながら成長するということだ。他人を強く感じる能力、感情の受容性、感知して分析する能力が、彼らにきちんとメッセージを送っていた。気をつけて、すべてまやかし！　ギフテッドの子どもは非常に早くから、大人になることは彼らが与えたいイメージには合わないことを確信していた。彼らはすぐに、大人になるとは複雑で紆余曲折のある使命で、そのために完全な解決法を持っている大人はまれで、つねに再調整していることがわかっている。ギフテッドの子どもはまた、非常に早くから、人生で待ち受ける孤独感は、大人になると子どものときに抱いたよりもっと強く感じることも理解している。大人になると、愛にかこまれていても、一人であることを理解している。それだからギフテッドの子どもは、そして思春期になるともっと、大人になるのが不安になる。自立したくてたまらないのに、急ぎたくない。その不安は、人生の複雑さに向き合う自分の能力を疑っているぶん、さらに大きくなる。彼らは自分が普通の幸せで満足できるとは思えず、夢を達成するのは永遠に不可能ではないかと心配している。しかしそれよりさらに、愛情が中心になっているギフテッドは、当然のように襲ってくるこの孤独が不安でたまらない。彼らにとっては、他人との関係や視線がきわめて重要になっている。彼らにとって、感情的な関わりは絶対でなければいけないのだ。

ギフテッドの難しさが直接的に関係しているのは、その違いでなく、違っていると感じる彼らの「感情」である。

第4章　大人になってギフテッドであることに気づく

「私がギフテッドだなんてありえない、私は無能すぎる！」

ギフテッドであるかどうかを自分に直接問いただすのは珍しい。理由はたくさんある。まず、言葉の曖昧さである。

知的に進んでいる子どもや、早熟な知能の子ども、あるいは、とくに頭のいい子どもがいることは想像できる。その場合は、結局は「普通」と比べているだけだ。成長の速度が加速しているという考えは間違っているとしても、子どもが「知的に早熟」という考えは認めることができる。

ではギフテッドとは？　もしそれに「より以上の」、または「最高の」、あるいは明白な才能という考えが含まれているとしたら、自分をギフテッドと考えることは、自己を特大評価して認識することになり……本当のギフテッドが自分自身に抱いているイメージとは正反対になる。知能が最初に疑うのが……自分の知能なのだ！　そこでこう結論づけることができる。その人がギフテッドのとき、一瞬たりとも自分に関係するとは想像しないということだ。もちろん、これはもっと若いときに診断されなかった人たちの場合である。

大人の年齢で自分がギフテッドであると考えるためには、それが意味するあらゆる重大な側面や、ニュアンスをつかんでいなければならない。それは知的に高いというよりは、特異な要素からなる知能が、世界を感知して理解し、分析する方法を変えていることだと理解しなければならない。ギフテッドの個性のもっとも重要な要素は、感情面であることを受け入れなければならない。ギフテッドであるということは、最終的にたぶん、頭で考える前に、まず心で考えるということだ。

ギフテッドであるということは、二つの特徴が目立つ個性である。質的に異なる機能を持つ知的能力と、強い感受性が人生のどの瞬間にも働くということだ。

どうしたらギフテッドとわかるのだろう？

◆自分の子どもを通して……のことが多い

これはおそらくもっとも多いケースである。ある子どもに問題が発生したとき、理由はなんでもいい、親は自分自身が問いかけられていることに気づくのである。

1. 自分の子どもの生き方や、なんらかの出来事への対応の仕方、その子が遭遇しそうな困難に視線を投げかけたとき。親がデジャヴュ、既知体験の感覚を強く感じる。

2. 子どもの精神診断の結果を返され、機能の特徴が記載されているのを見たとき。これは目に見えてわかることが多い。診断では子どものことを話しているのに、親は突然、自分に直接関係していると感じ、衝撃を受けて、動揺するのだ。自分のことをさしているのではないかと、奇妙な感覚になる。よく恥ずかしそうに、こう聞いてくる。これは「遺伝」ですか、「普通」のことですか、じつは自分も同じようなことを同じようにしていたので……。親は内心で動揺しているのを、必死に隠そうとしているのがわかる。そこで、今度は一人で来るようにこちらから提案するか、親が自分から頼んでくる。自分も関係していることを、信じるべきなのかどうなのか混乱して。

◆または他人を介してのことも、たまに

これも可能性がある。まわりにいる子どもの一人が、ギフテッドと診断されたことを知ったとき。その子の親から聞いた話や、たまたまその子と一緒に過ごしたとき、そこでミラーリング効果が働く。この子がギフテッドだとしたら、もしかして、自分が他人と異なり、自分のなかで漠然と感じているのはこれにあたるのではないだろうか？

◆自分自身で、まれに

このようなことを、どうして自分で想像できるだろう？　すでに述べたように、極度に知能の高い人は、自分は頭がいいとか、他人と違うふうに頭がいいなどとは滅多に考えないものだ。ギフテッドの思考でもっとも自然で普通なのは、謙虚さ、疑問、自分を問い直すことである。

最初のささやきがかすかに立ちのぼってくるには、さまざまな出会い、耳からの情報、偶然

に読んだ本……などが必要だ。さらに遠くへ行くには、大人の場合、他人の視線のなかに最初の確信を求めることが多い。自分ではくだらないと思っていることを質問し、子どもの頃の自分を知っている人にいくつかのエピソードについて聞き、ときに専門家の意見に耳を傾ける。しかし、直接にではない。あまりに難しく、複雑で、あまりに覚悟が必要だから。

誰にも言わず一人で、大人はこの追跡が約束に満ちていながら、しかし同時に危険なことを感じつつ知識を深めていく。この道がいずれ自分自身まで導いてくれる……ことを想像して、自分の大胆さを少し恥ずかしいと思いつつ。

「そう、これは全部私のこと、でも私は頭なんかよくない！」と、ギフテッドの機能の明細な記述を読んだばかりのオーロール、三十五歳は言い切る。

しかし、自分の心の奥に隠れている小さな声が、ときに耳元で秘密の言葉をこっそりささやく……小さな声が「ありえるかも？」と言い、このギフテッドの特性がどんなにあなたに似ているかと強調する。そして内からの小さな声には、つねに耳を傾けなければならない。正しいことが多いからだ。なぜなら、本人が口に出したことのない自身の知識に深く根づいているからだ。内面の直感を繰り返している声で、最後はいつも、自分ではないと思いつつも確信させられたのだから。

ギフテッドであることをどうやって知るか？

一歩進むには、まず診断してもらうことである。それは自分に対する問いかけを全うすることだ。この問題を相談するために専門家に会うことを受け入れ、テストに向き合うことを認め、そして最後に自身の分析結果に立ち会うことである。これはありのままの自分の内面、自分自身を受け入れることや、拒否することを映し出すものである。診断を受けるということは、自分の内面の領土を、どんなものかよく知らないまま、発見する旅に出ることである。

◆診断とは、何？

診断とは、その人の全体像を理解することを目的としたテスト全体のことである。完全で信頼できるものにするためには、つねに二つの部分がなければならない。

・知能の評価はその人の持つ知能と、認識のリソースにアプローチするものである。
・性格検査は感情的な組織を把握し、精神のバランスを評価するものである。

知能検査は、個性全体にアプローチした状況のなかで構成されていないと、意味のないものになる。一つだけ、たとえば知能の一つの尺度だけでは、個性の一面しかあらわさず、その結果だけを解釈するのは危険で、間違っている。

診断はつねに経験豊富な心理学者によって、完全に実施されなければならない。心理学者だ

けが認定されたテストを行う資格を持ち、心理テストの記入と分析を養成されている。ほかのどんなアプローチも、ほかの分野でどんなに有能な臨床医でも、心理テストを使うことは許可されていない。

診断は結果を要約するものではなく、テストが示した個人のあらゆる面を深く分析して行うものである。

◆どんなテスト？

非常に多くのテストがあるが、しかし心理学的な診断で優先されているのは一部である。

・知能と広い意味での知的機能の評価では、ウェイス（WAISウェクスラー成人知能検査）がある。ほかには、キャッテル式知能検査、レイの複雑図形検査、ドミノテストなどが、診断に続く目的によって、知的機能の理解を深めてくれるだろう。

・性格の分析には、いわゆる投影テスト（提示されたイメージを通して性格の一部が投影される）があり、代表的なのがロールシャッハ、有名なインクのシミのテストである。当初の使用法はいっとき、一部の精神分析家による勝手な解釈が幅をきかして長く敬遠されていたのだが、本来の厳密な分析と、一般心理学の研究*に基づいて広がり、現在は元の正しい場所に戻っている。ロールシャッハは正しい方法で使われると、心理的感情的な機能や、想定でき

*とくに、アメリカの心理学者ジョン・エクスナーの素晴らしい研究。

る心理的弱点を見事に「映しだす」ものだ。ハンス・ズリガーによって発展したズリガー・テストは、ロールシャッハを短縮したものだが、しかし同じ基準で分析することができ、これもまた解釈に富んだものである。ほかの性格テストのなかでは、自尊心や不安、社会関係について標準化された検査などがある。どのテストも原則として、性格的な組織により近づいてアプローチするのを目的としている。

◆ウェイス、知能テスト

ウェイスは大人の知能検査の花形で、世界でもっとも広く使用されているテストである。心理学のツールであり、全体の知能効率を評価することができるものだ。知能指数の総括的なスコアを取得するために構築され、全体の知能をもっとも正しく反映するとされている。

ここで忘れていけないのは、知能指数は絶対的スコアではなく、相対的なものだということだ。また、知能を数値化したものではなく、それを表現したものだということも忘れてはいけないだろう。知能指数があらわしているのは、テストされた本人が自分の知能で生みだしたものを同年代の集団と比較したものである。

ウェイスは十一項目の検査(三個はオプション)で構成され、それぞれ知能の大きさを調べていくものだ。ちなみにこれらの検査は二つのグループに分けられている。言語性検査と動作性検査である。

言語性検査は、取得した知識や記憶、数学的能力ともっとも相関すると言われているものだ。ある意味で、私たちが持っている知的知識、文化や学習、経験から得たものに基づいている。

心理学者の言う結晶性知能である。

動作性知能は、未体験の課題をする検査で、結果は検査時に本人が新しい認識的戦略を活発化させる能力次第である。これは前もって学習していることとは関係のない、流動性のある知能で、テストを受ける人が持っている知的リソースをもっとも正確に反映するものである。

ウェイス　十六歳から八十九歳まで

ウェイスは、十六歳から八十九歳までが受けるために標準化されたものである。ウェクスラー式のほかの知能テストと同じように、約十年ごとに見直され、時代に合わせて修正されている。ウェイスでテストをするときは、信頼できる結果を得るために、使用する版が現行のものであることをきちんと確認する必要がある。ウェイスの各国語版は各先進国に存在し、各国の文化を参照して標準化されている。

◆結果を理解し分析する

スコアを分析することで、一連の指数が得られ、知能の正確な特性を表にすることができる。

・全検査知能指数は全体の知能を反映するものである。ほかの二つの検査で解釈を精緻化する。それは言語性知能指数と動作性知能指数で、言語と動作の二つの尺度で提示された検査に応

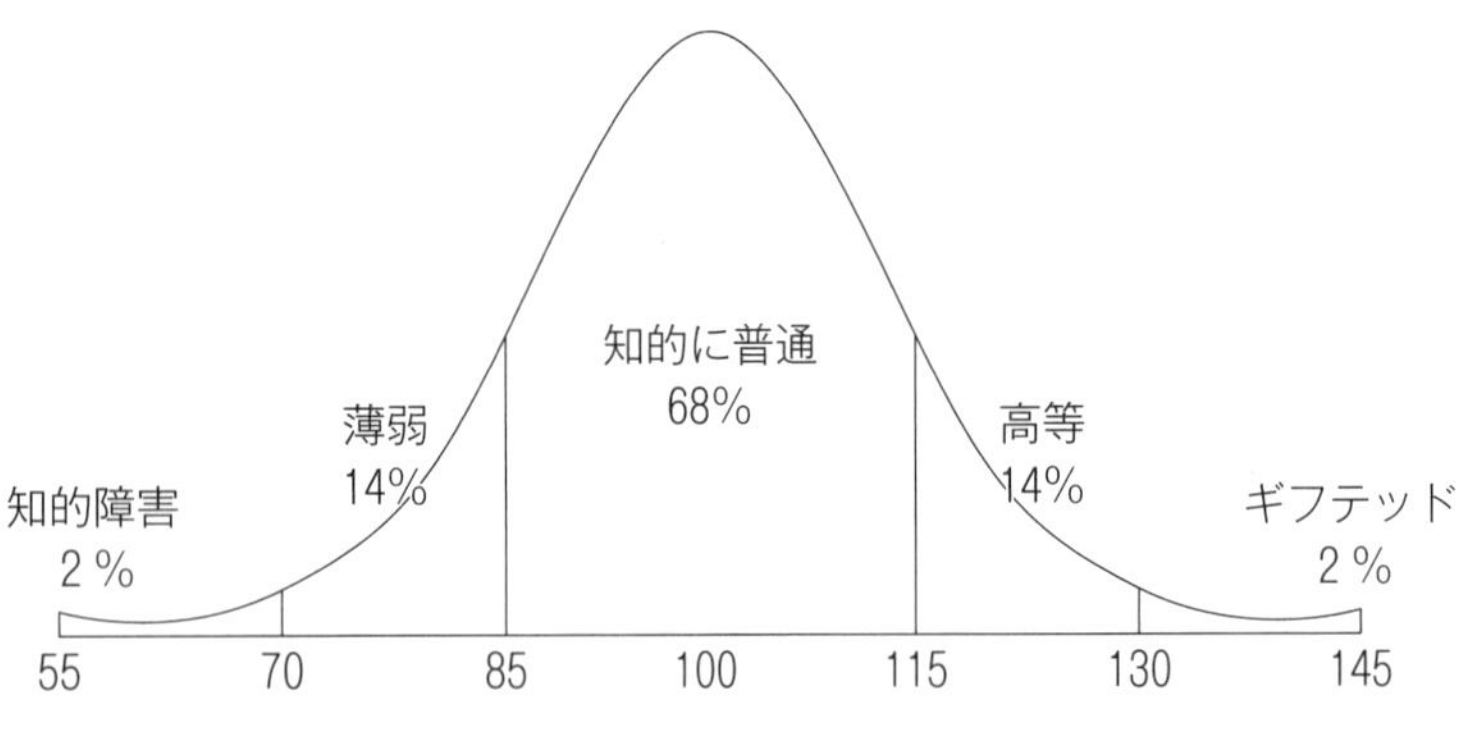

えていくものである。*

・ほかに四つの指数があり、これらは異なる検査で得られたスコアを組み合わせて計算したものである。言語理解、知覚総合、作動記憶、処理速度の四つである。

・これら一般的なスコアのほか、各スコア、項目、指数を比較することで数多くの数値が得られる。ウェイスを元に五十以上の数値が拡大適用されている。

こうして得た結果を分析することによって、知能の機能やその多様な側面を広く理解し、深めることができる。

◆知能指数の分布はどうなっている？（各指数の分布も）

スコアは平均値を中心に分布し、いわゆる「正規の」法則に従っている。ドイツの数学者フリードリヒ・ガウス（彼自身ギフテッドだった！）が考案したもので、これが有名な鐘型曲線である。

統計による構築から

・平均の知能指数＝一〇〇。

・信頼区間＝一五。平均値から離れるほど、知能指数は「普通」とは異なることになる。

分布は右の図の通り。

ギフテッドと診断する

・ギフテッドと診断できるのは、全検査知能指数が一三〇以上の場合で、これは平均値から信頼区間が二つ上にあることである。

・ほかの二つの知能指数、言語性と動作性のスコアが均一なほど、診断は信頼できることになる。

・すべての指数が一三〇以上の場合、知的能力は例外的に高いことになる。

これは診断条件がもっとも望ましいもので、ギフテッドであることが一目で見てとれ、ある意味で解釈の失敗も最小限であることが保証されている。だからといって、この評価だけで満足してはいけない。性格を全体で理解し、力動精神医学のなかでの知的機能を評価するために、

＊要注意……七歳から十六歳用の新版では、言語性知能指数と動作性知能指数が含まれていない。言語理解、知覚総合、作動記憶、処理速度の四つの指数だけでテストが分析され、全体の知能指数が構成されている。

追加のテストで診断を完全にしなければならない。この全体的な診断方法によってのみ診断を確証し、性格をあらゆる側面で理解できることになる。

診断の目的はつねに、ギフテッドへの援助とより添いを見極めることであり、そうすることでかけがえのない歴史を持つその人にぴったり順応するものになるだろう。

スコアが明確でないときの診断法

◆診断はつねに全体を見て行う

診断は、臨床的に複雑な過程である。どんな診断も、一つの単なる指数をもとに下されることはない。いくつかの兆候を束ねてはじめて方向が決まり、ついで臨床の特徴が確定される。実際の治療は、いわゆる決定木（訳注：決定を行うためのグラフ）に従って行われる。取得した結果や、検査するにつれてあらわれる仮定に従って、性格の機能や不測の障害の範囲をさらに見極めるため、それぞれの検査が提案されていくのである。もちろん、性格の知能面か感情面かも含めてだ。

・診断は、各自に合わせて行う能動的な取り組みであり、先手を打って行動することである。
・知能指数の数字は診断ではない。診断を方向づける指数の一つである。
・診断とは、臨床医が行う査定を総合したもので、患者との出会いのなかで、その職業意識と経験が実を結ぶものである。

◆特性が直接的な意味を持たないとき

・不安症

ウェイスのようなテストは、多くの要因に対して非常に敏感である。そのおもな妨害となる要因が不安症だ。大人の不安症は、テストのさいにつねに多く検出されている。これには二つの形がある。ポジティヴな不安症と陰湿な不安症で、前者は最適な方法で本人のリソースを動員するのに対し、後者は知的な表現を強く抑制する結果になる。また不安症によって、全体のスコアが実質より低くなることもある。もっとも多いのは、いくつかの検査で失敗が多く、ほかは保持、つまり成功することだ。さらにウェイスでは、検査の性質によって不安症の結果が異なることも知っておくべきだろう。

・精神障害

たとえば鬱病は、知的潜在力の全面的な表現をいちじるしく軽減することが知られている。リストに鬱病（ほかの検査で確認）が記載されていると、ウェイスのスコアは鬱病の影響を含めて解釈しなければならない。ほかの精神障害もすべてテスト結果に影響が出るので、その点を診断方法に組み入れるべきだろう。

・特別な障害

一部の人は、大人になっても過去の障害の痕跡を残していることがある。学習障害、行動障害、注意力欠陥……などは、さまざま異なる検査で多かれ少なかれ感知できるだろう。

・二つの検査が不均一

一つの検査のスコアが非常に高く、比較してもう一つのスコアが非常に低い場合、その差にどういう意味があるかによって観察されることになる。

とくに言語性検査で成功率が高いとき、考えられるのは、テストを受ける人にとって、知的な機能が大きな部分を占めていることだ。自分の知識や記憶、論理、抽象観念の能力に頼るということは、精神的に不安定なことの反映で、知性が防御に使われるときに見られるものである。この落差はまた、二つの検査の性質の違いで説明することもできる。言語性検査では、記憶に溶け込んだ知的リソースを簡単に活性化することができ、人が日常生活で機能させるのはこの知能を使ってのことが多い。いっぽうの動作性検査は、使い慣れない能力を動員させることで、それが一部の人にとって……とくに自分は無能だと確信していると、難しくなるのである。

動作性知能指数が高いと、知能に力があることを示している。そこに潜在能力があるのだが、しかしこの能力を表現するのにいくらかの困難があり、それがこの能力の活性化と全面的な使用をブロックすることもある。この形態はまた、テストをしているときの関係でストレスや抑制を感じている人にも見られ、それが能力や知識を言葉で表現するのを妨害するようだ。言語性検査では、心理学者とのあいだに直接的で言葉による相互作用が働くのに対し、動作性検査での認識の働きは言葉に左右されず、より自立していることもある。一部の大人にとって、この対人関係は難しくなることがある。何かを一人でしなければならないときは非常にうまくいくのだが、何かを他人に言わなければならないと、不安が強くなりすぎるのである。

これは従来からよく見られる形態で、ほかにも多くの組み合わせが考えられるだろう。

ギフテッドの診察に慣れていると、診察の仮説はすぐに立てられ、テストをする前に確信できる。経験豊富な臨床医にとって、これは自明のことだ。つまり、専門家の目がすぐに理解したことをテストで確認するということだ。しかしだからといって、テストが無意味ということではない。それどころか、その正反対。テストで明らかにすることこそが重要であり、絶対に必要なことである。

診断結果に良し悪しはない。診断のおかげでつねによりよく理解でき、人生を進むための鍵を持つことができる。診断を受けることは、答えのない問題をいつまでも残しておくよりは、ずっと好ましいと言えるだろう。

診断を受けるには勇気が必要だが、しかし、これは本当の自分との出会いなのである。

覚えておくべきこと

1. テストを一つだけ、さらには単なる知能指数だけに限定してはいけない。
2. 指数はすべて詳しく調べ、組み合わせて理解されるべきである。
3. スコアや、知能テストで分析されるもの以上に、知的機能を支えているのは、理性の働きの方法、戦略、その特性である。「いくつか」よりも「どのように」のほうに目を向けることである。
4. 思考のプロセスは、知能と感情の二重の源泉で明らかになる。一方は他方なしでは絶対に進めず、他方の観点なしに理解されることはない。
5. 知能指数が従来の量的な域に達していなくても、最終的にギフテッドと診断することもできる。診断を完全に、掘り下げて分析することによってのみ、知能機能と性格の構造を理解することができる。知能指数は診断に必要な一つの条件ではあるが、必須条件ではない。
6. 知能指数のスコアが非常に高くても、ギフテッドと診断せず、高い知能という言い方をすることもできる。
7. 心理学者のみが、診断のやり方に従って、適切なテストを決定することができる。心理学者による診断のみに、臨床的価値がある。
8. 心理学者は「つねに」行っている診断の詳細を、口述と筆記で報告しなければならない。知能指数を取得するのに実施した手順が資料に書かれていても、ほかに説明がなければ単なる空想か、または無能な心理学者の証言、職業倫理上不正な診断とみなされる。

知能の一部？

従来の知能テストに対する批判でもっとも一般的なのは、知能の一部しか考慮していないという事実である。とくに、いわゆる学術的知能、言語的知能、論理的・推論的知能、視空間の能力だ。これは本当である。しかし、理解しなければいけないのは、ウェイスのようなテストの特性は有効だということだ。つまり、違う形で知能を評価するほかのテストとの相関性が素晴らしく、これは研究でも証明されているのである。たとえばウェイスで知能指数が高いと、ほかの知能テストでも高い結果を得られるということだ。これはテストの有効性と呼ばれ、これが標準化されたテストと科学的に立証されていないテストとの違いである。

いっぽう、ほかの形の知能（感情、音楽、個人の内部や相互関係……）は個人的な力や個人的なリソースについてのものである。確かに重要で、もちろん一般的な知能テストに含まれているのだが、しかし、全体の評価から引き離して考慮するのはあまり適切ではないようだ。

◆インターネット上のテストの信頼性は？

インターネットでのテストは、いくつかの分野での能力を遊びながらテストすることである。これによって、成功し、解決し、理解する能力について、なんらかの考えを抱くことはできる。たとえるなら、肖像画を完成するための素描のようなものだろう。つまり、大衆向けのテストは有益ではある。というのも、これは知能を証明する方法の一つではあるが、しかし、その結果や指数と診断を混同してはいけないということだ。これはほかのすべての診断でも同じである。病気や健康上の問題についての兆候なら、自己診断でも、ネットや雑誌、本を読んである程度探せるが、しかしそれには医学的価値はない。指数や痕跡は、専門家によって立証されなければならないのである。

インターネット上にある知能指数テストは、科学的に立証されていないし、精度が確かめられているわけでもない。それらは標準化されておらず、結果にどれくらい信頼がおけるのかは使用目的次第、自分の知識を知るためのアプローチの試みでしかない。

知能テストの歴史について……知っていましたか？

最初の標準化された知能テストが考案されたのは一九〇五年、フランスの二人の心理学者、アルフレッド・ビネーとテオドール・シモンによるもので、国民教育省からの依頼によってだった。その目的は……知能の遅れの評価！　ついで別の心理学者、今度はアメリカの心理学者で、大人の精神病院で働いていたデイヴィッド・ウェクスラーが一九三九年、大人に適合させたテストを考案する。最初のウェクスラー知能テストが誕生し、それから子ども版へと広がり、現在は三つの形のテストがある。六歳以前の子どものためのWPPSI、就学児のためのWISC、大人のためのWAISウェイスだ。心理学的診断の参照とされ、有効な知能指数を取得できるのがこれらのテストである。その他の一部の心理検査（知能を評価するもの）となるともっと古い。とくに、軍隊はいちばんの顧客で、兵士を募集するときの知能テストとして使われていた。ほかにも多くの知能テストが存在し、さまざまな職業分野で使用されている。違いは適性によるもので、各テストに各専門分野に適応する独自の側面が研究されている。検査されるのは知能の正確な能力で、たとえば技術、人間関係、音楽、芸術、文学、数学……などだ。ここでも有効な心理学的テストのみが、一般的な知能を評価できることになっている。

大人になってからの診断……実行する勇気と困難

大人になってから診断を受けるのは、簡単なことではない。とんでもない。診断を受けるということは、自分の心を開き、他人の視線にさらすのを受け入れるということだ。大きなリスクをおかすことにもなる——自身に問いかけている多くの質問の答えを得ることだ。それも聞き飽きたような質問ばかり！　本当に答えを望んでいるのだろうか？　質問だけでなく、あらゆる仮定も想像できる。状況によって、自己イメージを「変造」し、そのときの望みに合わせることもできる。自問するだけなら何のリスクもない、まさに正解がないからだ！

・第一段階……精神療法医である心理学者のドアを叩く。何を言うために？　診断を受けたいとでも？　でもなぜ？　なんと言えばいいのだろう？　言葉にできないことを？　自分自身が信じられないのはなぜかとでも？　それで療法医はどう考えるだろう？　思いあがり？　気取っている？　不適応者？　頭が変だと思われることもある！　私は、診断を受けにここへきたギフテッドの大人で、不安や疑い、頭のなかでの堂々巡り、迷い……など、さまざまな段階を経ずに来た人を一人も知らない。加えて大人は、自分が恥ずかしそうに話すのをきちんと聞く能力が療法医にあるかどうかも確認しなければ気がすまない。診断を受ける大人は多いのだろうか？　企業の採用以外で、大人相手に心理学的な診断を完全にできる療法医は何人いるのだろう？　しかし、とくに、何人の療法医が、この恥ずかしそうなつぶやきの裏に隠れた本当の苦しみに耳を傾けられるのだろう？　心理学や精神医学の教本に分類されているものとは異なっているのに？　もちろん、私は療法医を非難しているのではない、しかし、ギフテッドの大人の現実に基づいた療法医の養成が不足していることに、怒っているのだ。ギフテッドの大人は専門家を探し求めている、さらには人生で困難を抱えている、そして自分たちの問題をゆっくり考察する空間を見つけられないで生きている。それ以上に、私はもっと怒っていることがある。こんなことは存在せず、もし欠陥があるとしてもギフテッドは作り話だ！　と、けしかける人たちに対してだ。高知能が問題であるはずがない、チャンスだと言う人たちに対してだ。つまり、知能が高いと、問題は知能だけではおさまらないということだ！

・第二段階……テストに向き合うときの不安を乗り越えることである。自分自身と向き合うために他人と向き合う決心をするのは大変な冒険で、これまでにない勇気が必要になる。

子どもたちは、評価されたり、判断されたり、点数をつけられたりするのに慣れている。大人が自分たちのことを話すのを聞くことにも慣れている。練習問題には慣れっこだ。彼らにとって、「診断を受ける」ことは、この場合、内容が違っていることはもちろん理解していても、聞きなれた響きがあるのである。

しかし大人は？　不安でいっぱいだ、それも二重の意味で。

いくつかの検査が難しいことに気づき、それを確認して本当に失望する不安。「だから自分の思い違いだったのだ。本当に無能だった。一瞬でも頭がいいと信じていたなんて、なんと買いかぶっていたのだろう……」という思いが内心でどんどん強くなり、精神的に不安定になる。

普通の機能に限界があるなかで、他人の視線に自分をさらけ出す不安。恥ずかしくてたまらず、療法医が非常識な自分を哀れに思うのではないかという考えがちらつく。

これらが、テストの検査時に大人が抱く大きな不安である。その不安は、診断時に本人が感じる心配も加わってからどんどんふくらみ、心配でたまらなくなる。多くは根拠がないのだが、しかし生きづらく、手にも負えない。これは知っておくべきだろう。不安はつねにそこにあるのである！

さらに、ネットや雑誌の自己診断は楽しめても、診断のプロに身をゆだねるのは、まったく別の冒険だ。問題は同じではない。心理学者に診断されるのはリスクそのもの。本当のリスクである。まず自分と向き合うのだが、他人の視線とも向き合う。療法医の視線が、最初に診断を分析し言葉にする。言葉は、ギフテッドの大人が待ちわびているものだが、しかしそれと同じくらい疑うのである！

診断……解放から新たな不安が

「これまで説明も理解もできなかった私の人生の出来事や行動に、「これが意味を与えてくれた」のは本当です、すべてのことに、そして私自身にも（以前はとても成績がよかったのですが、中等教育の五年目で総崩れ、本当の自分と感情がバラバラになったのです）。診断の分析と問題が解決したことには大満足だったのですが、そのあとなんだかいたたまれなくなって、これまでずっと人の言いなりだった、自分の人生を自分で決めてこなかったという気持ちになったのです」

◆診断後に変わることは何？　自由！

真実が私たちを自由にする。ありのままの自己の真実。そしてそれはたぶん自由という感情以上、解放感だ。もう人生の囚われの身ではない、ゲームを仕切れるようにまたなれる――なる?――。自分の人生を考えて選択し、自分を理解し、自分自身に光を当て、本当の欲望、本当に必要なものを評価できる自分を見つけて陶酔する。本当の自分になる。確かに以前も、それなりに、それほど嫌な思いをせずに機能していた、でも、どこかモヤモヤしていた。自分の声が表現していると思っていたのだが、しかしそれは、自分自身が作りあげたもの、「偽りの自己」の声だったのだ。

◆偽りの自己：仮面をかぶった個性

「偽りの自己」とは心理学でよく使われる言葉で、一部の人が本当の自己を守るために構築する歪んだ性格のことを意味している。よくあるのは、他人が期待していると思っていることに自己を合わせる。私たちの性格が他人の望みに合ったものになるということだ。そうすることで愛される。これはときどきは心地がいいのだが、しかし私たちの奥深くにある性格ではなく、本当の私たちは言いたいことを押し殺して、言えないでいる。ときに爆発寸前になって、私たちを苦しませる。というのも、この突然の激しい力が、どこからくるのかわからないからだ。予想不可能。そんなとき、私たちは大変なエネルギーを使って自分を抑えるのだが、このエネルギーはほかのことには使えない。私たちは「見かけ」の個性を維持するために、エネルギーを「ポンプで汲みあげる」のだ。この偽りの自己構築は、どんなときも疲れるものだ。

診断で新たな光が当てられると、ついに「自分の家に戻った」という強い感覚が湧きあがってくる。長年さまよっていたあとに「たどり着いた」という感覚だ。「そういうことだったのだ！」「ふう～っ！」。診断されたばかりの大人は異口同音に、こう言って心の底から安心するのである。

◆ありのままでいい

自分と向き合うということは、ついに、自分に見合った人生を自分に許すことができるということだ。すべてが再び可能になるということだ！

◆信じられない……自分の信じることを話していいの？

診断のあとの最初の反応は、大きな安堵感である。救われた気持ち。ヴェールがはがれ、本当の自分があらわれるというワクワクした感覚もある。しかし、この高揚感は一時にすぎず、すぐに新たな疑いに襲われて暗くなる。自分自身に対する疑いだ。いつも同じ。なぜなら、これ以上の矛盾はないのだが、知能が……知能を生みだすからだ。自身に対する知能が失敗を見抜くのだ。そして疑念がわいてくる――こんなことはありえない。みんなが話しているのが自分のことであるはずがない。

そうして、ギフテッドの思考モードが再び上に立つ。その認識リソースをすべて使って抵抗し、知能で考えようとする。自分の結果を正当化し、知能は「普通」で、スコアもまったく普通、「みんな同じように機能している」ことを証明するために全力をつくそうとする。テストができたのはたまたまで、知っていた問題が出ただけ、ほかに知らないことが山のようにある。

記憶力がいいのはそれが自分が望んだ仕事だからで、論理はもともと「得意技」だったと説明する。ギフテッドがつねに変わり者だと見られていることのほうがおかしい！　ともっともな理由で証明するだろう。

それから、今度はテスト自体が見直しの対象になる。どこから来たのだろう？　誰が思いついたのだろう？　これで本当に知能が測定できるのだろうか、「なぜなら、あれは本当に簡単だったから」？　さらに、知能とは何なのだろう？　いずれにしろ、誰がやっても同じようにできるのでは？　などなど。こうして次から次へと説明しなければならなくなる。それぞれの答えが新しい仮説や質問、疑問を投げかけるからだ。現行のテスト、知能の現在の概念、参照サンプルの検定には、もちろん弱点がある。だからといって、それをどう証明すればいいのだろう？　そうでなければ繰り返し、「あれは知能を測定するものではない」、「知能は定義上、測ることができない」、「スコアは同世代のほかの人の結果と比べることができる相対的なもの」、「重要なのはスコアを導く機能モードで、スコアそのものではない」……と延々と続くことになる。しかし、一回の面談で十分ということはない。ギフテッドはよくその場では納得したふりをするのだが、必ず、彼らは同じことを繰り返すだろう。

次の段階、あるいは同時に、今度は療法医とその能力、経験が問い直されることになる。しかしここでの質問はそれほど直接的ではない。ギフテッドの大人は、相手に嫌な思いをさせ、傷つけることなど好きではない。質問を遠まわしに、それでも聞く。あなたが理解できなくても理解するように。あるいは、言葉数は少なくても、あなたが理解できるように。

つまり彼らが伝えたいメッセージは、自分はそれを信じていない！　ということだ。言いかえると、どうして自分が突然、このバージョンの自分を受け入れられるだろう？　どうして議論もせず、これまで信じていた自分ではない自分の話を聞けるだろう？　自分はいつも他人と少し違い、変わっていて、ズレていると思っていたのに？　よく気が変か、完全に頭が足りないと思っていたのに？　よく自分だけ腫れ物扱いされ、ほかに打つ手がないとみんな納得していたのに？　それなのにギフテッドと認めた？

つまり、どうしてこんなことを全部、テストも診断も、分析も信じられるだろう？　めまぐるしく動きだす思考やイメージ、思い出、堂々めぐり、埋もれた心の傷、失われた希望、隠された不安……。そして、思考の火花が再びこの活発な思考に火をつけ、いずれにしろ、ギフテッドの大人はその変わらぬ知能と、密かに接続し続けることも、私は知っている。

◆それからくるのが怒り

親に対する怒り、人生、他人に対する怒り。理解してもらえなかったこと、自分自身を理解できなかったことへの怒り。選択を迫られ、納得せずに決めてしまったこと、自分を見失う道を選んでしまったこと、そうしてそこで不安いっぱいなことへの怒り。

失望させることへの不安もまだある。ギフテッドは成功を義務づけられているのだろうか？　この新しい問題への不安が、診断の告知をきっかけにしばしば激しく入り乱れる。質問の速度が速くなる。ギフテッドであるということは、素晴らしい人物になれるということなのだろうか？　才能がある？　やることはすべて成功するということ？　しかも非常に簡単に！　この不安は一つの思い違いと結びついている。テストしたことで、違う人になったかのように思い、新しい義務まで発生する。まったくのまやかしなのだが、しかしこの捉え方は心配だ。診断のあと見出すのは自分自身であり、世間の期待ではないのである。

◆支配的な表現にまどわされてはいけない

つまり私が言いたいのは、非常に簡単なことだ——診断を前に、知能に対する共通したイメージが、ほとんど体系的に、ギフテッドの大人の頭のなかで自動的に動きだすことである。まるで彼らが自分自身を意識したいまこの瞬間、大人のギフテッドは突然、自分の良識や、物事の繊細な理解力をすべて失ってしまうようだ。そして、ほとんど考えられないことが起きることになる。彼らは自分の人生を変えなければいけないと考える。仕事や職業の選択を考え直し、勉強をし直し、夫婦について考え直し、つまり物事を絶対に変えなければいけないと考えるのだ。おそらく全部を。まるで偉大な知能には偉大な運命が義務づけられているのが当然というイメージだ。これはもちろん批判ではない。しかし一つの傾向ではある。説明が必要だろうか？　不安なのは明らかだ。というのも、自分の人生を超高速で読んだなかで、ギフテッドの大人は突然、自分自身と、奥深くの自分に再び接続するからである。丁寧に隠しておいたはずの疑い、最新の注意を払ってもみ消していた質問、諦めてしまった理想すべてが浮かび上がってくる。不安が痛みをともなう罪悪感を帯びてくる。人生を失敗したのだろうか？　だったら、急いで取り戻すにはどうしたらいいのだろう？　実際にいま、この診断にふさわしい大人になるには何をすべきなのだろう？　間違った考えが、ギフテッドの傷つきやすい自己愛に激しく流れこむ。自己イメージは激しく揺れ動き、一挙に、疑いの世界に戻っていくのである。

◆そしていま何をしたらいいのだろう？

こう思うのは当然だ。答えはよりデリケートで、複雑である。重要なのは、何か違うことを「する」よりは、自分自身で「いる」ことだ。診断で新しい自分のイメージが広がり、自分に対しての理解が新しくなったのは事実だが、しかし、自己が変わることはない。つまり、診断で私たちが「変わった」わけではないのである。それでも、これは診断を受けた多くの大人が無意識に感じることでもある。まるで手品の変身箱を通って変身したようである。変化が見られるのは自分自身に対する視線で、自分の現実ではない。これを混同してはいけない。これが意味するのはまた、問題は自分の人生をすべて変え、ゼロから再出発することではない。すべて成功することでもない。問題はここでも内的、個人的なものである。それは自分自身、人生、他人と和解することである。これは静かに、人生をひっくり返さずにできることである。内面を再編成するだけですむことでもある。もちろん、ときには人生の流れを修正することになるかもしれないが、しかしそれは重要な目的ではない。修正したらむしろ副作用の問題が生じるだろう。

◆より添ってもらう

「精神科医に会いに行きました。役には立った。少しですけどね。でも、私がすでに診断を受けて、こうこうこういうことだったと話そうとしても……何を言っていいのかわからなかった！　わかります？　で医師は、それは問題ではないとあっさり答えた。治療では私の本当の問題に目を向けていくと言った。でも私はすぐ、医師には「それ」を聞く気がさらさらなく、治療を受けてもうまくいかない印象を持った。案の定、数回面談を受けてみると、私が心配していた通りになった。私の性格全体が置き去りにされていると感じた。医師は私の性格のほんの一部しか理解していないと思った。残りの部分を私が見るようには理解しておらず、興味もなく、私も話す気になれなかった。医師が私を馬鹿にし、またそんなことは問題ないと言うのが怖かった。その時点で私はやめました。いまの私はもう何をしたらいいのかわかりません」

「私は人が言うことについていくことができません。なぜなら、私はその先にいると思うことが多いから！　これは不思議です。自分では大馬鹿者と信じているのに、同時に、完全に上にいると勘違いをしている。まあ、こんなことを言っても意味がないですけれどね！　でも、私は人のことがわかりすぎて、「こう言ってくる」というのが見えるような気がする。とくに、私の問題は自分でわかっているつもりですが、みんな絶対理解してくれないという印象を持っている。私は行き詰まっている、なぜなら、本当に先に進めないからです」

この二つの証言から浮き彫りになるのは、患者と療法医の双方にとってのケアでの難しさと、落とし穴である。また、これらの証言が明らかにしているのは、患者は確かに援助を欲していることと、しかしそれは経験に裏打ちされた援助だということだ。このギフテッドがもがいている致命的なアンビバレンスに詳しく、確認だけをしつこく求める言葉の操作に熟練した療法医である。ギフテッドの刺すような明晰さは、じつは抵抗力をつけたいと訴え……援助を求めていることを、経験から見抜ける療法医である。

診断は必ずより添って行うべきである。人生に意味を与え、言葉にし、より快適な人生の物語を再びつむぐためである。

自分がギフテッドであることを診断を通して発見することは、一つの決定的な段階である。というのも、それによって自己や人生、他人に対する深い問いかけが生まれ、その答えは愛情ある治療関係でしか見つけられないからだ。

◆ケアの目的は?

自己へ向かう道を再び見つけることである。新しい光で自分の物語を見直すことである。たとえるなら、絵画の説明文を変えた美術館を再訪することだろう。絵はつねに同じなのだが、しかし説明が変わったことで、絵の見方も変わってくる。それと同じで、自分の人生を以前とは違うふうに理解し、別のやり方で散策することになるだろう。

自分の内面をぶらつくことで新しい自己イメージがあらわれ、個性の輪郭を描き直すことができるだろう。また、人生や自分への問いかけを方向転換することもできるだろう。だからといって、すべてを変えることではない、もちろん違う。そうではなく、プロジェクターの向きを新しい方向に変えることなのである。すると突然、思いもよらない領域があらわれ、これまで重要だと思っていた部分が消え、見えていなかったことが重要になってくる。私たちを動かすものとその理由を理解し、息詰まる罪悪感から解放され、明るい光のなかで、私たちに似合った快適な人生を決められるようになるだろう。

この新しい展望のなかではまた、選択を再確認することもできる。たとえば夫や妻を再び選ぶことができる。職業もそう、これまで築いた人生を選び直すことができるのだ。ということは、過去の決断を別の視点で読み直すことで、なぜそれでよかったのかを理解するということだ。それは十分に意識して、それが私たちに合っていると決めることである。そして、これがすべてを変えるのだ！

◆言うか、言わないか

その場合、とくに何を言えばいいのだろう？　どう言えばいいのだろう？　すでに子どもにとっては、他人に説明するのは難しいことが多い。すぐに間違って解釈されるからだ。まして や大人にとって、自分がギフテッドだと説明するのは少しおかしくないだろうか？　それだから感じ方が変だったとでも？　この普通ではない特性のおかげで障壁が大きくなったとか？　私たちの知能が苦痛の原因であると？　ギフテッドだからつい激しい感情で反応すると？　もうわかるだろう、非常に難しいのは、物事を簡単に言えないことである。下手をするとまた誤解されるか、最悪、軽蔑してからかわれ、それが愛情からのものであっても、それでも傷ついてしまうだろう。この診断結果を話すということは、すべてを説明することである。きちんと理解してもらうために、すべてを語ることである。というのも、それが重要だからである。愛する人や、信頼する人に理解してもらうチャンスを再び与えることなのだ。

オープンになろう。これをうまくやるのは難しいだろう。この診断のあらゆる側面や微妙なニュアンスを、すべて受け入れられる人は非常に少ないということだ。確かに、あなたはそれを話すことができる。しかし、あなたの話を聞いてくれる人だけにすることだ。共有することであなたを助け、前へ進ませ、関係を進展させてくれる人だけにすることだ。慎重になることだ。あなたがずっと長くそうしてきたように。他人の思いやりや、理解を永遠に求めていたら、最後は軽蔑され、ひどく辛くなることがあるのを、あなたなら知っているだろう。

◆そのことを親に話したい……

もちろん、これはギフテッドの大人のことである。唐突に見えるだろうが、しかし……。大人になっても、小さな子どもが私たちのなかにいることを思い出してみよう。そして、この子どもは大人になっても、つねにまだ、親に認めてもらうことを欲している。とくに、家族関係に問題があったときや、親がこの子の特異性に何も気づいていなかったときだ。親の期待に添えなかった漠然とした気持ちを抱いて大人になったとき、親の視線に誇りを感じたことがなかったとき、子ども時代を自分には大した価値がないと信じて生きていたとき、そんな大人は確かに、この心のなかの怒りを含んだ罪悪感のヴェールを剝がしたいという強い欲求を抱いている。ついに本当の自分の姿を表に出し、昔の心の傷を癒したいと願っている。親に自分は優れており、その愛にふさわしい人間であることを証明したいと欲している。子どもじみているだろうか？　そうとは言い切れない。必要な行動だろうか？　ほぼいつもそうだ。子ども時代の自分と和解し、大人の道を精一杯に生きるためである。そして、もし親がもういない場合、何も知らず、何も理解せずに去ってしまった……とどこか苦い思いが残ることが多い。

そして親の視線にまだ依存している自分を受け入れることは、さらに少し成長することでもある。

◆自分に対する視線を変えると、他人の視線も変わる

人が自分自身を違うふうに見はじめると即座に、他人もこの変化に気づき、すぐに反応するものである。イメージが変化するのだ。大人は他人の視線に自分が以前とは違って映っていることに気づき、今度はそれに合わせるようになる。それがきっかけとなって事態が動きだし、周囲はこれらの変化を取り入れ、そして知らず知らずのうちに、違うふうに行動する。自分に対する視線と、他人からの視線が交わることによって、自己イメージがどんどん新しくなり、これがギフテッドが内面の領域を再整備し、外面で新たな領域を征服するのに大きな助けとなるのである。

◆ギフテッドの大人のグループ

グループでの活動には二つの考えがあり、ギフテッドの大人が望むようないい考えと、不安を覚えるようなうまく機能しない考えがある。グループで出会うと、似たもの同士の問題が生まれる。私はほかの人と同じだろうか？　あるいはもっと正確にいうと、ほかの人は私とあまり違わないのだろうか？　それとも、私「以上」なのだろうか？　以上とはもちろん、もっとギフテッドということだ！　ここでは、矛盾するようだが、ギフテッドのイメージは特別な才

能がある人ということになる。だから参加者はそれぞれ、自分はふさわしくないのではないかという不安を抱いている。これがグループ活動でのブレーキの一つである。もう一つ、大きな問題としてあるのは、自分をユニークだと思いたい欲求である。これは同一視とアイデンティティの論証術そのものである。自分を認めるために他人の視線に似た自分を探し、そして違いを要求するのは、似たもの同士のあいだでも同じである。そこからグループでの出会いにはギフテッドを引きつけるものと、ゲットー化することによる不安が生じることになる。グループはこの「同じ」と「違い」のバランスの上に位置し、創造的な活力を生みだすものでなければならない。そういう場では、それぞれが自分を見いだし、関わっていると感じると同時に、他人と同一視する過程で、それでも一人であることを感じて安心することができるだろう。グループはお互いを知り、感じ、ありのままを尊重し理解する空間で、それぞれがもっとも内的なことを表現するための容器の役をすることになる。グループ活動は、これらのパラメータと自分自身を探すギフテッドの大人の特殊な機能を正しく考慮すれば、自己回復の素晴らしい加速装置である。

最後の質問……知ることは本当に重要なのか、何の役に立つのだろうか？

はい。自分が何者かを意識し、また自分と調和して、どんな人間になれるかを意識することは重要である。

はい。ギフテッドには大きな力と、驚くべき豊かさがあるのだが、しかしそれは、さまざまな側面と罠、無限のリソースを知っている場合のみである。

はい。私たちを構成し、構築し、前進させるものを、目に見える形にするために、知ることは欠かせない。

はい。自己を自分のものにし、ありのままの自分に快適でいられると、人生に満足し、晴れやかなギフテッドの大人になることができる。

はい。ギフテッドには、組織を引っ張っていく固有な性格があるので、大人しく、嫌な思いをしてまで従わないところがあるのだが、しかしそれを自分のものにすれば、人生の道を歩む上での経験豊かな案内役になることができる。

第5章　個性は思いがけない多様な面をもつ

人はそれぞれユニークな個性を持ち違った生き方をして、どの歩みも独特である。これは当然だ。それでもギフテッドの大人の場合、それぞれが多少とも満足して行う「人生の微調整」では、共通の特徴を容易に見つけることができる。それを、一般的ではあるが分類することができ、そこからどのように人生を組み立て満足感を得るのか、その道筋をたどることができる。

分類を試みる

この試みは不完全で、当てはまるのは診断を受けたギフテッドの大人で、ギフテッドであると自覚している人だけである。大きく三つのグループに分類することができ、それぞれのグループでは実際に性格が異なり、人生の生き方も、外形も同じでなければ、満足感に対する受け止め方も異なることがわかる。

1．枠組みを受け入れる人

これは人生の一般的な枠組みのことで、限界や束縛がともなうが、しかし開かれており、可能性もある。彼らはルールを受け入れて人生ゲームを演じている。限定された枠のなかで考えを変えることは、自分に役立つ順応戦略の一つである。この戦略には多くの利点があるが、本当の限界もいくつかある。

「私はルールを否定してもいいことはないと思っています」と語るのはマリー＝エレーヌ。「私にとっては、全部を変えようとせずに、枠内のシステムで可能性があるものをすべて利用して、それを最大限活かすほうに興味がある。すべてを変えようとすると、無駄なエネルギーが多すぎます」

枠のなかで変化していく人のなかには、性格が正反対の人もいる。どちらもそれぞれ異なる方法で変わっていくのだろう。

◆「賢明」または受け身型

闘う意欲も、反抗心もない人たちである。彼らはいいことも悪いことも受け入れる選択をし、大きな希望も理想も、大それた計画もなく生きている。たぶん、ただ生き残るためだろう。必ずしも不幸ではないが、しかし本当に幸せでもない。持っているものを利用するだけで、もっと持てるとは考えない、シンプルな哲学を選んだ人が多いようだ。これは無気力ではなく、一種の勇気、さらには聡明な選択である。もちろん心をさいなむ欲求不満はあるが、抑えられている。意識的な選択である。あまり苦しまないために、平凡な人生は受け入れ可能な代替案の一つである。

◆リスク……鬱になる瞬間

順応に成功し、枠内で機能して、それなりに満足しているギフテッドのなかには、ときに人生で非常に不安定になったときなど、ギフテッドの機能に「再び襲われる」ことがある。選択やストレス、乗り越えるべき試練に悩む困難な瞬間には、二つの力が対立するようになる。本人にとってはより現実的で安心でき、慣れてもいる順応力が、制御を維持するために闘うようになる。しかし、人生のこのデリケートな瞬間、この断絶のなかで、傷つきやすさが再び顔を出してくる。ギフテッドは体調を崩し、疑い、目標を見失っていく。自身と能力の自信が揺るがされ、攻撃される。突然、お手上げ状態になり、何もできなくなって不安を抱き、無力感に襲われる。ここでは本当の鬱症状の要素がすべて見られるようだ。

実際、それは文字通り「鬱病」で、以前の目標が失われる「凹んだ」瞬間のことである。これは退行の瞬間で、制御のメカニズムが壊れ、自制が崩壊するときである。性格の構造が激しく揺さぶられ、大人は根底からの再調整を強いられることがある。自己イメージ、アイデンティティ、社会的な機能、感情的な環境などだ。ここで理解しなければいけないのは、これは力関係だということだ。長いあいだ抑えられ、ほとんど忘れられていた自身の内面が、突然、思いもかけない力で再浮上し、その力は人生を根底から覆すこともある。ギフテッドとその周りの人にとっては、非常に生きづらい人生の交差点だ。大混乱に陥った状況で、人生のバランスを取り戻すため、意味を与えるために、ギフテッドは再び自分を位置づけなければならない。忘れていけないのは、性格の構造は調整できるということだ。しかしすべての組織を消し去ることは難しく、さらには不可能だ。「本質を追いやると、駆け足で戻ってくる」とはよく言われる諺である。

◆チャレンジャーまたは積極型

性格が違えば戦略も違ってくる。チャレンジャーたちは歯をくいしばって人生を歩む。彼らのエネルギーはすべて一つの目的に注がれる。成功し、自分の限界を超えて前へ進み、世界を動かすことである。理想は揺るぎなく、身を焼きつくす情熱の持ち主だ。目的を達成するため、リソースとなるものは完全に動員し、目的に近づいたら即、さらに少し遠くに設定する。彼らは疲れ知らずのように見え、何が起きてもへこたれず、失敗さえものともしない。逆に、困難は決意と原動力を奮いたたせる。個性のリソースを輝かしい成功と才能に難なく変えられるのがチャレンジャーだ。彼らは弱さを力に、傷つきやすさを人生のエネルギーに変えることができる。しかし、この機能の持つ不安の側面には注意する必要がある。この光り輝く成功、目がくらむほどの人生、羨ましいほどの成功の裏に、目に見えない不安が隠れており、それを過剰な活動で抑えていることが多いということだ。これは知っておく必要があるだろう。その悪影響に突然、しかも思いもかけないときに襲われて、ふいをつかれないようにするためだ。この

「一時停止」はとりわけ辛く、とくに本人が内面の原動力や突然の暴力を何も理解していないと辛さは倍増する。これはギフテッドとまわりの親しい人にとって非常に厄介なことになる。多いのが、周囲が強く勇敢だと思っている人で、そんな人が崩れたり、体調を悪くするだけでも周囲には理解できない。近親者は我を失い、期待はただ一つ、ギフテッドがいつものエネルギーを取り戻し、元のように全員が頼りにする案内役、リーダーに戻ってくれることだ。「あなたの調子が悪いと、私たちどうしたらいいの?」。この大人を完全無欠と思っている人たちは、こう言ってため息をつくことがある。もっとも困惑させられるのは、実際、この大人が自身のエネルギーに押されて再び躍動できるということだ。どんなに深刻な不安にも抵抗できるようなのだ。それでも気をつけたほうがいい。こういう機能がある人は、途中で自分を見失わないことだ。ありのままの自分の近くに留まっていることだ。不安定で疑念があり、安全ではない瞬間を受け入れることである。これもまた人生の豊かさ、新しい可能性の瞬間でもある。

自分のもっとも暗い部分を受け入れ、尊重することは、本当の価値と調和することである。

2. 枠組みに立ち向かう人

こういう人たちを反逆者と呼んでもいいだろう。こう呼ばれる人は決まって好人物で、気力にあふれ、しかしネガティヴで、破壊者でもある。何一つ合意せず、すべてを拒否するときは、ブロックする。物事を理解して分析する可能性を、批判精神がうわまわるときだ。つねに怒りを覚え、すべてが大げさで無益でつまらないうわべだけの行為にみえ、不正に耐えられないときだ。そんなとき、彼らは欲求不満の塊になる。怒りが猛烈な勢いでぶり返す。欲求不満が慢性化し、日常生活の妨げになる。そしてもう先へ進めなくなり、失望に襲われ、落胆して落ち込んでしまうのだ。

◆そしてもし彼らこそ本当のクリエーターだったら?

いっぽう、枠組みを拒否する人のなかに、人生の小さなかけらのいくつかを変え、新しい道を開くことのできるクリエーターや先駆者、「革命家」を見つけることもできる。自分に合わない人生の犠牲者にだけはなるまいとする反逆者は、本当の能力も兼ね備えている。新しいものをつくるには、ときに枠外にいて、ありきたりのやり方から離れる必要がある。そんなとき反逆者は本物の才能ある人になるのである!

ヴァランティーヌはその方法を見つけた。彼女は三十歳、子どもを一人育て、「枠の中に入る」気持ちは微塵もない。仕事を選ぶときは、いずれにしろエネルギーが必要なものにするとすぐに疲れて、自分の好きなことに使えない。ヴァランティーヌはそんな仕事はお断りだ。そこで彼女は、ある大型スーパーの売場のバーコード点検係の求人に募集、採用された。彼女は店内をまわり、商品にピッと鳴る器具を丁寧に当てながら……頭のヘッドフォンで聞いているのは哲学講座!　彼女が好きなのは哲学だ。哲学は生きて考え、違う人生の夢を描く助けになってくれる。この組み合わせはとてもうまくいっている！　本当に自分に合う道が見つかるまで……（現在、彼女は心理学を勉強しようと考えている）。

◆**望むか、望まないか……**

しかし、すべてがこのように対照をなしているのではない。両極端のあいだには「ソフトな」反逆者もいる。枠組みに同意せず、その外で人生を組み立てているのだが、しかし現行のシステムから得るものの利点も意識している人だ。彼らはまた、人生の意味が見いだせないと、枠組みを拒否することもできるのだが、しかしそれは人生から外れている気がして怒りを覚えている。自分たち自身に対して、枠組みの中にいる人に対して、枠組みの中に入りたい欲望と……その欲望を持ったことに対して！　そうして中と外を行き来し、そんな自分に満足している。内面深くのアイデンティティを否定したいとは思わず、いずれにしろそれは重要だと強く感じているのだが、しかし彼らは少なくとも、組織立ったシステムから得られる恩恵は認めている。そこでなんとか社会的地位を得ようと探っているのだが、しかしどうしたらいいのかよくわからない。いずれにしろ、本意ではなくとも、他人から認めてもらおうとするのだが、やり方がめちゃくちゃなのだ。誰に、なぜ認めてもらわなければならないのだろう？　自分自身、他人の視線を欲しているのを恥ずかしく思っているのに？　他人の愛や好意を欲している自分も恥ずかしい……複雑だ……大きな欠乏感が残ることになる。

ヴァンサンは医師の家系である。彼自身、医師になる輝かしいキャリアが用意されていた。しかし、彼にとってそんなことは頭になかった。家族と同じこのブルジョアで恵まれた生活を送るのだろうか？　とんでもない、そんな生き方はごめんだ。彼は彫刻家として生きるようになる。しかし、運命のいたずらか、彼が選んだのは木に彫る記念碑的な彫刻で、苦しむ人間（治療を受ける患者？）を実物大で再現するものだった。そして彫刻で生活するために、販売手段として設置したのは、インターネット（私たちの組織立った社会から直接生まれたもの）で、一族が積極的に使っているネットワークを介してだった。彼が面談で告白した本心は、彼がもっとも大切にしている夢は、その才能を家族が認め、現在の彼を誇りに思ってくれることだった。反逆者から「聞き分けのいい」大人に……境線はときにごく小さいのである……。

3. 枠組みなしで動く人

彼らは漠然と枠組みが存在するのを知りつつ、しかし何をしたらいいのかはわからない。枠組みが何で作られているのかもわかっていない。枠組みの外でも中でもどうでもいいのではないだろうか？　人生は曖昧さに覆われ、目標を見つけるのが難しくなっている。

彼らは生きてはいるが、しかし根っこがない。「さまよう大人」とも言えるだろう。どこに位置していいのかわからず、何に対しても違和感がある。つねに何かを探し求め、自分を知ろうと努めている。それなのに、なぜ探求しているのか理由も原因もわからない。思考や人生は休止したことがなく、目的も方向も計画もなく前へ進んでいる。社会からはほぼ完全に孤立し、そのなかでまったく適応できずにいて、ときに深刻になる。

人が自分の印を見いだせず、いつどこにいても居心地が悪いとき。周囲の環境になじめず、内部の枠組みを固定しないとき、人は怒りっぽく、冷笑的になり、そして幻滅する。

◆幻滅？

こういう大人は一種の自己破壊状態にあり、精神障害にもっとも陥りやすいと言える。おそらくもっとも苦しんでいる人たちだろう。

オリヴィエは世の中を冷笑的に見ている。わずかな金を稼ぐためにいくつも仕事を替えている。いずれにしろ、「僕にはどうでもいい」と彼は言う。何をしても意味がなく、面白くもない。結婚？　なんという上っ面！　愛なんて一時だ。勉強？　何をするために？　仕事？　詐欺だ。いずれにしろ、みんな馬鹿だ。何をしても本当に喜べず、彼の心を動かすものは何一つない。それなのに！　彼は面談にも来ない。精神科医？　ちゃんちゃらおかしい！　そんなオリヴィエの人生を、私はついに知った。話し合いを繰り返したおかげだ。というのも、彼の口から一言でも引き出すだけで快挙だったから。私が知ったのは、彼が診断を受けたのは思春期で、学校の成績がこれまでないほど落ち込んだときだった。それまでのオリヴィエは、優秀で何の問題もない生徒だった……。

◆位置づけと気づきのための分類

ここで分類を試みたのは、単に目安となる点を提示するためだ。ギフテッドは必ずこうなるということではなく、私が臨床的に観察したことをまとめた。こうして異なるグループに分類したのはただ「ミラーリング効果」への興味からで、それによってギフテッドのあり方を意識することができるからだ。これは気づきの始まりとも言える。これはまた、自分の個性の特徴を見つけ、自分自身を意識するために他人の視線を欲している自分に気づくことでもある。

ここで私がもう一度強調したいのは、何一つ固定されるものはなく、たとえいま機能のいくつかを自覚しているとしても、人は人生のどの段階でも変化し、別の道を描くことができるということだ。

成功感の落とし穴

成功は社会の中心にある。問題は、それによってつねにプレッシャーと緊張が生まれ、そこから逃れるのは難しいということだ。しかし成功とは何を意味するのだろう？　成功とは本当に社会の反射で、他人を反映しているのだろうか？　この成功で私たちは幸せになるのだろうか？　ときにはそうなのだが、しかしつねにではない。成功は実際、全員に一般的に認められることと、確立されたルールとは関係のない「成功感」とが混同されている。成功感は内的で個人的なものである。人生に成功したという感情を抱くことは、環境とは関係がない。つまり本人は人生に失敗したという感情で苦しんでいるのに、他人からは社会的に認められ成功しているとまぶしい目で見られることがあるということだ。また、周囲が私たちの選択を同情の目で見ているにもかかわらず、本人は人生に成功したと心から思っていることもある。

成功はこの自分に対する視線と、それを受け入れる他人の視線が結びついてのもので、そうして初めて人は自分が正しい地位にいることを実感し、快適でいられるのである。

成功感が得られるのは、巧妙な化学反応の結果で、秘訣は人それぞれ違うものである。

さまざまな問いかけをし、永遠に疑問がわき、たえず問い直す罠にはまっているギフテッドにとって、成功をどう考えたらいいのだろう？　それ以前に成功について考えられるのだろうか？　ギフテッドにとってそれは、変動する不安定な感情の一つにすぎないのだろう。

◆ギフテッドにとって成功は可能？

ギフテッドにとっては、成功は命にかかわるほど重要なのだが、しかし自分には不可能だと考えている。自分が望んだようにはできず、人生をかけて描く高い理想には決して届かないと考えている。彼らにとっての成功は、人類を前進させ、世界を動かすことである。従来の仕事での成功など重要ではない。それはギフテッドにとって一役買うことはあっても、本当の成功ではないのである。彼らは成功というものについてはるかに超越したヴィジョンを持って生きている。それを心底から達成したいと願っている。しかし、他人の限界を見抜く聡明な力が備わっていれば、その前に自分の限界にも気づくのではないだろうか？　それだからギフテッドは滅多に満足しない。ギフテッドが周囲に与える成功のイメージは、彼らの世界観とシンクロすることは絶対にない。彼らはあなたから見て成功した人物でも、本人にとって道はまだまだ長いのである。いつかたどり着けるのだろうか？　そこまで行けないのではないだろうか？　これが心の奥に渦巻く不安になる。彼らはいつか果たしたい大きな仕事を前に、自分を小さくて無能で、力不足と感じている。

「僕の計画は、あなたには馬鹿にされるかもしれませんが、人類がよりよく生きるのを助けることです」と、ジュリアンは私に打ち明けた。

それ以上に大胆なのはミシェルだ。自分の願望が誇大妄想であるのを自覚しつつ、小さな声で囁くように言ったのは、イエスや仏陀のようになって、世界にメッセージを伝え、人類を根底から変化させたいという願望だった。

ここでかい間見えるのが、現実の成功と壮大な夢とを引き離す深い溝である。しかしその夢はつねにギフテッドの心をさいなんでいる。たとえ彼らが何も言わず、ほどほどの幸せと成功のある普通の生活におさまっているように見えても、そうなのだ。そこを間違えないようにしよう。彼らの心の奥では、非常識な計画がささやき続けているのである。

◆この世界でどうすれば幸せになれるのだろう？

大義名分もまたギフテッドの大人を混乱させている。世界の不幸や人生の不正を恐れる子どものようだ。いっぽう、私たちの大半は、大小の不幸を伴う普通の世界観に溶け込み、結局は、周囲のことをすべて受け入れて生きている。メディアが世界中の悲劇を瞬間的に、強烈に報道しているにもかかわらず、私たちはまず自分たちの個人的な運命を心配して生きている。麻酔にかけられているようだ。

それに対してギフテッドの大人は、えんえんと内なるジレンマと葛藤している……この不正の蔓延する世界でどうして幸せになれるだろう、多くの人が苦しんでいるのにどうして自分中心でうまくいっていると感じられるだろう。世界の行く末を考えずに自分の小さな人生を中心にしていいのだろうか？　私は誇張しているのではない。しかしこんなことを口にするギフテッドの大人は少なからず存在する。誰が信じるだろう？　誰がこの思いやりと、罪悪感をともなう無力感を共有できるのだろう？　その場ですぐに、人間は何もできない、世界を救うことはできない、そんな心配をしても無駄だと、指摘されるのがオチだろう。要するに、このような姿勢はこっけいで……子どもじみている！　しかし、もしあなたがギフテッドの大人とそんな話をし、彼らが信頼して聞いてもらっていると感じると、それは本当のことだと言うだろう。彼らは世界のすべてに、つねに関わっていると感じているのである。

子どもの部分

ギフテッドの大人には、隠れてはいるものの共通して驚くべき特徴がある……子どもの部分が残っていて、それがほんのちょっとしたきっかけで、すぐに動きだすことである。この部分は「大人」のなかにうずくまっているのだが、しかし本当に活発なのだ。

子どもの部分は子ども時代の魔法の残りである。空想、創造性、何でもできるという確信、とくに感嘆する力。ほんの小さなこと、なんでもないことに大喜びで浸りきる力。しかしまた、なんでもない不正、もっとも内的な苦しみに心を痛めることもそうだ。傷ついた動物、なかなか起き上がれない老人、初めての一人歩きで得意満面の赤ん坊が転んでしまったとき……。

誰かのことを子どもっぽいというのは、ある安心感に凝り固まった大人からの暴力的で厳しい非難である。そういう大人は一般に受け入れられる社会的行動に順応することだけを自らに課している。あえて感じないようにしているこの子ども時代の部分を、名残惜しむゆえの非難なのだろうか？

◆ナイーヴさ、信じやすさのあらわれ

ギフテッドの大人の大きな特徴の一つは、子どものように信じ続けることである。素晴らしいことや、不思議なこと、人生や、出会い、可能性を信じるのだ。そのナイーヴさですぐにすべてを信じ、あっという間に引き込まれて浸りきる。涙がすぐ目に浮かび、けれども自制して、真面目で思慮深い「大人」として振る舞うのである。

しかし彼らは、子どもの心を隠して持ち続けている。

◆熱狂、巨大なエネルギー

「夫は昨日もまた私に言いました。信じられない、きみはもうすでに知っていることにも

感嘆するんだからって」

これは驚くべき切り札である。一般に考えられていることとは違って、珍しい性質で、普通の人にはきわめて少ないものである。誰も熱中しないものに強く感じるこの熱狂は、滅多にないエネルギーの発出である。人生を完全に変えることができるほどだ！　このエネルギーを節制せずに使おう！

◆子どもの部分のいちばんの弱点……不満と全能意識が交互にあらわれる

ギフテッドの大人は不満を訴えることが多い、子どものようだ！　とにかくすべてに、つねに不満を抱いている。自分が悪いのではなく、つねに他人のせいにする。おまけにそれを本気で信じている。学校で悪い点数をとったのを意地悪な先生のせいにし、親に叱られても「僕はやっていない！」と不正を訴える子どものようだ。これは外在主義機能と呼ばれるもので、問題の原因は外にあり、自分たちに責任はないというものだ。この場合、誰でも責任を負わされる可能性がある。雇用主、配偶者、社会、経済、政府、他人、精神療法医……。自分以外の全員だ！　というのも、責任の問題を考えるには深い再考が必要となり、自信を持つのに苦労するギフテッドには困難な作業になるからだ。「そうしたいのだけれど、自分にはできない」と、彼らは繰り返すのである……。

しかし、これも危険なやり方で、限界点に近づくとただでさえ傷つきやすい自己イメージが完全に消えそうになり、自己の基盤がぐらつくのを感じるようになる。すると突然、シーソーが逆転し、頑として支配者然となるのを目の当たりにすることがある。ギフテッドの大人が突然、全能さらには全知という完全な幻想をあやつる力を取り戻すのだ。そこで再び姿をあらわすのは、子どもの部分の一部ではなく全体、なんでもできると確信している幼い子どもがもつ全能感である。

この瞬間、ギフテッドの大人はこの子どもじみた確信を共有する――自分が望めば手に入る、自分が決心すれば、誰も抵抗できない。そして私はそれができる。

不満から全能へ。ここで姿をあらわすのは、自己構築を困難にするすべての兆しである。これは傷つきやすい自己イメージがギフテッドをひどい目にあわせ、そうして彼らは非常に子どもっぽい部分との両極端のあいだでグラグラ揺れることになる。なぜなら、たじろいだギフテッドが子ども時代のメカニズムにしがみつくことで、安定して快適な自己イメージの構築に苦労するからである。その鋭い知能と研ぎ澄まされた感性がもたらすいつもの疑念で、自己構築の手がかりがつかめなくなる。本当の自分は何者なのだろう？　自分が感知することを十分に信頼していいのだろうか？　これが大きなジレンマなのである。

一般の年齢相応の面

しかしここに予想外の面がある。ギフテッドの子どもの部分がほかの認識と隣接しているのだ。つまり、自分をいろいろな年齢に感じるということだ。

これはどういうことなのだろう？　じつは非常に簡単なことで、そのときの状況や背景、一緒にいる人によって、同時にまたは次々と異なる成熟感を抱く感覚のことである。

◆未熟は忘れ、超成熟について話そう

ここでまた、人がギフテッドについて話すこととは逆の概念がある。とくに子どものギフテッドでよく言われる、感情的に未熟だというとらえ方だ。これは誤った概念で、未熟と感情依存を混同しているところからくる。この二つはまったく関係がない。確かに、ギフテッドは本当に感情的な人間だ。「まず最初に」感情がくる。ギフテッドの場合、認識的な行動でもつねに感情が介入する。ギフテッドは頭で考える前に感情で考える。これがよく未熟と形容されるゆえんだ。感情が強いことが小さい子どもだけの特権であるかのようだ！

そうではない、ギフテッドはカメレオンなのである。記憶に刻みこまれた非常に幅広い能力を使いこなすことができるのだ。そのつど環境の制約にできるだけ順応するため、行動や思考、動作を調整するのである。ある意味でギフテッドは、持ち前の知能や感受性を使いこなして、世界と完全に一体化できると言えるだろう。

わかりやすい例をあげよう。もしあなたが何か欲しいとき、まわりが期待しているように「赤ん坊」のようにふるまえば手に入る、これは可能。もし高いレベルの理性を使って相手を説得できるとなれば、これも可能だ。もし地位や職務にピッタリ合うイメージに順応しなければならないとしたら、これも可能。もし人から物事を詳細に理解する人としての忠告や賢明さを期待されたら、これも可能。もし困難な状況を巧妙に分析し、誰も思いつかなかった結論を

引き出さなければならないとしたら、これもつねに可能なのである。

ただし要注意。私はギフテッドが全能で全知だと言おうとしているのではない！　もちろん違う。言いたいのは、その知能面、感情面の機能から非常に特徴のある超成熟した面を備えているということだ。超成熟とはここでは、ある状況の構成要素をすべて特異な能力の明晰さで分析し、それに順応することだと理解すべきだろう。あるいは何かと闘うのも、同じメカニズムで説明できるだろう。

グレゴワールは十五歳、中等教育の最終学年に上がるところだ。他人との関係ではズレた感覚を抱いている。思春期の兆候はまだで、クラスではいちばん小さく、まだ少年のような顔をしている。女の子は苦手なほうで、彼女たちは彼を可愛いとは言うが、「デート」はできないと思っている、彼はまだ男性ではないからだ。教師のほうは、彼がクラスで息切れしているように見え、まだ小さいせいだと思っている。学校の校長は両親に会い、この学年は留年したほうがグレゴワールは成熟できるという考えを伝える。グレゴワール本人にも考えを聞き、幼いせいで他人とズレていることに同意を求める。グレゴワールは仕方なくうなずく。しかし、私の診察室で彼は爆発する。「馬鹿にしてる！　僕は合意するふりをしなければならなかったんだ、僕は他の子より遅れているってね。それもこれも思春期の兆候が遅れているせいだ！　本当はまるで反対だって、みんなにどうやって説明すればいいの？　どうしたって不可能だ。僕は自分の成熟した部分を、苛立って歯ぎしりして「すり減らして」いるような気分だ。頭の中の僕は二十歳か、それ以上だよ。その歳になるまで自分の考えを言わずに行動し、話をするのを待つなんて、我慢できないよ。思い通りに生きることがもうできない。でも、二十歳の従兄弟の友だちと一緒にいるときは最高！　従兄弟が僕を、年下だけれど超成熟しているって紹介してくれるから、大丈夫。みんな僕を受け入れて、僕も楽しくて仕方がない。やっといい気分でいられるんだ。でも、普段の生活ではぶっ倒れそう。いつか爆発するんじゃないかと思っている」

◆外では内面で生きているようにはできない

グレゴワールを助けるにはどうしたらいいのだろう？　彼の問題は思春期前の身体と内面の若い大人の成熟度にギャップがあることだ。彼にはどうしようもできず、他人は彼を見かけで見るところがある。そしてもし彼が本当に、内面で生きていることに合わせて話をしたら、変に見えて、他人から拒否される恐れがある。そしてグレゴワールは、何より友だちが欲しいと思っている。そこで彼がうまく表現しているように、成熟した部分を内面で「すり減らして」いるのである。しかしそれは彼を疲れさせる。そのうえ体調が悪く、肉体的にも――つねに腹痛があり――精神的にも――落ち込んでいる。しかし彼は精一杯頑張って持ちこたえている。なぜなら彼は、この困難な時期を乗り越えようと思っているからだ。もっと遠くを見ているからだ。広い視点で将来を見通せるのは、彼には……超成熟した部分があるからだ。

「アントワーヌは自分がいつも年齢より老けているように見えるのが嫌でたまらなかった。七歳のときは、四十九歳の男のように心身ともすり減ったように感じ、十一歳のときは、七十七歳の老いぼれのように幻滅を感じ、現在二十五歳のアントワーヌは、もっと穏やかな人生を期待して、自分の脳を馬鹿の白衣で覆って解決することにした。彼がよくよく確信していたことはただ一つ、知能という言葉は見かけを美しくした愚かさを意味し、あまりに正道を踏みはずすゆえ、インテリを宣言するより馬鹿でいるほうがいいということだった。知能が不幸で孤独で貧しくなるのは、知能の変装したものが新聞に載って不滅化され、それを読んで信じた人から感嘆されるときである*」

時空間感覚の欠如**……さまざまな時空間に生きる

これが事態をさらに複雑にする。ギフテッドは自分にさまざまな年齢を感じるのだが、しかし同じように、さまざまな時空間——過去・現在・未来にも身を置けるのである。個人的に体験した時制にも、世界的な時空間にも身を置ける。このように以前、以後、またあらぬ方向へ考えが及ぶと、いまここで決断することがきわめて難しくなる。自己の視点は、時間と空間の段階と相対化されるので、非常に異なったものになるのである。

これに応じて、ギフテッドにとっては状況から離れることが不可能になる。彼らの存在や存

＊マルタン・パージュ、前掲書。
＊＊コギトZ所属の心理学者、マリーヌ・アンブロシオニの表現より。

在理由、生きがいは大文字の人生の支配下にあり、自身の小文字の人生は世界の意味と連結している。自分の人生から意味が抜けていたとしても、自分が残りの世界から孤立しているとはみなさない。意味のない個人的な人生はすべて、たえず世界的なレベルで展望されるのだ。ギフテッドにとっては、この世界的で時間を超越した展望のみに意味があり、その展望でそれぞれの普通の人生に意味を与えているのである。

物事や自分の人生、自己に対するこの視点から生まれるのが、答えのない問いかけで、これによって容赦なく、名もない不安の深淵に落ちこんでいくことになる。

こうしてギフテッドにとっては、自己と自分のしていることが内面で一致することなど滅多にないことになる。この隔たりは、どんなに小さくても執拗に続き、そこから違和感が生まれ、行きつく先が、自己を乗り越えるか、または束縛を受け入れるかのどちらかで、後者は欲求不満の元となる。

そこから解放されるために、一部のギフテッドは正反対の行動を取る。自身の大きさや人生を過大評価し、心をさいなむ問題に立ち向かおうとするのである。問題はもみ消され、彼は耳を貸さなくなって、自分を理想化することに専念する。ここで思い違いをしないようにしよう。これは一つの仮面。自分を保護する手段としては、ときに有効だが、傷つきやすいことに変わりはない。というのも、内面の振動や外部の揺れからは決して遮断されないからで、彼ら自身の奥底から彼らの本質が再び浮かび上がってくるのに変わりはないからである。

テンポ……つねにズレている

テンポとは動きや、ペースについてのことである。ある動きが他の人より速いか遅いかという意味だ。速いペースのあとにゆっくりした動きが続くということもある。テンポが合うとは、人生の動きのなかで、みんなと同じペースでゆったり落ち着いているということだ。

テンポはギフテッドの中心問題である。いいテンポでできることなど絶対にない！　一般の動きとシンクロすることができず、つねにズレている。先に進むか、後退するか。遅れるか、止まってしまうか。

・先に進む

ギフテッドは誰よりも、超のつくほど速いことが多い。認識するのも、分析し、理解し、総括するのも速い。広い展望に立って全体を見渡し、問題や状況全体の情報すべてを理解する。つねに覚醒状態の感覚を通して、その場にあるどんな些細なこともキャッチして処理し、取り入れてしまうのだ。恵まれた感情移入能力はマゾヒズムと紙一重、たくさんの他人の感情を委任されて体験する……。それもあって、ギフテッドには超自然的な予知能力がある。他人が始めたときにはすでに到達し、質問の説明がまだ終わっていないのに理解し、他人がまだ自問しているのに何をしたらいいかわかっている、つまり、速すぎるのだ！　このようなとき、彼らには他人のペースを遅く感じ、人生の動きが眠っているように見えるのである。

しかし先に進むことが、ギフテッドにとっては障壁となる、というのも、誰とも共有できず一人になることが多いからだ。先に進むことで、彼らは待たざるをえなくなり、その間、自分は全部知っているのに他人がすることを眺め、他人の失敗を見つけることになる。しかしそこで何が言えるだろう？　どうして生意気とも自慢ともうぬぼれとも思われずに、こうすべきと言えるだろう？　「いずれにしろ、きみはいつも正しいさ」と言われるのがオチだろう。しかしこの攻撃的な言葉には、敵対心、羨望、嫉妬が隠されている。苛立ちも。

ギフテッドの先取り能力は、個人の人生や職場の多くの分野であらわれることがある。他人よりテンポでも人生でも先にいる。革命的なアイデアを持つのはいいことだが、しかしそれを「通してもらう」には正当化しなければならず、こちらのほうが難しい。また、他人が言い終わる前に言いたいことがわかると、話しているほうは内面を侵されたような気がしてイライラするだろう。会社で、「専門家と思われる」人より先に理解すれば……とんでもないことになるだろう。これらの「ズレ」で、最後は居心地の悪くなる人生の瞬間なら、いくらでも例をあげることができる。先に進むのはいいが、しかし何をするためなのだろう？

・止まるか、後退する

環境に対する超感知能力が発揮され、ギフテッドが小さな細部に注意を向けて釘づけになるのは、こういう瞬間である。その間、他人は前進し続け、議論も同じペースで保たれる。人生は進んでいるのに対し、ギフテッドは身動き一つせず、小さなことに虜になっている。誰の興味も引かず、誰の目にも止まらないこの小さな細部が、彼らには何よりも重大なものに見える。彼らにとっては、この小さな部分を考慮しなければ、問題や状況に対して満足できる結果が得られないことになる。しかし他人は見過ごしている。それなのにギフテッドは止まって、検査し、考慮して、現実の断片を取り入れようとしている。他人は遠くにいるのに、彼らはいつまでもそこにいる。

・遅れる

これはズレの別の形、しかも称賛に値する形である。この場合、人生を過剰に意識化することが、ギフテッドのテンポをズラすことになる。彼らにとって一部の人間は、あまりに二次的に見える価値を過剰なほど重要視している。たとえば成功や金、財産などに対する価値だ。彼らはよく、多くの人が本当の目的もなく、人生に意味も与えず、ただただ走っているような印象を受ける。みんな重要な質問を自分に問いかけもせず速く行きすぎている。この速度で自分はどこへ行くのだろう？　何をするために？　自分が本当に取得したいのは何なのだろう？　自分が優先するものは？　この羽目を外した追越競争で自分は幸せになれるのだろうか？　などだ。ギフテッドは周囲の人らを走らせたまま、しかしだんだんと速度を遅くしている。彼らが考える「本当の」ものに時間をとっている。風景や芸術作品、自然や街、人間がくり広げる光景を、いつまでもじっと眺めていることができる。自分が精一杯体験したいと思える議論や出会いには、身を置くことができる。また過去の出来事や未来の計画にも、とりとめのない空想や郷愁を抱き、大喜びで浸ることができる。そのためなら時間を取ることもできる。おそらく、精一杯に生きるための時間。だからテンポが合わなくても大丈夫、彼らは高速道路のそばにいるように、超高速で走る列を眺め、この自分の人生の小さな道に近づいている。

ギフテッドはテンポが合うことは滅多になく、このズレは不愉快な疎外感と、世間の無理解がもたらしたものである。

テンポのズレはつねに他人とのコミュニケーションに問題を生じさせる――お互いが理解できず、シンクロしないのである。

テンポが合わないと、世間とのあいだに大きな誤解が生まれる。

◆テンポが生き方とシンクロしないとき、物事の恩恵に浴すことができない

この時空間感覚の欠如とテンポのズレが組み合わさると、ギフテッドは自分がしていることや、生きていることに全力を注ぐことが難しくなる。その思考が、現在の彼らを思い出や広い意味での過去に運び、しかしまた、未来にも自分を投影して、いま現在を生きていることを思い出させたりするのである。

例をあげよう。ポールは山で秋の素晴らしい風景のなかを散歩している。特別に楽しい散歩である。けれどもポールは心のなかで、前世紀から風景が変わったのではないかと問いかける。先祖はいまと同じ環境の自然を見ていたのだろうか？　なぜこう変わったのだろう？　しかし、とくに、ポールはその数時間後に友人と会って、素晴らしい散歩をしたことと、どんなに感動したかを話す自分を想像する。そして彼女が見て感じたことをどこまで正確に描写できるのかを考える。しかし、そこで、いま、彼女は何を体験しているのだろう？　実際のところ、彼女

は何もわからない、というのも彼女は完全に現在と接続していないからである。

女性と男性……お互いに場所を譲る

私たちは全員、性格に女性の部分と男性の部分を持っている。女性の部分はオープンなところで、これは感受性や、愛情、依存、壊れやすさに通じる。反対に、男性の部分は意思、パフォーマンス、戦い、自立、力に通じるものだ。非常に大ざっぱな視点だが、私の意図を明確にするには十分だろう。

女性か男性かによって、性格のバランス上、どちらかが優先されるというわけだ。かといって、相対する部分が存在しないということではなく、背後に密かに存在している。私たちの性同一性によって先行する部分が優先的に活性化し、表にあらわれるのである。これは子ども時代に徐々に形成され、思春期に確立する。しかしギフテッドの大人の場合はまだ、これら性格の二つの傾向が非常に目立つ形で存在する。

男性では女性の部分が大きな部分を占めている――感受性、愛情の受容性、他人を必要とする、他人への興味などだが、これに関しては議論が必要だろう。男性はこの性格的な傾向で軽蔑され、馬鹿にされることがあるので、必死になって抑えようとする。彼自身、これを普通とは思っていないのだが、女性といるほうが気楽で楽に会話ができる。恋愛関係ではないが、よく理解できる。このあたりほかの男性は理解に苦しむようだ。

いっぽうギフテッドの女性は、強固な自立心、チャレンジ精神があり、自然に先頭に立ち、指示し、導いて支配する才能や、挑戦や闘い（心理的！）を好むところなどは、男性の部分が強くあらわれていると言える。

◆女性の部分を受け入れる……男性も女性もギフテッドの大人にとっての挑戦

男性にとっては、彼の魅力でもある感性や優しさ、断定的ではないところ、傷つきやすさなどを抑えずに生き生きと発揮することである。それは男性社会では受け入れられにくいにしても、女性との関係では大きな利点である。それはまた、世界との関係においても本当の豊かさで、美的センスや環境に対する敏感な受容性は買われるべきだろう。

女性にとっては、難しさは逆になる。男性の部分を使うことができ、それを利用して人生を構築し、計画を成功させることはできるのだが、しかし女性としての感受性や感動しやすさ、傷つきやすさ、受け取る気持ちを抑えずに発揮することで、男性が近づいてくる可能性を残すことになる。そうすれば男性をあまり恐れさせず、彼女を守るという感覚を与えることになるだろう。

一般的な人生では、女性の部分は世界に対してオープンだ。この部分は自身の傷つきやすさを大きくすることはあるにしても、しかしまた、インスピレーションや創造性、楽しみの大きな源にもなるのだ。

第6章　ギフテッドの大人であることの難しさ

ギフテッドの大人であることの難しさは、二つの角度からアプローチすることができるだろう。一つは、本質的なもので、自身や性格、自己イメージの構築に時間がかかり、これが私たちの世界や他人との関係を決定づけるということだ。もう一つは、ギフテッドの機能でもっとも独特な角度で、これは大人になって一つの特異な存在が浮き彫りになるということだ。すでに子ども時代から存在するこれらの特異性が、世界でのあり方になり、人生のバランスを複雑にすることになる。ここでは子どもだったギフテッドと、大人になってからの一連の流れが密に絡みあっていることも理解できる。

これから述べる機能の様式には、普通の人の性格の特色も見つけることができる。それは確かだが、しかしギフテッドに特有なのは、いつもながらの自己表現の強さで、それに苦しみがともなうことである。これらの性格の特徴が頻繁にあらわれるのが、他人とは異なるギフテッドの大人のグループで確認することができるだろう。まったく同じでもなければ、完全に違ってもいないことである……。

目をみはるほどの明晰さ

「明晰さは太陽にもっとも近い心の傷である」　フランスの詩人　ルネ・シャール

周囲にもあふれ出るほどのこの明晰さとどう共存したらいいのだろう？　どんな小さな片隅も詮索し、最小の細部をも見抜き、他人のもっとも奥深くまで入り込む明晰さ。ギフテッドの明晰さは、二重の源泉を糧としているぶん、よけいに強烈なものになる。

・細部まで分析する研ぎ澄まされた知能。
・周囲の感情のもっとも小さい断片まで吸収する感情の超受容性。

この強烈な明晰さには一時の休息もない。ギフテッドは休みなしに機能するこのレーザー光線を遮断することができないのである。そうなると、安心感を抱き、信用して、人生の流れに身をまかせることがいっそう難しくなる。明晰さは本当の障壁を生みだすものである。心理学のマニュアルでは特定できないのだが、しかし目眩に近く、ときに意識を失うこともある。つねに苦しみがついて回るのである。

ギフテッドの大人は全員、世界を拡大し続けるこの知覚能力に侵入されてどんなに辛いかを説明する。子どもの頃、アリが蟻塚のなかで壁面をどんどん大きくするのを見ているようだと言う。明晰さは激しくなり拡大していくのだが、しかし「見ない」ことは許されないのである。

周囲の機能不全に気づくことなく、些細な問題を考えず考慮せず、どうでもいい感情に影響を受けることがなかったら、どんなに楽に生きられるだろう！

このような明晰さは人生のバランスを弱体化させる。なぜなら人生の意味をたゆまず問いかけ、しかしこれがまた延々と再検討されて、何一つ無条件では受け入れられないからだ。ある状況や能力、知識などが有効で受け入れられるとみなされる前に、ギフテッドはまず細かいふるいにかけて分析する。

このあたりの経緯は診察でみることができる。とにかく時間がかかるのだ。この「普通ではない」患者が殻を外し、自分の管制塔から降りて、導かれ、より添われるままになるまで、多くの時間が必要になる。まず、彼らは精神療法医を観察し、その機能と姿勢を検査して、理解力や能力を判断する。何よりも、精神療法医をテストするのがギフテッドなのだ。そしてその結果をもとに、信用するか……否かを決める。ときどき精神療法医ゲームをして、操ることもある、「見るため」だ。ポーカーのようだ！　化けの皮が剝がれ、精神療法医が負けたら、患者はケアを中断する。本当の敗者は、悲しいことに彼らだ。しかし、精神療法医と一緒にいても、治療方法のすべてを彼らが先取りできるとしたら、何の利点があるだろう？　いっぽう、もしギフテッドの彼らが臨床医に信頼を寄せたとしても、用心が必要だ。その信頼は決定的なものではないからだ。彼らは局部的に、精神療法医がちゃんと抵抗するか、途方に暮れていないかなどを見るために、現状の詳細を探っている。そしてもし精神療法医がこの罠にはまったら、最初からやり直しとなる。ただし理解しなければいけないのは、ギフテッドは精神療法医を困らせるためにこのようなことをしているのではなく、それは差し出された手を受け入れるために、理解され、守られていることを実感するためだということだ。

ダヴィッドは二十五歳。私のところにはこれまで数回来ている。彼は自分に合う道を見いだすのに苦労していた。新しい計画に取り組むたびに、過剰な明晰さゆえに失敗や限界が予測され、途方にくれていた。いまは別のことを探している。ある日、面談の途中に、私にこう言った。「あなたはギフテッドではないのに、どうして僕のことがわかるのですか？　もうそろそろ限界でしょう。あなたは理論を理解していても、僕のことはわからないでしょ？」。まあ、それでも彼の話は聞かなければならない！　そして彼を治療の道に引き込まなければならない。そうでなければ終わり、負けるのは患者になる。

◆世界を見る明晰さは自分に対してより大きくなる

このような鋭い能力が備わり、世界をたゆまず見て細かく分析し、他人の弱さや限界を鋭く察知していたなら、どうしてもまず自分自身の欠点を感知することになるだろう。これこそがギフテッドの一挙手一投足を待ち構えている。つまり、自分自身を疑うことだ。彼らの人そのもの、可能性、能力、長所をすべて疑うのである。ギフテッドの場合、他人より優れていると感じることは決して、一度としてない。まったく逆だ。しかし、ギフテッドだから優れている感覚を抱くという考えが……そうではないと思っている彼らの頭から離れないのである！

それでも確かなのは、一部のギフテッドは「エゴをふくらませ」てうぬぼれ、ときに人を軽蔑するような性格を伸ばしていくということだ。一般人よりずっと上にいると自負している人のイメージだ。しかしそこで思い違いをしてはいけない！　ラ・フォンテーヌの寓話『牛になりたかったカエル』のカエルのように、うぬぼれのギフテッドはじつは誰よりも傷つきやすいのである。見せかけのうぬぼれは、無力で心の奥で弱いと感じている彼らの気持ちを隠そうとしてのことなのだ。本当は不安なのだ。ギフテッドの彼らは拒否されるという考えに恐れおののいている。彼らがこういう行動を選ぶとしたら、それはうまくいっていないということだ。苦しんでいるということだ。

世界と自身に対する明晰さは、痛いほど鋭い理解への道を開く。このあまりの明晰さは苦痛を与えることもあるが、しかし物事を見るときには超明晰とも形容できる力の源にもなる。

不安

不安に関しては、ギフテッドの機能の特異性の大半を標本のように列挙できるだろう。あらゆる不安が潜んでいる。危機感から生まれる不安、しかし危険が何なのかは特定できず、不安はいたるところに付きまとい、拡散して恒常的になる。あらゆるところに忍びこみ、人生の多くの瞬間を苦渋に満ちたものにする。

◆ギフテッドにはなぜこんなに不安が多い？

不安は誰しもが共通して抱く感情である。ある状況に直面した場合に、必要な感情の一つでもある。不安は気力やエネルギー、力を動員する。一時的には有効に働くが、状況が違うと本当の激しい不安を生みだし、身動きできなくなるまでにさせる。ほとんどの場合は、何に対する不安なのかがわかり、行動や思考で危険に立ち向かうことができるものだ。危険の輪郭は特定できる。

いっぽう、ギフテッドの不安はまったく違う形をしている。ギフテッドがもっとも不安なのは自分自身に対してである。自分の思考で恐ろしいほどの深みへ引きずり込まれる不安、押し寄せる感情を管理できない不安、他人に対して違いと同類感を同時に感じる不安、自分では制御できそうもない人生に対する不安。とくに、自分と向き合い、ありのままの自分を好きになれず、失望するのではないかという不安を抱いている。あるいは自分は間違っていたのではないか、思い通りの自分にはなれなかった、選択がよくなかったのではないかという不安もある。

実際、ギフテッドはこの内面の対立に恐ろしいほどの不安を抱いている。

◆ギフテッドの不安はほかの形をとることも

・完全主義

ギフテッドにとっては、二つに一つ、完ぺきで文句のつけようのないほど完全に達成したか、それだけの価値がないかしかない。

ただし要注意、これを性格や、さらには病的な強迫性障害と混同してはいけない。ギフテッドの正常な状態は一般的な病気とは違うことを肝に銘じておくべきである。

「完全」、絶対への渇望は、真逆の影響を及ぼすことがある。実行に移せなくなるのだ。完ぺきを追求して何をしても満足できないギフテッドを待ちかまえているのは事なかれ主義だ。このときは途中で立ち止まり、恐ろしいほどの無力感に襲われる。たぐいまれな知的能力や豊かな個性を備えているにもかかわらず、ギフテッドは止まってしまう。動こうとすればするほど、うまくできないイメージがよみがえり、さらに固まってしまう。着手しないということは、失敗のリスクを避け、やれば素晴らしい成功を収めるという幻想を残しておくことだ。一つの罠、まやかしである。

「可能性に恵まれているにもかかわらず、実現不可能になるときの不安は、エネルギーの大きな部分を吸収する」*

・誰も頼りにできない

このような強い機能を備えていると、他人の傷つきやすさや弱さ、限界、さらには無能力をその場ですぐに見抜けないほうがおかしいことになる。それでもギフテッドの彼らは信用し敬愛できる誰か、何かを教えてくれる誰かを見つけたいと願っている。もっと言えば、性格的にも能力的にも自分たちを支配してくれそうな誰かを求めていると言えるだろう。しかしこういう出会いは滅多にない。きわめて例外的である。では、何がいちばんよくあること

*S. Lebovici, «L'avenir psychopathologique de l'enfant surdoué», *Revue de neuro-psychiatrie infantile*, 1960, 8, 5-6, p. 214-216.

なのだろう?

ギフテッドは外部からのルールを受け入れることがなかなかできない。というのも、それらはつねに検討され、再検討され、「誰も信じられない」となるケースが多いからだ。

ギフテッドは自身の能力、関連する知識の多くを鋭く分析し、瞬時に衝撃的な理解力でまとめあげる能力によって、初めて接したテーマでも、教える側よりずっと先まで理解し、うまくやりおおせることが多いのである。それもずっと速く。

ギフテッドにとっては辛い……というのも、またもや先行して一人になり、困惑することになるからだ。これは専門家とされた者にとっては我慢できず、さらには許されないことになる。上下関係や権力関係では決まって対立し、さらには断絶することになる。

権威ある人物への信頼の欠如、学習の速さによって、先輩をすぐに追い抜いてしまうギフテッドの大人は、専門的な活動では自立を余儀なくされる。自分の「長」として、自分だけに依存するのである。

・思考の濃さ

ギフテッドの場合、考えることは生きることである。ほかに選択肢はない。彼らはこの力強く、休む間もなく働く思考を止めることができず、その思考は絶えず詮索し、分析して取り入れ、結びつけて先取りし、想像して展望する……一時も決して休まないのである。

そうして彼らはすべてについて、つねに濃く深く、警戒心を総動員して考える。

一般化や単純化は不可能な使命（ミッション・インポッシブル）。せっせと働くのは、意味を正確にして、無限に分析することである。

「私が見て、感じ、聞くものはすべて精神に呑み込まれ、そこで超高速で動かされ、回転させられる。理解を試みることは社会的自殺、つまり人生をもう味わわないことである（……）。人は理解しようとするものを殺すことが多い、見習い医師と同じで、解剖しないと本当の知識がえられないかのようだ（……）異常に意識し、異常に考えて生きるのは不可能なことである」*

そしてここによく危険が待ち構えている。何かを考えるほど、不条理な点に行き着くのだ。繰り返し連想し、つなげているうちに、ついには馬鹿馬鹿しいほど空虚な点にたどり着く。自分の思考にどんどん入り込み、だんだんと最初の意味を削除してしまうのだ。こうして道の途中で重要なものを見失うことになる。そうなったらこの思考、この考えをどうして信用でき、有効で興味深いとみなせるだろう？　もう真剣に取り組むことができなくなる。最初の意味はいまや異様で、こっけいなほど小さなものに見える。そしてさらに、そのように考えるのは自分一人だけで、自分を馬鹿だと思うようになる。だから他人にはこの曲がりくねった思考を隠している。もし全員が別の考え方をし、もし誰もこのような考慮の着地点にならないなら、自分は馬鹿でなくてなんなのだろう？　不安は巨大になっていく。

*マルタン・パージュ、前掲書。

・崖っぷちの思考

思考の濃さは無限につながり、終わりも限度もない動きに吸い込まれていくように感じる。この感覚から本当の不安が生まれる、なぜならどこにつかまったらいいのかわからないからだ。自分を見失い、止めてくれるものもない。何も私たちを守ってくれない。このような瞬間が続くにつれ、人生が小さな点になり、超高速で遠ざかっていくようになる。不安の爆発が近づいている。

「考えすぎるとき、思考の昏睡状態に陥るような気持ちになる」と、二十二歳のラファエルは説明する。この感覚で彼は非常に不安になり、一分でも考えないようにするために、さまざまな言い逃れを見つけるという。

・議論をどこまでも、どこまでものばしていく……

このような状況になると、ギフテッドはときどき議論を際限なく引きのばしていくことがある。休む間もなく、先へ、先へとのばすのだ。物事の意味を曖昧にせず、正確につかみ、確実にするためだ。少なくとも「事実」にいちばん近づくためである。人がギフテッドと議論すると、際限のない議論に巻き込まれ、何を議論しても無駄に見えることがある。これは人を疲れさせ、他人には理解できないこともある。なぜここまで再検討できるのだろう？それもつねに？　実務的な説明や、普通は受け入れられる議論でなぜ満足しないのだろう？

しかし彼らは決してできないのである。

その状況が「上下関係」の場合や、親子、雇用主と協力者の場合、対立は解きほぐせないものになる。ギフテッドは最後まで行ける確信がないかぎり手綱をゆるめない。専門的な議論では、衝突が起きることもある。話し相手はみんな、相手の「悪意」に責めたてられていると思いこむ。修正不可能な不理解が生じる。議論の途中で思考に没頭するギフテッドは深い悲しみに襲われる。うまくいったかもしれないことも、まったく理解しないままに。

・周囲とその危険性をつねに分析する

「映画を観ていても、画面に集中できません。まわりを観察して、起こりうることをすべて考えます。火事になったらと不安になり、可能なかぎりのシナリオを思い浮かべる。非常口を探し、もし天井が崩れたらどう逃げよう、落ちてきた場合、椅子の建築素材は何なのだろう、最初に誰に知らせたらいいのだろう、など。そのうち、決まって最後はパニックに襲われ、息苦しくなって、五分後には死んでしまう気になって、震えだし、一緒にいる人に狂ったようにしがみついて、早く出ましょうと頼むのです。あまりに不安すぎて」

大げさ？　例外的？　それがそうでもないのである。子どもの頃から、周囲の構成要因をすべて、つねに事細かく、深く知覚し分析することが、漠然とした不安の原因となっている。どんなに小さなことも調べつくす。非常に驚かされるのは、ギフテッドは小さな細部に目をつけるのと同じように、非常に大きなもので、誰にとっても明らかなのに、誰も見ず、存在さえ意識しないものも見ていることだ。

八歳のマキシムは、歯のレントゲンを撮ってもらわなければならない。レントゲン室に入ったところで、彼はX線の存在を知らせる警告のピクトグラムを見つけ、その危険性や環境への影響、レントゲン写真についてさまざまな質問をする。危険なゾーンははっきり定められているの？　X線は身体の他の部分には達しないの？　もしそうなら、どの部分？　などなど。マキシムは不安でたまらない。医師や母親が何を言っても、彼を安心させることはできない。もしこれが危険じゃないのだったら、なぜ記号があるの？　説明するたびにマキシムは新しい質問を投げかける。しまいには医師と母親はマキシムを無理やりレントゲン台にすわらせた。マキシムは目に涙を浮かべているが、もう一言もしゃべらない。いずれにしろ、彼は危険がわずかでほぼ無害だとしても存在することを知っている。まわりの大人がそれを測定せず、考えようともしないことで、彼の不安はさらに大きくなる。彼は震えながらレントゲン室を出るが、私の診察室でも、その隠れた危険性についてまた質問することになる……。

・この不安をどう鎮めたらいいのだろう？

不安を鎮めるのは難しい、なぜならギフテッドは起こりうる危険をすべて、完全にすべて分析するからである。そして現実的な面では、彼らは正しい。たとえば、あなたが地震の多い地域に生活していなくても、地震は避けることができるとは断言できない。それをギフテッドに信じさせることができるか試してみよう！　絶対にできないだろう。あなたが強調するほど、彼らは不安になるだろう。つまり彼らだけが知っていて、感知でき、先取りできるということだろうか？　そうではない。危険はどこにでもある。この事実を誰も理解していない。だから、彼らは不安なのだ。

だからといって、不安がることは起きないとは決して言ってはならない。それは間違い！　そうではなく感情を受け入れて、優しく接することだ。「不安がるなんておかしい、不安になる理由はどこにもない」と言うのと、「あなたが不安になるのはわかる、確かにこれは不安かもしれない、でも……」と言うのには、大きな違いがある。後者の場合、感情を受け入れたうえで、安心できる見通しを伝えようとしている。不安に根拠がないと言うと、ギフテッドの不安はさらに強まる。彼らが不安を抱くのは、それなりの理由があるからだ。これらの理由がどんなに不合理で、ありえないことに見えても、理由は理由である。感情ならつねにそのまま受け入れられる、他人の気持ちを受け入れるのだ。自分が抱く感情を尊重されていると感じると、人はより話を聞く気になり、ほかのやり方を取り入れて状況の分析や問題を考えるようになる。これは不安を和らげようとするときの重要な段階である。

九歳のオスカーの父親は、夜、彼を寝かせに来る。二人にとっての大きな楽しみは、父親が『ニューヨーク・タイムズ』の記事を抜粋して読み聞かせることだ。

「いちばん楽しかったのは、パパが記事を見ながら間違いを見つけていくことだった。文法の間違いのこともあれば、地理や事実の間違い、ときには記事が全体を伝えていないこともあった。僕は『ニューヨーク・タイムズ』より頭のいいパパが大好きだった。Tシャツを通してパパの胸毛を僕の頬で感じるのも大好きだった。一日の終わりでも、髭を剃ったあとの匂いがした。パパのおかげで僕の脳はいつも落ち着いていた。変なことを考える必要がなかった[*]」

◆この不安で足元がぐらつくことも

ギフテッドのなかには、彼らの思考や感受性が自身や他人に危険が及ぶのをキャッチする状況で、完全なパニックに陥る瞬間があると証言する人がいる。彼らはよく自分は世界の「管理人」だと感じることがある、というのも彼らはその場を決して離れない、本当の管制塔だからである。彼らは危険を予知しても身を守る力が自分にはないと感じるとき、感情的に過剰に反応することがある。そのとき不安は暴風雨に変わり、一瞬にしてその場にあるものがすべて運び去られてしまう感覚になる。不安定になり、無一物になって、完全にお手上げ状態になった彼らは、本当の身体的病気になることがある。これら切迫した危険を察知する体験が過剰に繰り返されると、明らかな広場恐怖症がひどくなることがある。この病気になると、世界に直面することがあまりに不安になり、社会的活動はすべて不可能になる。家から出られなくなり、結局は学校も仕事も、人生も放棄してしまうのである！　広場恐怖症はギフテッド特有のものではないが、しかしこの病気と闘っているか体験したことのあるギフテッドの割合は非常に大きいことがわかっている。周囲を鋭く分析することでかき立てられる不安の先取りが、彼らをこの過剰な不安にさらすのである。

「この冒険の締めくくりとして、できれば私は、映画『フルメタル・ジャケット』（訳注：ベトナム戦争の狂気を描いたもの）の主人公ジョーカーのようにこう言いたい。「私は糞のような世界にいるが、しかし生きており、不安はない」**

◆他人のための不安

ギフテッドは心配性だ。それもやたらと心配する。世界のために、そしてまずは身近な人のために。すでに子どもの頃から、親のために心配している。普通は親が子どもの心配をするのだが、逆の関係だ。しかし若きギフテッドは狙いを定めているように、親のために心配している。それもすべてに。夫婦の関係から金の問題の心配まで。仕事上の困難から健康の心配まで……子どものギフテッドは家族に起こりうる心配を先取りして生き、つねに、多少なりとも意識的に、親を助け、その困難を避ける方法を探している。しかし、それより彼らを悲しませるのは、親が彼らに抱いている不安だ。彼らは自分が愛する人の心配の種にはなりたくない、相手が親ならもっとそうだ。心配の先取りは日常の定めになっている。自分が大人になっても、それぞれの心配事は続き、無関心ではいられないと世界の不幸を心配する。次に親になると、今度は自分の子どものために心配し、それが心を占領するようになる。待ち構える危険を「過剰に意識」して、すべてを管理したいと思う。彼らは精神的に疲れ、子どもは息がつまるようだ。「私ならいつも、どんなことでも、自分でなんとかできる。でも子どもは？」と、心配性

＊ジョナサン・サフラン・フォア、前掲書。
＊＊マルタン・パージュ、前掲書。

の親が言う。これは子どもを信頼していないのではなく、周囲への過剰な受容性と、明晰で経験を積んだ分析力から生まれる過剰な心配なのである。生きるのはそう簡単ではない。

◆科学的研究でも明らかなギフテッドの不安

ここで紹介するのは、最新の研究のいくつかの抜粋で、確かに付随的な話ではあるが、しかしギフテッドに多く見られるこの危険の先取りの事実を明らかにするものである。

・無神論者の割合は、一般の人口よりギフテッドのほうが高いことがわかっている。なぜだろう？　彼らにとってありえないことを信じるのは不可能だからである。

「人は、少なくとも私は徹底して不可知論者（訳注：ものごとの本質は認識することが不可能であるとする立場）です。でも同時にそうでもないとも言える。なぜなら、どこかで、とくに物事の意味づけをして、安心したい部分があるからです」このような証言は多い……。

・一万七千人を対象に二十年間追跡した研究によると、ヴェジタリアンになるのはギフテッドのほうが明らかに多いことがわかっている。ところで、ヴェジタリアンの食事は健康に対する害が少ないとみなされている。従来の食事でこうむるリスクへの不安から、おそらくこの食事を選択するにいたったのだろう！

・ギフテッドにはほかの人より喫煙者が少ない。全体的に、彼らは自然に身を守る行動を選ぶようだ。さらに、ギフテッドは心血管病になるリスクも少ない。グッドニュースである！
・ギフテッドは金をくだらないことに使う傾向が強い、世界の終わりや虚しさに対する過剰な意識化が節約を思いとどまらせるのだろう。何のために節約する？

以上、証明終わり！

罪悪感

「当時の私は、どんなにか優等生で、いい生徒になりたかったことでしょう、まずは両親にとって『できた娘』になるために、でもそれより私自身が自分を誇りに思うために。これは自分に与えることのできなかった贅沢です」と私に書いてきたのは、ギフテッドであることがわかったマリー、三十六歳である。

◆成功しないのは罪？

「ありのままではない」自分に対して、じわじわと広がっていつまでもつきまとう恥ずかしさは破壊的である。他人の期待通りではないことの恥ずかしさ。失望させる恥ずかしさ。自分の難しさ、自分が「変」なことに対する恥ずかしさ。

ギフテッドの心には、どんなときも、恥ずかしさが住みついている。言葉にできなかったこと、偽りの優越感、見せかけの思いやりのなかで大きくなる罪悪感の塊になっている。というのもギフテッドにとって、たとえ周囲がありのままを受け入れているように見えても、心の底では他人を失望させたと確信しているからである。期待通りにできなかった自分。自身への高すぎる要求は、本当は自分で課しているもので、必ずしも他人からのものではない。しかし彼らにとって、自分が達成すべきだったと思っていることに比べると、なに一つ十分ではない。本当は、達成すべき目的も何だったのかわかっていない。理解しなければいけないのは、これは現実ではなく、自分や成功に対するイメージがつねに未完成の感情をつくり出しているということだ。自分に対する失望がしつこくつきまとっている。高みと低さからなる相反する感情を長く抱いて生きていると、人はある程度のレベルのある程度のことを実現しなければならないという信念を抱いて過ごすことになる。そうして夢のような目的を求めて無秩序に探し回り、疲れ果ててしまう。なぜなら目的はいつになってもはっきりせず、したがって達成もされないからだ。

これは自分の視線が自己イメージを傷つけ、内面で苦しむ自身を覆うヴェールを破ることができないでいるのである。それを理解することだ。

◆強く感じることが罪？

人があまりに多くのことを、他人が決して気にしないことも含めて知覚すると、言葉では言いあらわせない罪悪感が生まれる。理解しすぎて、他人の先に行ってしまう罪悪感。自分はもうすでに理解したのに、他人はまだ遠く後ろにいて彼らのペースで考え続けている。そんな彼らが苦労して前へ進むのを見つめるギフテッドは、その進化の遅さに苦しむだけでなく、速く行きすぎたことに罪悪感を抱くのだ。シンクロできないことの罪悪感。またしてもテンポの話！　この奇妙な形の罪悪感で、ギフテッドは非常に生きづらくなる。どうすべきなのかも、何をしてはいけないのかもわからなくなる。自分は理解したのだからもっと前へ行き、先取りしたいのだが、しかしそこで一人、後ろの集団から離れ、その言い訳をしなければならなくなる。彼らは先に行っていることを恥ずかしく思っている。多いのは、ギフテッドはその先行を説明するために、妥当と思われる理論を「再構築」することだ。あるいは、そこで待ち、ゆっくり落ち着いて、自分のペースを遅くし、退屈する。無関心になり、もう興味がなくなって……そこでまた、他人と同じように関わっていないことで罪悪感を抱くのだ。

先行するということはまた、他人の弱点や傷つきやすさに気づくことでもある。しかし、本当は、ギフテッドはそんなことを見たくないのだ！　なぜこのような理解や分析や突発的な推論につかまってまで、まだ先に突っ走るのだろう？　しかも一人で。他人と同じペースでいられたらどんなに楽だろう。

ここでもまたギフテッドはズレを感じ、このズレは無意識のものなのに、それに対して罪悪感を抱くのである。

不完全さの感覚

思考は罠にもなりえるものである。すべてを問い直すことで、まず何も思い通りにならない、何一つ重要には見えないという感情に徐々に襲われていくことになる。

成功？　仮に成功がこのようなものだとしたら、それが何になるのだろう？　これは成功を拒否しているのではない。そうではなく反対に、意味のない成功を拒否しているのである。成功することはいい、しかし何に、どのように、何をするために？　とすべてがつねに検討の対象になり、何度も再検討、再考され、何一つ得るものがない。欠如感や、成就しない感覚を永久に抱くことになる。小さな成功や、小さな勝利を勝ち取ってもあまり喜ばない。ギフテッドは他人が大得意に自慢することの意味を穿った目で見つめ、しかし自分の成功では、分析の視点は相対的なものになる。世界のレベルに相対する成功だ！

◆慢性的な不満足感

シプリアンは二十歳、人生に迷っている……大学受験を何度も試しては中断し、参っている。「勉強しても何の役にも立たない。興味のある仕事？　そんなものはない！　パパのようになる？　とんでもない！　女性と生活するのも僕には不可能だろう、一緒に暮らせない。要求が強すぎて、理想が高いからだ。運転免許を取る？　僕に運転させるのは危険だ」

仕事を替えたい欲求に何度もかられ、ある仕事から別の仕事に転職しても、本当に満足することなど一度もない。そしてつねに何もしなかった、まだ何もしていないと後悔する。ここで出合うのは思春期のような問題だ。すべての可能性のなかからどのように選べるのだろう？そこから浮き彫りになるのは、全能感の一つの形である。私は全部したい！　子どもがよく言うように「自分なら全部できる！」という確信だ。このメカニズムこそ苦しみの源、なぜなら落ち着いていられないからだ。すべてが恒常的に再考、再検討されるからだ。思考が休む間もなく特異な形で動くゆえの罠。またしても！

退屈

退屈がよく話題になるのは、子どものギフテッドの学業について言及するときだ。彼らが退屈するのは、ほかの子どもより速く理解し、学び、記憶して、待っていなければならないことが非常に多いからだ。クラスでの時間は長くてつまらなく、単調で仕方がない。まれに新しい興味がこの変な子どもを覚醒させることがある。とくに退屈が考える時間に変わるときだ。しかし思考があまり遠くへ行くと、答えのない質問をし続ける思考に頭が占領されないよう、騒いで動き、おしゃべりしたほうがいいと思うようになる。退屈はまた、子どもが友だちを作られないときもやってくる。

「幼稚園では、本当に友だちがいなかったから、僕はずっと数ばかり数えていた……」と言うのは、九歳のジャックだ。

大人の場合、退屈は似ているようで違っている。一時的なこともあれば、慢性になることもあるのだが、しかしそれがつねにロンドンの「霧」のように濃く、この濃霧がすべてを覆ってしまうのだ。薄い雲がときどき人生を曇らせる程度ならまだいいが、そんなことは決してない。退屈にとらえられたギフテッドは、そこから抜けだすのに大変な苦労をする。この退屈は凝縮されている、というのも、これは彼らの特異な機能の産物で、思考と感情の濃さが世界とは対照的で、埋めがたいズレを生じさせるからである。

「いずれにしろ」と、診察を受けに来たクレール、三十一歳は説明する。というのも彼女は子どもの頃にギフテッドと診断されたのだが、家族からは考慮してもらえなかったいきさつがあるからだ。「私はいつも退屈しています。退屈しないために私がするのは、思考に逃げること。そのときの瞬間や状況に従って、いろいろなシナリオを考えます。たとえば状況のすべての要素を細かく考えて、過剰な分析に没頭したり、あるいは、ある一つのテーマを設定して、そのテーマについて延々と推敲する。それから、夜が多いのですが、自分のために大惨事のシナリオや、本当のホラーのシナリオを暗～い話でつくります。自分のなかの深淵にある恐怖を手なずけるためとでも言いましょうか。するとすぐに怖くなって、この感情で退屈から抜け出せる！」（……）「あなたは私のことを本当に変だと思うでしょうね」と、彼女は少し困惑してつけ加えた。

◆実存に関わる退屈

漠然として、ゆっくりと広がり、しつこくついてまわる退屈である。生きるとは？　生きて何になる？　何をするため、何の役に立つのだろう？　こうして疲労感の一つの形が慢性化する、なぜなら、あらゆることに何度も繰り返し意味を求めても、どこにも意味がないからだ。喜びは色あせ、出来事は輝きをなくし、感情までも精彩を失っている。生きる退屈だ。ギフテッドにとっては、人生はつねにキラキラ光っていなければならない。新展開があり、強い感情が共有され、激しい喜びと、興奮するほどの幸せ、素晴らしい成功……で彩られていなければならないのだ。生きていると感じられる、コントラストの強い人生が必要なのだ。人が全力で参加できる世界。心と頭と、湧きあがる欲望、好奇心いっぱいで生きる人生。目的を同じくする人たちと共有できる心が奮い立つ冒険、ギフテッドにとって唯一有効なのは、真に人道的な目的である。

◆日常的な退屈

切り込むように鋭く、厄介で、罪悪感を抱かせる退屈である。突然、前触れもなく襲われることがあまりに多い退屈。襲われやすいのは——誰かと一緒にいるとき。この退屈はもっとも手に負えない、というのも、見せかけるのに大変なエネルギーを必要とするからだ。本当に。どんな会話も面白いと思うふりをし、そこにいる人のどの人生も情熱的と思い、彼らの日常の話すべてに胸をときめかせるふりをするからだ。そして彼らの仕事や、子ども、配偶者にも興味を示さなければならない。ギフテッドはそれを一時ならできる。しかし突然、それは終わり、やめてしまうのだ。自分でも気づかず、視線はうつろになり、注意力が散漫になって、心ここにあらずの状態になる。彼らは突然立ち上がり、ときに帰ってしまうこともある。まわりは全員びっくりする、何が起きたか理解できないからだ。ときに彼らは再び会話に戻ることもできる。大きな努力を払ってだ。これはもう大変な人間喜劇、なぜなら退屈は凝縮しており、時が経つにつれ大きくなるからである。いつものように、ギフテッドは短い時間差でまた会話に戻ることはできる。しかし、ペースが遅すぎるか、話の内容がつまらなさすぎると、長く持たなくなる。それにはつねに何か新しいことが起きなければならないだろう。こうして退屈は多くの状況で忍び込むのである。

アンヌは三十六歳、教養のあるきれいな女性で、夫と二人の子どものシマウマがいる。
「恐ろしいのは、私がいつも見せかけていることです。夕食会や夜会はたえられません。ある時間がすぎると、一つのことしか頭にない、この場を去って、一人になり、この芝居じみた世界から逃げることです。私を疲れさせるのです。それでも、保証します、私はそれを誰にも気づかれないよう信じられないほど努力しているのです。そうでなくても、みなさん私に一緒にいて楽しいとよく言います。これはほかの人から見たら、確かに本当でしょう。私の努力のたまものです！　でも、私にとっては本当に難しいのです。どんなに退屈しているか！　私が人を嫌いだとかは思わないでください。逆に、私は友だちを持つことに憧れています。本当の友だち。一緒にいて心地いい人。でも私にはできないのです。それと、こう言うと少し恥ずかしいのですが、私は何をしても退屈なのです。仕事をしていないものですから、見かねた友人が、私に夢中になれる趣味を見つけるようにとよく言います。でもそこでも退屈する。本当に楽しいとは思えないのです。すぐにだいたいのことがわかった気がして、もう楽しめない。あなたはこれを普通だと思いますか?」

私はそれが普通かどうかはわからないが、しかしギフテッドの人生では典型的だと断言できる。アンヌと同じように、ギフテッドは自分を締めつけるこの退屈とたえず闘っている。退屈は人を悩ませ、衰弱させ、鬱病に近い状態にもっていく。これはしかし病気ではないが、退屈の影響を過小評価してはいけないのである。

退屈は生きている感覚を襲撃する。ギフテッドにとって、荒地のように見える人生で絶えず再出発しようとするには、大きなエネルギーが必要である。彼らはつねに自分で刺激をつくらなければならないのだ。道の途中で立ち止まったり、動けなくなったりしないためである。

◆活動過多は退屈の別の顔

もう一つのよくある反動が、活動過多である。ここでも混同してはいけないのは、同じ名前の子どもの病気である。大人の場合はむしろ過剰活動と言うべきだろう。退屈しないために、ギフテッドの大人は活動や政治参加、計画を増やしていく。同時にいくつものことをしている。それもできれば速く。決して止まらず、限度がないように見える。他人は彼らのエネルギーや仕事力、出来事に取り組む力、生きる激しさを見て感心している。しかしこれも同じことだ。この永続的な花火の下では、退屈がうろついて彼らをおどしているのだが、その不安をこのギフテッドの大人は延々と動くことで覆い隠しているのである。ただし要注意！　この大人が情熱を注いでいるのは、生産的で、興味深い活動が多く、彼らは職業的に輝かしい成功をおさめることがある。このギフテッド――人生のギフテッド？――は、退屈の毒に効く聖なる治療薬を見つけたといえるだろう。彼らの人生が一貫したペースでつながる限り、バランスは保たれる。しかしそこは慎重に、この尽きることのないエネルギーがどこからきているのかを理解しなければならない。そうでなければ突然、予想もしない障害に出合い、強すぎる感情の負荷が、この見かけのバランスをいきなりひっくり返すことがある。もしこの永続的な動きの根源に対する意味が明らかなら、ギフテッドは――ほぼ――保護される。ギフテッドなら強制的に止まった場合に備え、蓄えを用意しているはずだ。彼らならそこから引き出すことも知っているだろう。

隠しきれない忍耐力のなさ

忍耐力のなさはすぐに欠点とみなされる。判断力に欠け、間違って急ぎ、失敗に導いていくもののようだ。反対に、忍耐は美点とされて称賛される。「忍耐は安全の母」と諺も言っている。ということは、忍耐はどんな取り組みをも完全に成功するために欠かせない長所の一つということだ。しかしそうとは言い切れない！　いずれにしろ、たぶん全員には当てはまらない。おそらくギフテッドにとっては違うだろう。

なぜだろう？　忍耐力のなさは、彼らの性格の大きな特徴の一つのあらわれである――ギフテッドは「先」にいる、つまり、ある状況での彼らの分析、理解、総括が、他の全員より先に、結果にたどり着かせてしまったのだ。そして彼らが得た「答え」も、正しく、本当で、唯一のものであることも、ギフテッドは確信している。だから彼らは、他人が苦労して結果にたどり着くのを待つことになる。または違う結果でもいいが、その場合、ギフテッドはすぐに反論するだろう。そしてもし彼らのほうが間違っていたとしても、知ったことではない。彼らはこの全体を直感で素早くとらえるやり方以外では機能できないからだ。忍耐力のなさはそこから生まれている。そんなギフテッドの彼らを人はよく神経質で狭量で、柔軟性がないと思って見る。他人にはこの断定的で絶対的な機能が理解できないのだろう。彼らに対して、いつも正しいとは限らない、他人の考えも考慮すべきだ……もっと待て！　と言う。決定して言葉にする前に、反論する前に待つことだ！　と。しかし、まさにこれこそが問題なのである。ギフテッドは待つことを知らない。待つと内面が苦しくなる。これはほぼ肉体的反応だ。こんなときによく見られる行動のあらわれは――脚や足が衝動的に動く、顔がひきつる、腕や手がブルブル震える、ボールペンを握りしめる、などだ。待つことはギフテッドに本当の努力を要求する。肉体的にも精神的にもだ。意識して努力してもなかなかできないのである。待つことは自然に反しているのだ。

これはギフテッドにとっては本当に難しく、ときに生きるのが辛くなることもある。なぜなら、彼らは最初の犠牲者だからである。そして、忍耐力のなさで人望がなくなるからなおさらだ。それで彼らが苦しむのはもちろんだ。二重の苦しみ……またしても。

「僕はときどき精も根も尽き果ててしまうことがある、会議に出席すると、なぜこうも長引くのか理解できない！　みんな二十回も同じテーマに戻っている！　そんなときはイライラして、必死で抑えようとする。そのうち叫び出して、みんなにもう決めるべきだ！と言い出しそうな気がする。でも、途中で口を出そうとすると、必ず誰かが僕に、待て、そんなに急ぐな、まだこの点とあの点を検討しなければ……と言うんだ。これは耐えられない、なぜって、僕の感覚ではそんなことをしても意味がないからだ。決めて、先に進まなければならない、それだけだ。みんなまるでリスクをすべて排除したいかのようだ。だからみんな際限なく「つまらないことで議論」する。というのも、最終的にみんながたどり着くのは……僕がずっと前から着いていたところなんだ！　それと同時に、僕にとっていつも心配なのが、この過程は当然のように、最後に僕に疑いを抱かせるからだ。そんなとき僕はよくこう考える。オッケー、みんなはたぶん正しいだろう、事実を秩序立ててみようとね。でもそのときに、僕は逆の行き過ぎに陥り、全部を検証したくなる。何回もね、確認するために。これがまたみんなをもっとイラつかせることになる。だからいまは自分でコツを見つけたんだ。いずれにしろ、僕が直接に解決法を押しつけられないと感じるときは、頭で別のことを考えて、無関心を決めこんでいる。そこにいるふりをして、なんにでも賛成する。でも僕は恐ろしいほど退屈している。正直言って、もう何をしたらいいのかわからない！」

◆これがリスク――関わりから手を引く

忍耐力のなさは本当に耐え難いものである。それに付随して肉体的、精神的感覚がおかしくなるだけでなく、あらゆる非難や攻撃にさらされて、ギフテッドは最後は何も言わなくなるのである。議論せずに受け入れることで、彼は従順になり、受け身的になる。関わらなくなり、もう意見もなくなるのだ。

さらに悪いのは、最後は疑惑が勝ってしまうことだ。ギフテッドの大人は、待たなければ知ることも、決断することも、成功することもできず……もう自信も、判断能力もなくなったことを心底から納得してしまったのである。そうして彼らはすべてを投げだし、ときに非常に不利益な引きこもりに落ち込んでいく。これは人生における仕事の面でも、社会、愛情面、精神的バランスにとっても、決していいことではない。

退屈と感情……愛への過剰投資から不安定な恋愛まで

これは展開が少し難しい問題である。それでも重要なものだ。難しいのは、一般論として展開できないからである。しかし共通する傾向は見つかるので、紹介するメリットはあるだろう。これらの傾向は愛情関係で、もっと正確にいうと、愛を維持する関係によって、大きく二つに分類することができる。

◆安定して強固で揺るぎない関係を望む

「揺るぎない」カップルをつくる意志とは、将来的に人生の嵐に抵抗し、突風から身を守ることを知っており、できるということだろう。安心安全の基本的な欲求を抱く彼らは、一刻も早く安定したカップルと仲のよい家族を築けるように努めるだろう。そのことが、いつどんな瞬間も彼らの心配事になるだろう――カップルと家族が守られ、愛されていると感じるために、愛をはぐくみ、守り抜くことだろう。カップルを守るためのこの猛烈なエネルギーは、自分自身を信じたい欲求ともつながっている。それでみんなが幸せと信じられればすべてがうまくいく。というのもそれより、外部からくる未知の感情に侵入され、カップルが突然にぐらつくことが心配だからである。だから、こういうカップルはときに退屈しても、侵入される不安が気持ちを「占領」し、そこにエネルギーを動員することになる。これですでに退屈の領域には勝ったことになる！

◆つねに愛の刺激を求める

新たな心のときめき。生理学的にわかっているのは、愛の出会いは脳に強い歓びと快楽のホルモンを分泌させるということだ。また、これらの分泌作用は三年後には弱くなり、その後の愛情関係はカップルの維持に引き継がれなければならないこともわかっている。歓びのホルモンの放出は終わるのだ……なかにはこれなしではやっていけず、愛情依存症になるカップルもいる。あらゆる意味で人生を美しく輝かせる、このホルモンの放出に完全に依存するのである。この期間、カップルは化学的に守られ、自身も他人も世界もすべてが美しく見える。思考も心も我を忘れて燃えあがり、人生を最大限に受け入れる。そしてこれこそギフテッドの原動力、生きていると感じるのだ！　このようなアヴァンチュールを繰り返すことで、人生のバランスを築き、満足感は得られるのだろうか？　私はそうは思わないが、しかし退屈の吐け口になるのは確かだろう。

◆アンビバレンス

それから、どちらも望む人たちもいる。安定して守られたカップルとしてバランスを保ちつつ、「愛情的にあまりにも調整された」人生に「魅惑の逃避」をつくり出すため、一時的な感情の突風や不倫などで色づけするカップルだ。少量のアドレナリンで、危険なほどの退屈感が漂う日常をピリッと一味違ったものにするためだ。彼らはリスクを好んでいるだけで、カップルの関係を危険にしたいのでは決してなく、二人を危険なほど支配し、不安定にする感情をもてあそんでいるのである。用心、用心！

いずれの場合も、ギフテッドの愛情生活に退屈の不安はつきもので、一方は直接的に攻撃し、一方は否定しているがしかし、つねに密かにとはいえ存在しているのである。ギフテッドはそのことを知っていて、つねに少し不安を抱いている。しかし知っておいたほうがいいのは、ここでもそれによってカップルは守られ、「共存」して人生を構成することができることである。

欲望

ギフテッドの性格にこの一面があるとは、素直にいって考えにくい。それでも彼らは他人の人生を観察して密かに憧れている。その素直さ、単純な喜び、ごく当たり前の幸せを羨ましいと思っている。ギフテッドにはこれらすべてが手に届かないように見える。物事を「考える機械」なしでは評価できず、夢中で解読して分析し、検討せずにはいられない。どんなイベントや会議、集会に参加しても、周囲の感情をすべてキャッチし、言葉にならないものや見かけ、見せかけをすべて解読せずにはいられないのである。望んでのことではもちろんない。ただ、ギフテッドの機能の仕方が静かにさせてくれないのである。他人のように、人と一緒にごく自然に「小休止」することがどうしてもできないのだ。

これがギフテッドの劣等感をふくらませ、他人のほうが生き方ややり方を知っているように思えてくる。みんなありのままの自分や選択、人生に本当に自信を持っているように見える。話すときも、言っていることや考えていることに確信を抱いているようだ。

そんな彼らを、ギフテッドは片隅で嫉妬を感じながら観察している。どうしたらいいのか、本当に知りたいのだが、内心ではできるはずがないと信じている。だから、無理やり「信じてもらう」か、脱落するしかないのである。

◆考えるのを止めたい欲望

欲望にはもう一つ別の顔がある。他人はみんな与えられた説明だけでどうして満足できるのだろう？　なぜみんなまわりのことが目に入らないのだろう？　どうしてつねに考えないでいられるのだろう？　それができたら本当に気が休まるように思える。それが羨ましくて仕方がない……。

「お願いです、私の脳の一部を切断してください」と、冗談まじりに私に頼むのは若い女性、我慢の限界のようで「もう疲れてくたくたです。止めて欲しいのです。もうダメ。私の脳はつねに高速回転、ノンストップの最高出力で動いています。夜も眠れません」

さらには、重責のある役職についているこんな男性もいる。「昨夜、私は非常識なことをしてしまいました」と、彼は恥ずかしそうに語る。「バスルームに閉じこもって、妻にわからないよう緊急の精神科医に電話したのです。そのとき壁に頭を打ちつけていました。何度も何度も。自分でも馬鹿げていると思いながら、それで頭の中が止まって落ち着くだろうと思っていた。こんなことをして非常識だという意識はあるのですが、でも本当に耐えられなかった」

あなたならわかるだろう、私は誇張しているのではない。これはギフテッドから繰り返し聞かされる不満の一つである。考えるのを止める、もっと正確にいうと、思考をコントロールできるようになりたい。決断するときだけ考え、考えるのが無意味で私たちを不幸にするときは止める。オン／オフのボタンを見つけたい。思考に服従するのではなく、指示する方法を見つけたい。

「もうこんなふうには生きられない、もうできない。自分自身のことを細かく研究して推測したのは、私が社会に順応できないのはこのおぞましい知能に原因があるということだった。私を一時も静かにさせてくれず、私も知能を手なずけることができず、私を幽霊の出る陰鬱で危険で不安な城館に変え、苦悩に満ちた私の精神に取り憑いている。私が自分自身に取り憑いている。

私は考えることに精根尽き果てている、私を助けるのはきみしかいない。私の脳は一日中、一晩中、マラソンをしている、ハムスターの回し車のように回りっぱなしだ*」

他人の感情

過剰なほどの感情移入能力を備えていると、介入なしに他人の感情を感じることは難しい。ギフテッドはよく、自分のひらめきや支援、理解を役立てようとしてもできないことで辛い思いをするようだ。彼らは助けたいと思っている、というのも、他人の内面を正確に理解できるので、何をして、どうすればいいか自分にはわかると考えているからだ。それだからギフテッドの大人はよく人から打ち明け話をされるようになる、他人の気持ちの奥深くまで理解してくれそうだと思われるからだ。問題や状況、多様なパラメータを取り入れて分析する能力から、彼らの意見は貴重で、忠告も的を射たものになる。しかし、打ち明け話をされる場合、ギフテッドの大人は他人の感情をすべて吸収し、自分自身が身体で感じて苦しむことになる。他人の感情が彼ら自身の感情になるのである。そうなるとギフテッドは保護システムを強化し、バランスを保って、怒濤のような感情に流されないようにしなければならない。これは相手とは対照的な位置に自分を置くもので、ギフテッドはある距離を置いて他人と向き合い、感情に侵入されないようにすることである。ただしこれはギフテッドが他人の苦しみに無関心ということではない。その反対で、関わりすぎだと感じているのだ。他人の生き様に近くなりすぎ、相手を助けて、困難から救いだし、遠ざけられないことに無力感を感じている。だからこれ以上感じないために、感情の受容性を最大限ブロックしようとする。生き残りの一つの形……決して思いやりに欠けているのではない。

◆他人に興味がないイメージ

感情の負荷をこれ以上受け入れないために固い殻をつくるギフテッドは、他人の目にはよそよそしくて冷たく、無感情に見えることがある。愛情さえなく、生意気で、世間から浮いているようだ。自分自身に閉じこもるギフテッドは、二重に冷たい仕打ちを受ける。一つは他人の感情体験との距離を維持するために自分自身がエネルギーを動員することと、もう一つは本当

＊マルタン・パージュ、前掲書。

の自分とはあまりに遠いイメージを与えることによってである。想像すればわかると思うが、この保護システムは当てにならず、ギフテッドは引き続き感情に襲撃され、それで苦しみ続けることになる。また、彼らが味わう悲しみは他人が近づいてくれない疎外感によってさらにふくらむのである。なんという悪循環！

◆他人の人生を強く感じる

他人に対しての過剰知覚には別の側面がある。他人がその後どういう行動を取って、どう理解し、どうなるのかをはっきり感じることである。別の状況では「予知能力」とも言えるだろう。彼らの前にいる人の人生や未来について明快な確信を抱くのだ。この確信は、多様なパラメータを素早く瞬時に凝縮して明快にする分析力と、感情を強烈にとらえて意味を明快にする力から生まれるものだ。直感的な推察力である。ギフテッドは知っているのだが、しかしここでもまた、それを説明することができない。状況が安全なら、他人を導くこともできるのだが、そうでない場合は黙ってしまうのだ。説明できないことをどう説明すればいいのだろう？

「彼女を見ながら、私は考えた。『彼女もまた他人と同じようになるのだろうか？』。私は彼女の十年後を想像しようとした。（……）しかしうまくいかなかった。そのとき私はものすごく幸福な気持ちになった。その人の運命が私に予知できず、人生の道が開かれたままになっていた人に会ったのは、生まれて初めてだった*」

感覚過敏に占領される

「毎回が奇跡です（……）合唱団員が歌いだすと、突然すべてが消えます。日常の人生が歌に呑みこまれ、突然、そこに友愛と深い連帯、愛があふれているような気持ちになり、素晴らしい聖体拝領では日常の嫌なことが薄まっていく（……）

毎回、同じです。胸が締めつけられ、涙が出そうになって、懸命に抑えようとするのですが、何回か、限度がきて（……）あまりに美しく、あまりに連帯感を感じ、あまりに素晴らしい聖体拝領なのです。私はもう自分ではなくなり、ほかの人たちと一緒の崇高なものの一部になってしまって、その瞬間いつも考えるのは、なぜこれが特別な合唱のときではなく、日常の習慣にならないのでしょうって」**

感情を強く感じると、まわりで人生が振動する。すべてを知覚すると、拡大して誇張され、制御不能になる。どんな小さな細部もとらえて、感性に刻み込む。誰も存在さえ気づかず感知できないもの、意識のバリアさえ通らない、本当に意味のないものも知覚する。

そんなとき、感情や感覚はふくれあがり、人生が信じられないほどの濃密さで浮き彫りにな

*ミュリエル・バルベリ『優雅なハリネズミ』（早川書房）。
**ミュリエル・バルベリ、前掲書。

る。あまりの濃さにたえられないことが多いほど。

「ほかの人にはごく普通の状況なのに、私にとっては、金のように一万倍の価値ある状況がいくつかある」

一部のケースでは、感情の負荷があまりに強すぎ、反動が発作的になることがある。感情の大異変に襲われるのは、爆発しなければ失神してしまうとき、その力がシステムを遮断してしまうときだ。

「私の反応が極端すぎるので誰も理解してくれません」とデルフィーヌはそっけなく言う。

この表面にあらわれる反応から理解できるのは、自尊心がいかに傷つきやすく、侮辱もいかに大きく感じるかということだ。なんでもない一言、些細な仕草一つ、ごく普通の注意一つで、ギフテッドは深く傷つき、狼狽して驚き、すべてを攻撃のように感じるのである。そんなとき彼らは自分に閉じこもるか、爆発する。周囲は当惑することが非常に多い。この思いもかけない驚きの行動の内なる源泉をどう理解したらいいのだろう？　双方にとっての新たな無理解、新たな誤解、新たな孤独の告知である。

デルフィーヌが続ける。

「義理の家族と一緒にいるとき、私はいつも緊張してイライラ。みんな私には優しいふりをして、受け入れてくれますけど、でも私は嫌われているのをちゃんと感じています。みんなふりをしている。息子のためです。だから私は何を言われても過剰反応をするので、どうして私がそういう行動に出るのか、誰にもわからない。それが私への敵意をさらに大きくするのは、あなたならおわかりでしょ！　私には毎回が試練、なぜなら、本当にすべてが私をひどく傷つけるから」

感情はギフテッドの身体中いたるところに巧みに入り込む、つねに、どんな小さな隙間からも。感じられるものが何一つないようでも、ギフテッドならありえないほど多様な感情を知覚するだろう。その場で彼らは解釈し、反応する。彼らの感情の受容性は制御不可能だ。というのも、その激しい力が脳の管理回線を切断するからだ。こうしてギフテッドは感情に流されることが多く、道に迷ってしまうのである。文字通りの意味でも比喩的な意味でも。

◆逆の方向に行き、何も感じなくなる

防御の戦略か、保護対策か、一部のギフテッドは意図的に、この底なしの感情の泉を断ち切る選択をすることがある。目的は――もう感情ではなく頭で感じるためである。自分と世界のあいだに認識的な距離を置く。これを私は「認知による防御」と呼んでいる。すべてが知能のフィルターに通され、人生や他人との接触で体験することは何一つなくなる。まさに感情的自殺である！　これは精神的バランスにとって危険なら、生きる感覚にとっても、他人との関係

にとっても有毒である。結果は？　感受性が押し殺された、感情のない、冷たい性格である。

診察で、パトリスの話し方に衝撃を受けた私は、彼に言葉に温かみがないことを言う。彼は理解しない。私の説明には効果がないままである。何回か面談を重ねたある日、私は彼の話のなかに命が戻ったのを感じ、それを彼に気づかせる。そこでやっと、彼は意味をつかみ、理解する。彼の言葉に感情的な実体が戻ったのだ。言葉に新たに命が感じられるようになった。

感じることを極限まで禁止すると、身体的な影響となってあらわれることがある。封じられた感情が内面を蝕み、その結果が身体にあらわれるものとしては、繰り返される腹痛から、末梢神経の炎症まであり、医者の手に負えないケースが多い。

恐ろしいほどの孤独

最悪の孤独は内面の孤独である。周囲に人がいて、友人もいれば、人間関係もある。現実の人生では一人ではない。仕事もあり、それも面白い。それでも……内面の深い悲しみ、大きな孤独感につねに襲われている。この孤独感は自身と世界、自身と他人とのあいだにつねに感じる距離感から生まれている。自分の意思ではないのに痛みのともなうズレ、なぜなら大変な努力をしているのに、孤独を感じ続けているからだ。他人とは遠く、自分の心の奥を誰にも理解してもらえない感覚。精一杯、愛情をこめて理解しようと、近づく努力をしている人たちもいるが、すべて無駄。なぜならギフテッドは管制塔から欠点や弱さ、限界……を見抜いているからだ。彼らはそれをわざとしているわけではないが、すべてのメカニズムが分解されてしまったら、どうして本当に理解されたと感じるだろう？

孤独感は本当の家族のなかでも感じることがある。これが自身にとってもほかの家族にとっても、もっと生きづらいのはもちろんだ。そばにいる家族の場合、調子がよくない、うまくいっていないことがよくわかるからだ。たとえ愛する家族と一緒でも、孤立し、ズレているというたえがたい感情を体験するのである。

「他人といると疲れます。もちろん、努力しています。相手に話しかけ、彼らの話に興味を持っているふりをして、聞かれると答えます。社交的になろうとします。でも、それには大変な集中力とエネルギーが必要です。そして突然、自分ではほとんど気づかずに脱落する。夜会の場合、すぐに私のまわりには誰もいなくなって、一人になる。誰も私に話しかけたいと思わないのでしょう。でもそのほうが落ち着く、もう努力しなくていいんですから。でも、それで悲しくなるのも事実。なぜ？　なぜ私は他人といていい気分になれないのだろう？　なぜこんなに早く会話に退屈するのだろう？　私にはちっとも面白くないのに、他の人は一緒にいて、共有して、本当に楽しそうに見える。私はひどく孤独に感じ、まわりを苦い気持ちで観察している。怒っていると言ってもいい。私だってどんなに楽しみたいことか。私が悪いのですか？　私は本当に面白くない人間なのでしょうか？」

フロランスはこう言って話を締めくくる。意に反して孤立し、ズレさせてしまうこの機能になすすべもなく、悔しがっている。彼女はどんなに「みんなのように」なって、脇ではなく一緒にいる感覚を味わいたいことかと言う。このズレの感覚は、ギフテッドの話にはほとんどいつも出てくるものだ。そしてもっとも痛ましいのは、この感覚は昔からあるということだ。他人との関係は、子どもの頃からすでに難しかったのである。

友だちは……友だちでしかない

「僕の場合、他人との関係はとても限られている。だから僕は、自分のためにもほかの人のためにも、関係を最適化しようとしている。つまり、エネルギーを無駄にしないようにしている。なぜなら、人との関係では大きなエネルギーが必要だからだ」と語るのはエティエンヌ。意に反して社会から孤立する若者で、人間関係の問題を彼なりに分析したものだ。人間関係で想定される不安についても触れている。失望や裏切りに対するものだけでなく、この関係にありがちな一時的で表面的な特徴に対する不安である。それだから彼は、関わるときはこの大切なエネルギーを節約し、その関係がお互いにとって本当に意味があるときだけ「消費する」のだろう。

◆絶対的な愛

ギフテッドは、他人や人間関係にとことん信頼を注ぎこむ。彼らにとって友人の概念は絶対的であり、信頼は永遠に揺るぎないものである。しかしすぐに人生は逆のことを言ってくる。それによって子どもも思春期の若者も、大人も崩壊してしまう。心の友、自分を防御してくれると思っていた大切な友人が、どうして自分を裏切ることができたのだろう？　友人は心変わりでもしたのだろうか？　いやそうではない。私がここで話している裏切りは、一般の私たちが体験して傷つくようなものではなく、内面では感知できないほど軽く、当の「裏切り者」でさえ気づかないことが多いような裏切りである。相手にとっては何も問題がなく、裏切った覚えがなく、友人のギフテッドに衝撃を与えるとは思ってもいないものだ。ましてや、なぜギフテッドの友人が彼を恨んで見捨てたのかも理解できない。本当にわからないのだ。

何が起きているのだろう？　ギフテッドは傷つきやすく、本人にとっても他人にとっても生きづらく、耐えられないことばかりが起こる。ほんの小さな考えや些細な注意、曖昧に発せられた一言がきっかけで、彼らは感情的な大混乱に陥ってしまうのだ。なんでもないやり取りをしていた周囲の人間には理解できないのだが、しかし彼らは違う。そしてこの小さな失望が人生の時が経るにつれ積み重なっていく。他人との関係で永遠のものにしたかった信頼が揺るがされることが多くなり、彼らは他人と距離を置いていく。年月とともに、誰に対しても信頼を失い、警戒するようになる。すべてに、つねに。彼らは守りの姿勢になるのである。

生理学的に組み込まれた不安

脳内では、トラウマ的な経験が繰り返されると、それを刻みこんだ回路がつくられ、最後は自動的に作動するようになる。他人との関係が危険なものと知覚され、脳組織が反応することで生まれるのが不安で、これが逃避や攻撃のきっかけとなる。危険に対する脳の生理学的な反応が上回るのである。

他人はもちろんそれを感じ取り、ギフテッドのほうにはもう戻ってこない。誰かが近づこうとすると、ギフテッドは守りの姿勢に入り、距離を保ったままにする。話はするが、自分のことはいっさい話さない。話を聞いてはいるが、一方で注意深く分析している、すべてをだ。他人が言ったこと、言わないこと。他人が理解したこと、見逃したこと。その姿勢、しぐさ、声の調子、服装、座り方、割れた爪……すべてが分析スキャナーに通される。何千という付随的で微妙で小さなことが、警戒をおこたらない見張り番としての立場を強固にする。超のつく警戒心は、最後には他人の欠点や、支離滅裂さ、不誠実さをも見抜いてしまうだろう。どんなに表面的で意味のない手がかりも見逃さないだろう。しかしそのことでまた彼らは、絶望的なほど一人取り残されることになるだろう。これはギフテッドが繰り返し体験することである。しかし本人は本当は「飼い慣らされる」ことだけを願っているのだが、いっぽうで放棄されるのではないかと不安でたまらない。

「そこへキツネがあらわれた。

―（……）ぼくと一緒に遊ぼうよ。と王子さまはキツネに言いました。ぼく、本当に悲しいんだ……。

―おれ、きみとは遊べない。とキツネは言います。飼い慣らされていないからさ（……）

―飼い慣らすって、どういう意味なの？

―これはずいぶんと忘れられていることだ。とキツネが言います。「新しく関係をつくる」という意味さ。

―新しく関係をつくる？

―その通り、とキツネが言います。おれの目から見るときみは一人の男の子、そこらへんに何十万といる男の子と同じだ。だから、おれにはきみが必要じゃない。きみだって、おれのことなんか必要じゃない。おれはきみにとっては十万匹のキツネと同じなんだ。だけど、もしきみがおれを飼い慣らしたら、おれたちはお互いが必要になるだろ。きみはおれにとって世界でたった一人の人になり、おれはきみにとって世界でかけがえのないものになる……（……）

こうして王子さまはキツネを飼い慣らしました。そして別れのときが近づきました。

―ああ、とキツネが言います……おれ、泣きそうだ……。（……）

―それじゃあ、きみは何にも得しないよ！

―得したさ、とキツネが言います。（……）おれの秘密を教えよう。とても簡単だ：人は心でしか見ない。大切なことは目には見えないんだ（……）人間はこの真実を忘れてしまった、とキツネは言います。だけどきみは忘れてはいけない。きみは飼い慣らしたものにはつねに責任があることになる」*

◆フェアに……黄金律

フェアであるということは、裏切らないことである。決して。これは打ち明けられた秘密を守り、友だちをあらゆることから守り、不正に対して全身全霊で闘うことである。不正はギフテッドのアキレス腱である。ほんの少しの不正にも、反抗心が燃えあがるのだ。

不正を前に、彼らは何でもする覚悟がある。温和さは激しい怒りに変わり、優しさは猛烈な憎しみに、受け身の姿勢が抑えきれないほどの攻撃性に変わることがある。どんな不正に対しても……犠牲者が自分でも他人でも同じである。その不正をほかの誰もわかっていないときは、怒りが十倍になる。カッとして我を忘れ、どんなことでもする気になる。肉体的、精神的な危険にも手をだす覚悟がある。いずれにしろ闘いモードになる。彼らは自分のリスクや危険を見過ごすことができない。ギフテッドは見て見ぬふりをするより、つねに不正との闘いを引き受けるほうを選ぶようだ。

◆失望の繰り返し

信頼がなにより大切なとき、裏切りは側から見てもわかるほどの心の傷になる。しかしギフテッドならではのナイーヴさ、信じやすさが拍車をかけ、人間関係で辛い経験を多くしているにもかかわらず、信じて希望を抱き続けるのもギフテッドだ。新しい出会い？　希望がふくらみ、すぐに相手を見つける。それから、対照的に、耐えられないほどの失望。そのときもまた思ってもいなかったことだ。本当の揺るぎない信頼はあるのだと、それでも考えたかったのだ。これほど明晰なのに、信じられないほどの純真さ。純真さゆえに彼は途方に暮れ、立ち上がるには大変なエネルギーを要することになる。しかし、それでも懲りずにまた同じことを始めるのだ。これは本当だ！

カップルの生活でも、これと同じことが繰り返される。ギフテッドは経験から何も学ばないようだ。感情が爆発し、お互いに激しい愛を求めるとき、人は盲目になるのを知らないようだ。普通の夫婦生活の小さな例をあげよう。喧嘩が始まり、激しい言い合いになる。それぞれがその場を去り、自分の仕事に没頭する。こんなとき、ギフテッドは何に憧れるかわかるだろうか？　彼らが心の底から期待することは？　彼らが期待するのは愛情たっぷりの仲直り、そのときは熱く、激しい瞬間になるだろうと信じたいのである。しかし現実では、相手にはギフテッドのような感情移入能力がなく、精神状態も異なっている。そうして結局、大きなことは起こらずに終わるのだが、これはギフテッドにとってはつまらなく、期待はずれもいいところ。ガッカリした子どものように狼狽して、悲しくなるはずだ。ロマンティックな夢が現実にならなかったことに驚くのである。

みなさんはたぶん、私が話を誇張していると考え、これはナイーヴで人生を知らない証拠だと言うだろう。確かにそうだが、しかしギフテッドとはまさにこうなのだ。

＊アントワーヌ・ド・サン＝テグジュペリ『星の王子さま』。

ソフィーはあまりに信じやすい自分について告白する。彼女はそれが馬鹿げていることを知っているのだが、しかしそれでも同じことを繰り返し、ほぼ毎日、この夢に最後は傷つけられていると言う。「会社から帰るとき、夫にまた会えると思うと満ち足りた気分になって、いろいろと想像する……どんなことかは自分でもよく言えないけど！　でも、私を待っているのは、目も合わせずに、そっけなく「やあ」っていう言葉だけ。そこですべてが崩れ落ちる。でも私は何を期待していたのかしら？　夫がシャンパンと一緒に待っていてくれること？　週末用に飛行機のチケット二枚と、子守りのベビーシッターをつけて？　三十六本のバラの花束？　これは私の年齢――三ヶ月前からだけど、まあそれはいいとして！――言い忘れましたけど、私の夫は最高の人で、それとこれとは問題は別なの。でも、私には止められない、毎日、今日こそはたぶん……って思っている」

この「ソフィーの不幸」はもちろんありきたりだが、しかし彼女にとっては毎回、失望なのである。

問題は？　普通のことでは満足できないことである。

◆人は誰かを大切に思う……ことを知る

男性関係の難しさについて語るのはイザベルだ。恋愛を怖がる人全員と同じように、彼女もありえない経験を重ねている。私に思春期の頃からのボーイフレンドとの関係を情感たっぷりに書いてくる。彼女は彼を愛し、彼も彼女を愛している。しかしそれぞれに人生があり、地理的な距離も離れている。一時的に二人の道が交わることもあった。「そのときは放電のように、私は急に昔のように生き生きするのを感じる」。しかし人生は思い通りにいかないもの、二人はまたそれぞれの道を歩むことになる。それから二人はメールで会話をするようになる。毎日、まるで思春期の頃のままの関係でいるように。

そして、この電子メールを通しての会話はおそらく、直接会ったときの会話より特別に内的なものになるようだ。人は普通では言えないことも話して、意見を交換し、告白して、打ち明ける。直接の会話では抑えるところも抑えない。だからつねに危険である。イザベルとフィリップはとにかく時間があると連絡を取り合っている。そしてイザベルが打ち明ける。「人は誰かを大切に思うことを知るのは、もっとも重要です。肉体的な接触よりも重要かも」

子ども時代へフラッシュバック――これに関しては、子どものギフテッドでも一つの傾向を見つけることができる。子どもが学校へ行くいちばん大きな動機づけはなんだろう？　期待されていると感じることである。彼らが学校に行くことで誰かを喜ばせる。相手は誰でもいい、教師やクラスの子にとって重要な存在であることなのだ。大切なのは、人から愛されていると感じることなのだ。それだけで、子どもが朝起きて、学校へ行きたくなるには……十分なのである。しかしそれは子ども全員に言えることではないだろうか？　もちろん、確実に。ただし、ギフテッドの子どもにとっては必要不可欠、「オプション」ではないのである！

世界でのお互いの不理解

人は世界や他人を理解せず……そしてその人も理解されていない。

◆理解不能なことをどうやって理解する？

ギフテッドが求めるのは意味。まずは意味。つねに意味。ギフテッドの機能の基調となるテーマは、執拗で抑えきれない探求だ。物事の意味、それも正確で絶対的な意味を追求することである。リスクは？　すべての意味を追い求めれば、最後は不条理でナンセンスな意味になってしまうことだ。普通の良識は通用しないのだ。そんな理解不能なことをどうやって理解できるだろう？　不可能だ。そしてギフテッドは悔しがるのだが、もう何も、何一つ理解できなくなるのである。わけがわからなくなり、彼自身、自分を見失ってしまうのだ。先の先へ行くと、そこには何もない……。そして意味なしには生きられないとしたら、どうしたらいいのだろう？　無限の繰り返しをあらわすメビウスの帯のように、最初も終わりもどこかわからず、答えに行き着かないままギフテッドは質問の方向を変えて何度も繰り返すのである。

彼らが理解しようとしていることを誰が理解するだろう？

◆奇妙な思い違いから生まれる別の理解

異なる思考の落とし穴は、日常生活の多くの状況に巧みに入り込んでいる。全員に明確に見えることが理解できない、あるいは別のふうに理解すると、絶望的な結果になることがある。

家族や私的な生活では、対立や無意味な喧嘩の原因になることもある。結局は、人が同じふうに理解しなかっただけと気づいて終わることになる。友だちとの場合、不毛な口論に発展し、最後は社会から除け者にされる。他人はこの厄介な友だちとはうまくやれず、ギフテッドは聞いてもらえず、友だちの輪のなかにいても居心地悪く、つねに浮いている。そして仕事の場では、無数の失望と、ときにとりかえしのつかない誤解の温床になるのである。

「たとえば、就職の面談で、私たちの思考法は募集担当者とはまったく違うので、私たちは質問されたことを間違って理解することがある。そうなると私たちが相手に与えるイメージも歪んだものになり、結果として、希望の部署には行けないことになる」。多くを語る証言である。

◆馬鹿なイメージを与える

これは驚きだが、しかしよくあることでもある。ギフテッドの大人は他人の目からは「馬鹿」に見えることが多いのだ。発言のズレ、思考方法、他人とはつねに違う介入法、予想もしない気づき……などが、馬鹿の証拠、知能が足りないと簡単に解釈されるのだ。また、興味の欠如した人物、あるいは偏執狂のように絶対に合意しないことから我慢ならない人物と思われることもある。なんでも質問し直し、決断ごとに議論し、ほんの小さなことを話題にするからだ。

ローランは疲れ果てている。会社で物事を前進させようと虚しい努力をしている。というのも彼の分析では、現在取られている方向は正しくないと理解できるからだ。ローランは理論の上では正しい。しかし現実になるとぶつかることばかりで、一般的な考えから見ると進展が異なると思われている。誰もローランの話を聞かず、みんな彼の能力や分析力を過小評価している。ズレすぎて、受け入れてもらえないのだ。ローランは周囲から距離を置かれ、自分に対して敵意のこもった嘲笑が向けられているのを感じている。もっと悪いのは、彼の精神的な傷つきやすさや判断力不足に対して同情めいたものを感じることである。

失われた理想の世界を求めて……

理想！　子どもの頃、思春期の頃、どんなに多くの夢や計画、野望が、完ぺきな世界と理想の人生を渇望する若きギフテッドの思考のなかで構築されることだろう。さらに彼らにとってはそれは夢ではない。彼らは自分が考えていることは可能だと信じ、実行できると確信している。大人になれば……と。

◆全能と特権の感覚

「子どもの頃、私はなんでも可能だと考えていました。全部が行き詰まっているように見えたのですが、それでも私はなんでも可能だと確信していました」。これはこの揺るぎない信条がニコラを後押しし、あらゆる障壁を乗り越えさせた例である。社会的に高い地位まで昇りつめた彼は、それでもなお不可能を可能にしようと試みている。いまもなお、つねに。

この例からわかるのは、全能の感覚の力とリスクである。子どもの頃、自分たちの意思だけですべてが手に入ると考えるときに抱く感覚。自分は無敵で、危険なことは何もない。何に対しても、つねに解決法が見つけられるという感覚である。ギフテッドに怖いものは何もない、つねに解決法が見つかり、つねに危機を脱出できるという、この信念を抱くことがきわめて多い。

全能の感覚は、大人のギフテッドには鮮明に残っている。子どもっぽい部分の遺物がつねに生きているようだ。しかし、これは突然の逆風からは守ってくれず、彼らを明白な事実に引き落とし、自分は無能だと信じるようになるのである。光と影。心休まる暇のない感情のコントラストである。

◆継続する断念

世界の現実、自分そして他人の限界に直面すると、事実を認めなければならない……人生は夢に描いたものではなさそうだ、誰も想像したことを実現できない、諦めなければならない……ギフテッドにとっていちばん辛いのは、自分自身と自分の信条を放棄することだ……やればできると思っていたのは、全能と思い込んでいるときの幻想だったのだ……。
この真の理想主義者にとって、あれは夢だと判断して、仕方なく限定された人生を送るのは辛いことである。たとえ満ち足りた人生で社会的に成功し、輝かしい成功を収めていても、ギフテッドには苦い思いが残るだろう。これは自分が望んでいたものではない、自分ならできると——少なくとも多少なら——、世界を変えられると考えていたものではない。

意識過剰

意識過剰とは、意味を過剰に知覚することで、脳が外部からの情報を継続して処理する結果と定義できるだろう。ギフテッドはすべてを見て、聞き、見つけだす。もっと正確にと、細部の細部、周囲のどんな小さな欠片にも注意を傾ける。ものの色から話し相手の上半身の姿勢、部屋に漂う匂いから光の影まで、あらゆる情報が考慮されていく。ギフテッドにとってはなんでもないことが中心になり、何一つ見逃されず、すべてが脳で「処理」される。それだから、誰も気づかない要素についての考察や反応、行動が場違いで、不適切にみえ、驚かされることがある。その場にいる人はもちろん、ギフテッドもだ。

意識過剰は、ある状況や出来事を分析して理解するために取り入れる無数の情報によって、思考のリソースをこれ以上ないほど豊かにするものだ。しかしいっぽうで、意識過剰は必然的に連想のネットワークを始動させ、終わりのない問いかけが樹木状に広がっていくことにもなる。そのとき意識過剰はギフテッドを周囲から浮かせ、彼らは遠くへ、非常に遠くへ行ってしまうのである。

「一本の木のそばを通りかかると、突然、その木に私の心が引きつけられた。一連の問いかけが始まった。これは本当の木なのだろうか？　なぜここにあるのだろう？　この木は何の役に立つのだろう？　質問が次々と出てくるスピードと、その質問を止めることができないことで、その瞬間はコントロールを失って不安でいっぱいになった。

おまけに、これらの質問で頭がいっぱい、脳があちこちに引っ張られているところに、別の問いかけが加わった。なぜ私はこんな問いかけをしているのだろう？　なぜ私はほかの人のようにこの木を無視して通り過ぎることができないのだろう？　私は自分の思考に呑み込まれているような気がして、本当に苦しかった」

アリックスは女子医学生。彼女の説明によると、うるさい世間に悩まされないよう、自分で「防水加工」をするそうだ。歩くときは頭を下げ、何も耳に入れないようにし、感受性を下げるために内面の夢を活発に働かせる。家にいるときも。意識して暗がりのなかにいて何も知覚しないようにし、思考システムを休ませているそうだ。

別の例では、私が会ったカロリーヌがいる。彼女の話は、メカニズムは同じなのだが、もっと面白い。彼女は広告会社の部長である。ある日、重要な顧客の広告キャンペーンのプレゼンをしているとき、彼女は場違いな細部に目をつける。それには誰も、もちろん気づいていなかった。しばらく彼女は抑えていたのだが、しかしなんと、爆笑を止めることができず、目の前の顧客を困惑させてしまった。契約は失敗に終わるだろう……。

思考の硬直

思考が樹木状になって際限がなくなると、抑えたいという欲求が生まれてくる。あふれでないためだ。これ以上、限界を先へ先へと広げて身を危険にさらさないためだ。感情がつねに介入してくるのも思考の混乱に拍車をかける。思考の激しい乱れは不安や心配の種になる。この絶え間ない流れをどう落ち着かせたらいいのだろう？　ギフテッドにとっての出口は、制御して抑えるよう、あらゆる手を尽くして試してみることだ。その結果、機能モードが硬直して緊張し、簡潔化の方向に向かって、感情が響きあうこともなくなってくる。ここで理解しなければいけないのは、これは自分を守るためのもの、安心できる枠を作り、あふれでる思考に限界を定めるメカニズムの一つだということだ。この場合、これらのメカニズムは会話や行動においてさまざまな形を取る――一つ一つのことに絶対的な正確さと意味を求める可能性の分野を閉じる、曖昧な仮説を制限する……などだ。この機能が働く当初は、ギフテッドは力が及ばないことがままあり、独断的で傲慢な話し方になって、うぬぼれて冷たい性格に見られることがある。この仮面の裏にあるのは、心の奥の弱さや本当の自分を必死で隠そうとする、敏感で傷つきやすい性格なのである。

◆なんと言われようと正しい！

「僕にとっては」とマルクが言う。「誰が正しいかが重要。人生では必然的に二つの柱がある。正しいか、間違っているか」

ギフテッドの大半は、この二分法で機能する。それで人生が左右されるかのようだ。「真実」を見きわめなければならない、彼らにとってそれは必然的に存在するのである。

「僕たちはニュアンスがわからない障害者だ」とジェロームが強調する。

これは正しくありたい、という絶対的な欲求をうまく反映している表現だ。または少なくとも、他人が正しいことを確信しなければその視点を受け入れるわけにはいかない、ということだ。しかしまた、もし物事がこんなふうに動くのであれば他の方法はありえない、という絶対的な確信も持っている。すべては白か黒、灰色はないのである。感情もまたこの法則を逃れない。好みももちろんだ――好きか、嫌いか、それだけだ。

なぜだろう？　なぜならニュアンスがあると疑いが生まれ、すべきことの選択が困難になるからだ。ギフテッドがなんとしてでも避けたいことである。彼らは選ぶことができない。そのくせ、他人が彼らの代わりにするままにしておくこともある。これはときに欠点や性格の欠如と理解されることがある。そうではないのだが、しかし、問題が小さい場合、すべてを検討して正確に決定し、どれがいい選択かで「イライラ」するより、他人に任せるほうが簡単で、気が休まるからだ。

◆決して諦めない

しかしほかの状況では、ギフテッドは諦めない。そのときは本人にとっても、他人にとっても我慢のならない状況になる。彼らのほうは例によって、小さな議論に目をつけ、些細な欠点やわずかな隙間を狙って、ここぞとばかりに新たな展開を押しつける。彼らは正しくなければならず、最後に決定するのも彼らでなければならない。いずれにしろギフテッドは、あなたに再び質問を投げかけてくる。あなたを弱らせるためだ。自分が攻撃されていると感じ、機能を変換して攻撃的になるのだ。この場合、議論があっという間に対立から口論の展開になるのを、想像できるだろうか？　あなたなら息切れし、自分の視点を認めさせるためのエネルギーも失ってしまうだろう。あなたは議論をどう展開しようと、最初から敗者なのである。というのも、いずれにしろ重要なのは、そこで何が言われるかではなく。正しいと言われるために正しくすることなのだ。おかしいだろうか？　そうとも言い切れないのは、ここでいつものように、横柄な態度の裏に傷つきやすさがある人の場合、その不安は彼らが信じきっていることを何度も再検討することだと理解すればわかるだろう。それは物事を再度考え直すことである。そしてギフテッドにとって再び考えることは、再び不確かで不安定な迷路の道をたどることになる。ではどうしたらいいのだろう？　今度こそ再検討を諦めなさい！

◆「それを言って何の意味がある？」

これはギフテッドによく見られる特徴の一つである。何かを言うには意味がなければならない。そうでなければ、なんでもないことをなぜ話すのだろう？　となる。いずれにしろギフテッドから見ての話である。というのも一般的には、話をするということは印象を共有し、感じたことを伝え、自分のことを話し、ある状況や出来事、他人の行動……について意見を交換することである。そこに必ずしも意味はなく、いずれにしろギフテッドが待ち構える意味はない。つまり合目的性や、言葉に明快な目標があることだ。実際、ギフテッドのこの反応もまた、彼らの傷つきやすさの一つをあらわしている。彼らは言われたことが自分に対しての攻撃、あるいは自分の欠点を探してのことではないかと不安なのである。したがって彼らは守りに入っている。彼らが「それを言って何の意味がある？」で言わんとしているのは――あなたは私をなにか非難しているのだろうか？　もしそうなら、何か私が理解すべきことや、理解していなかったことがあるのだろうか？　あなたの言葉には私が理解できない意味があるのだろうか？

……これは非常に困った機能である。というのも、この質問に今度は他人が攻撃されたと感じるからである。他人にしてみれば、もしギフテッドが彼らの言ったことに意味がないと思うとしたら、それは言ったことが面白くないということで、傷ついてしまうだろう。そして双方の無理解の悪循環が始まることになる。この結果は、二人の関係によって違ってくるだろう。カップルでは、話が複雑に絡み合った喧嘩になるだろう。職場の人間関係では、上下関係のどこにギフテッドが位置するかによって違ってくる。上司の場合は相手を軽蔑したことになり、部下は上司の彼らを高飛車で人間味がないと見るだろう。友人関係では隙間ができるだろう。親子の関係では、もしそれが子どもなら、親に叱られて傷つくだろう。そしてもし親なら、子どもが親の権威を問い直すだろうと先取りして考え、居丈高な態度を取ることになるだろう。いずれの場合も、関係が悪くなりそれぞれのパートナーも苦しむことになる。

思考の断絶

樹木状の思考があふれ、何をしてどう考えていいのかわからず、感情で胸が高ぶり、頭が割れんばかりになると、ギフテッドは突然に打ち切ってしまう。急に興味を失うのだ。そしてこれはどこでも、いつでも起こりうる。例えるならブレーカーのようだ。負荷が加重になると、自動的に切断する。火事になるリスクを避けるためだ。ギフテッドの場合もこれと同じである。機能のシステムが同じように働いているのだ——負荷に耐えられない？ではストップ。これは全開の段階での突然の中断となってあらわれる。突然、意味のない細部に視線が釘づけになる、全力で動いているときに身体が固まる、あるいは逆に、議論が沸騰しているときに遠ざかる……すべてありうるのだ。この瞬間はギフテッド自身もまったくわかっていない。誰かが彼らを現実に「連れ戻して」初めて意識する。このときはそう反抗しない。この種の態度は周囲を困惑させ、即座に雰囲気が悪くなる。というのも、他人は何が起きたのかわからず、ひどく気分を害することもある。

この種の思考の中断はまた、知的、感情的な状況が中立的な、退屈の瞬間にも起こりうる。ある程度の時間、ギフテッドは現実とつながっているのだが、それにはエネルギーが必要だ。それから突然、前述したように、思考または行動によって、空白か逃避になる。

ヴィルジニーはデッキチェアに座って静かに本を読んでいる。彼女は読書に没頭しているのだが、急に動かなくなり、視線が宙を舞うようになる。彼女はどこかへ行ったのだ。遠くへ、ずっと遠くへ。

ミュリエルは激しく口論している。納得せず、彼女の視点を押しつけようとしている。いずれにしろ、彼女は自分が正しいとわかっている。話相手が「彼女をふくらませる」のだ（これは彼女の言葉）。彼女に言わせると、相手はこの問題を理解しておらず、議論は嘘ばかり。そのとき、予告もせず、すぐには自覚もなく、ミュリエルは立ち上がり、あっけに取られて怒り狂う話し相手を残したまま、遠ざかっていく。

◆点線のような人生

「空白」と「一時的な放心」、ギフテッドの日常には、すべてが動かなくなる瞬間と視線が止まったままになる瞬間が点在している。一人のときもそうだ。何かをして動いているとき、服を着ているとき、身体を洗っているとき、食事の準備をしているとき……などだ。突然中断して、動かなくなり、周囲の現実から完全に抜け出す。人生が宙に浮いてしまうのである。

この機能は脳の過剰活性化と深い関係があり、活動が激しすぎるときの保護対策によって、完全に切断するのだ。もう何も循環しなくなり、脳機能も全部かゼロになるのである。

生きる、または生きる自分を見る？

「私は完全に接続していることが一度もないような気がします。私はそこにいるのに、同時に、そんな私を見ている自分がいる。たとえば、私があなたに話しているまさにこの瞬間、私はあなたと話している自分を見ています。そして面談を分析している」

これはセシルの例だが、しかしフランソワもヴァンサンも、ポールもほかの人も……私に同じことを話している。みんな体験しているのだ。

何が起きているのだろう？　ギフテッドの思考の樹木性が、同時に多数の軸で考えるように彼らを導き、注意を分割して推敲する能力を生みだすのだ。注意の分割は、同時に多数のことへの注意が必要なとき、普通の人にも共通する能力なのだが、しかしギフテッドの場合、特異な次元をとることになる――被写界深度が深いのだ。思考が二次元から三次元に移行するのである。体験していること、おもなシーンが遠近法で、ローアングルで観察されるのだ。一つの画面をあちこち角度を変えて撮影するカメラマンのようだ。しかしここでギフテッドは監督でもある。観察して分析し、場合に応じて一部のパラメータを修正する。他人の反応を先取りし、結末を予想して、結果を推察し、意図を理解して……そして順応するのである。

なぜだろう？　つねに支配して管理する絶対的な欲望があるからだ。理解して、予想外のことに驚かされたくない欲望だ。さらに不安からでもある。不安の原因はつねに同じ、感情に流されたままになる不安、傷つきやすい自分を感じ、自分の弱さが暴かれる不安である。しかしまた、自動性によってのこともある。というのも、これは意識的な戦略ではなく、脳の活動過剰の副作用でもあるからだ。ギフテッドはこのメカニズムを利用するのだが、しかしそれで苦しんでもいる。ある状況を「全開」で生きられないのは辛いものである。どんな細部も解読するこの分析力は、休むことなく永続して働いているのだから。

◆不可能なカルペ・ディエム*

「僕の人生の大きな問題の一つは、いつも映画を観ているような印象があることです。自分が生きていることに参加していないような気持ち。そういうときがいちばん生きづらい。それから突然、世界と接触するのを感じ、そのときは陶酔して、なんでもできるような気になり、そこでまたそれ以上のことができないのでイライラしてくる」

若者といっていいオリヴィエは、自分が人生の外にいると感じる瞬間と、自分を全能に感じる瞬間、そして自分と世界の限界に欲求不満を感じて生きる瞬間のコントラストを、

*「カルペ・ディエム」は古代ローマの詩人ホラティウスの詩から抜粋したラテン語で、一般的に『いまこの瞬間を生きよ』と訳されている。

正しい言葉で表現している。

ギフテッドにとって、完全に現在の瞬間に存在し、自身の感覚や感情とシンクロし、その瞬間をシンプルに喜ぶのは、ほとんど不可能な使命（ミッション・インポッシブル）である。人が生きるいまこの状況を全面的に楽しむことを勧める、哲学の「カルペ・ディエム」は、手に届かないままである。体験する瞬間すべてに対してのギフテッドのメタ分析は、舞台の俳優として落ち着いて過ごし、その場の体験に静かに身を任せる可能性を彼らから奪っているのである。ギフテッドは俳優だけであることは決してなく、つねに観客でもあり、あるいはまた、自身の人生のコメンテーター、解説者でもあるのだ。これは疲れる人生だ、辛くもあり、欲求不満も多いだろう。

◆自己批判……自身に対する視線

将来を展望する視点は自身にも向けられる。ギフテッドが観察するのはまず自己なのである。評価して、判断し、罰することもある。ネガティヴなことが多いかもしれない。なぜなら、ギフテッドは自分をどの分野においても十分に優れて能力があるとも、競争力があるとも思っていないからだ。自分を愛し、自分を評価するのも難しい。自己イメージに傷つき、つねに自信もなく、期待を裏切るのではないかと大きな不安を抱いている……。承認と評価を探求して不安が尽きないこの大人には、心休まる時間があまりにも少ない。自身に対して、人生に対して安心できるのは、可能なのだろうか？

◆すべて先取り

これは、この機能から生まれるもう一つの結果である。

「僕はいつも自分の人生の先にいる。どうしてもいま生きている瞬間に物事を体験できない。物事が発生する前にそれが起こることがわかっている感じ。ときどき、それを待っている気がするときもある。もう知っていて、その状況がどう変化していくかもわかっていた。不思議なのは、他人がそんな考えをまったく抱いていないことだ。そんなときはよく、いやな結末になるのを避けて、回り道をするようにしている。それと、僕はなんでもネガティヴに解釈する。だから、そのときの体験を心から楽しむのが難しい。というのも、自分で悲惨なシナリオをつくるからだ。とくに女友だちと一緒のときはね」

たえず先取りし、心配が多いと生まれるのが漠然とした苦悩である。それも永続的に。これが人生の一部の喜びを台無しにし、心穏やかに生きるのを妨げることになる。すでに「あと」にいて、これから起こることを待っている状態なのだから。

アンドレアはこのことを非常に感動的に説明する。「私が期待していたのはこれじゃない！　とは滅多に思いませんね。それでも、私は本当のサプライズが大好きなんです。たとえば、誕生日がくると、どんな展開になるのか、その前にもうわかっている。それなのに、これは毎回のことなんですけど、頭のなかでイベントの細かいことまで先取りする。

プレゼントのシーンとか、私や私のまわりの人たちの反応とか……。実際にそのときになると、予想通りになったことは一度もないんですけどね」

この先取りの驚くべき結果は、日常生活のなかでも見つけることができる。マックスは就職の面談が終わる前にその場を去っている、なぜならこの面談では採用されないことがわかったからである。ヴァレリーの話によると、彼女が離婚に合意したのは、夫がそのことについて話し始めた直後だった。ピエールは、話し相手が彼の計画に興味がないことがわかると会話を変えた……そしてブリュノは、しょげて告白する。「妻とは大変です。私は彼女が話す内容が前もってわかっていても、彼女が話すままにしていなければならない。ときどき、自分でも気づかずに、その話をさえぎって、彼女が次の考えをまだ言っていないのに私が返事をすることがある！　妻は怒り狂います！」

ズレ、またもズレ……。

◆先取りに挑戦……快楽主義に走る

これは思ってもいない対応策の一つである。人生をたえず分析することに疲れはて、多くの喜びにアクセスできないギフテッドが活性化できる保護的な解決法は、快楽主義だ。これによって彼らはあれこれ「主張」せずに、感覚にどっぷり浸ることができる。楽しみのための楽しみ、それだけだ。

これに呼応するのが、ギフテッドの男性の性にまつわる話だろう。他人の期待に応えられない不安、失望させる不安、パートナーに喜びを見いだせない不安、恋愛に対する不安、自分のことを話す不安から、一部のギフテッドはお手軽な女の子との一時的な喜びに向かうのだ。金を払って、支配でき、見返りも要求されない喜びを自分に与える。これは愛からの完全な逃避であり、愛の幻想でしかない。しかし抑制的な先取りを回避するための代替案としては心体まるものである。

生理的な歓びへの過剰投資には、別の背景も見てとれる。唯一の目的は生きていると感じること。本当に、自身に、荒々しい歓びの波を感じることである。思考や分析のスキャナーによっても軽減されない激しい歓びだ。

フロランスが選んだのはバンジージャンプだ。「考える時間も、自分に問いかける時間もなく、跳ぶと突然、意味が爆発するような感覚になる。信じられないほどホッとした気持ちになれる」

もちろん快楽主義には限界があり、過剰になると人生を変質させる。一時的なものとしては戦略の一つになるが、長期的には一種の病気になるだろう。

第7章　女性の側

ギフテッドの女性でいると、わかるかしら、そう簡単ではない……。

ギフテッドの女性にはいくつかの特徴がある。まずその歩みを見てみよう。わかっているのは、子ども時代は女の子のほうが男の子より順応力が優れて大きいということだ。彼女たちは「ゲームのルール」、とくに学校の決まりを簡単に受け入れ、それに従うことができる。しかしこの順応には大変なエネルギーが使われている。戦略の一つで、自然なメカニズムではないからだ。人と違うことが、彼女たちの生き方も複雑にしているところがある。彼女たちは人の期待に合わせようと我慢しているのである。しかし、どんな代償を払っているのだろう?

負荷が重すぎ、緊張が強すぎると、難しさが思春期に突然、あらわれることがある。そしてそこでは、彼女たちを助けるのがより難しくなる。というのも苦しみはずっと以前からあり、明確な形になっているからだ。彼女たちは長いあいだいっさい表に出してこなかった。苦しみは抑えられ、根づいていたのである。

難しさが思春期でパッと燃え上がらず、答えのない問いかけを抱いたまま大人になると、いつもズレて人と違っている漠然とした感覚がつきまとっていることになる。彼女たちは一生順応して生きることはできるのだが、その間、生きづらさの理由を探し、再考し続けている。しかし答えは見つけてもごくわずか、彼女たちが本当に生きたい人生の「脇」で、なぜかわからずに生きていることが頻繁にある。ギフテッドの女性はよく一人でいるのだが、それは特異な知性が男性以上に彼女たちを孤立させるからだ。極端な感受性も自分を守ることを難しくする。そんな彼女たちを、男性や他人は怖がることがある。

「私は他人を怖がらせていると感じるのが大嫌い。とくに、私がわざとしているのではないし、自分でもわかっていないのです。よく人からは、私と初めて会ったとき、怖かったと言われます。これは意図的でもなんでもなく、私はただいつものように、自然に、私のままでいただけ！」

モニク、四十七歳もこのような状態に苦しんでいる。彼女は小さな会社を経営していて、自分が与えるイメージを管理するのに苦労している。彼女が私に言うところによると、それは想像以上に固いイメージで、彼女は人が大好きなのに、相手はそうでもないと思っている。彼女はつけ加える。「いずれにしろ、私に会う人は、すぐに私を好きになってくれるか、ずっと嫌いになるかのどちらかです」。男性との関係でも、プロセスはつねに同じだった。彼女は自分なりに人に合わせる努力をしているにもかかわらず、人を怖がらせるのだ。

現在、彼女は夫と二十年間安定したカップルでいるのだが、しかしと彼女は言う。「なぜなら、夫も私と同じように宇宙人だとわかったからです。彼もまたギフテッドだということが、ずっとあとにわかりました。でも機能の仕方は私とまったく違って、私は外交的なのですが、彼は慎重で熟慮するタイプ。それで私はよくイライラして、我慢できなくなる。というのも、夫婦を引っ張っているのは私ではないかという気がして、いつも最初に決めなければならないから。でも正直に言って、物事が社会的にうまくいき、落ち着いた立場でいられるのは、夫のおかげです。いつも花火を打ち上げていたら大変ですが、そうじゃない。彼のギフテッドとしてのあり方のおかげで、私たちは二人とも、夫婦として落ち着いて、私たちの違いを理解して生きていられると思う……お互い似ていて、信じられないほどの共犯関係です」

ギフテッドの女性は簡単におじけづかせる

世界に向ける視線、他人を分析するやり方、すべてを理解しすぎている彼女たちが発する確たる信念は、人を怖がらせるに十分だ。とくに男性、しかし女性も怖がらせる。彼女たちは居丈高で、近寄りがたく、傲慢で、自信たっぷりに見える。冷たくて、とくに感受性もなさそうに見えるが、もちろんそうではない。まったく反対である。しかし彼女たちの仮面がそれらを隠しているのである。殻が他人を寄せつけないのだが、その下の孤独感は非常に大きい。愛されたい欲望、守られていると感じたい強い気持ち、あふれる感受性と愛情の持ち主でもある彼女たちは、感情に押し流されないよう、人生のどんな瞬間も、そんな自分を完全に隠さなければならないのである。

母親がギフテッドであるとき

母親がギフテッドの場合、すべてが混ざり合い、からみ合っている。一方では、ギフテッドとして、自分の子どももそうであれば、母親として子どものありのままを理解し、順応できるだろう。ときに言葉のない対話で、直感的に、とくに内面で。しかしこの切り札はすぐに罠に変わることがある。母親にとっても子どもにとってもだ。母親にすれば、もし自分がギフテッドであることを知らなければ、自分の子どもは普通だと思える。普通というのは、彼女にとってはどの赤ん坊も自分の子どもと違いがないという意味だ。一方で、周囲の誰かに自分の赤ん坊の活発さや、好奇心、早熟度の特異性を注意されると、彼女は驚くのだが、どこが違うのかは理解できない。彼女にとって自分の赤ん坊はほかの子と同じである。事実が明らかになる本当のきっかけは、小学校に入学してからのことが多い。そのあとの出来事で、教師に呼ばれ、クラスでの勉強の仕方や、子どもの特徴が、他人に迷惑をかけるものであることが一挙に明らかになり、否定できず、認めざるをえなくなるのである。対策はわずかしかない――。

・子どものしていることは変で、奇妙で、不適応なようだ。学校側は、なぜその子がほかの子と同じようにしないのか理解できない。校則にもほかの子のように大人しく従わず、ほかの子とは違うものに興味を示し、ほかの子のように枠に入らないのはなぜなのか？　すぐに親は警告され、精神療法医めぐりが始まることになる。親は罪悪感を抱き始め、子どもと親は診断が下されるまで、何年もかかることになる。あるいはもっとも悲観的な状況は、子どもに障害があらわれても理解されないまま放っておかれ、何と呼んでいいかわからないまま出口もない鬱状態になることだ。

・もっとも好ましいケースは、子どもがクラスのリーダーとして肯定的に見られることである。理解の早さ、語彙の豊富さ、新しい知識への反応が教師に評価されるのだ。小さなギフテッドは評価を高め、学校では才能を十分に発揮するだろう。

私が話しているのは最初の段階だけだ、人生は長いのだから。最初は容易に溶け込めても、何かあればすべてひっくり返ることもある。そのことをギフテッドの母親は先取りできないだろう。とくに子どもが男の子の場合はそうだ。なぜなら彼女は、学校では同じようにはやってこなかったからだ。女の子として、彼女はつねに男の子のギフテッドより優れて順応する能力を発達させていた。学校制度の規則を受け入れ、成績もよかった。ときに非常に優秀だった。彼女は「共存」できたのだ。楽しくもなく、すべてを理解していなくても、彼女は親から期待されていることはきちんと理解していた。成績がよければ親は彼女を誇りに思うということだ。彼女にとって学校での成功は日常となり、この成功で彼女は親の愛と、周囲からの敬意を確認していた。違うのは、彼女はこの成功を執拗に求めていたのではなく、ただ安心のためだった。それで十分だった。

ところがこの問題だらけで成績もよくない男の子を前に、このギフテッドの母親は何一つ理解できないでいる。目標はすべて失った。子どもが立ち直るのを助けようとするのだが、何をしてもうまくいかない。彼女の過去のやり方や秘策は何一つうまくいかないようだ。そうして彼女はパニックになり、どうしたらいいのかわからなくなる。唯一責任があるのは、それは自分だと彼女は考える。自分は悪い母親なのだと決めつける。子育てに失敗したのだと、自責の念にかられる。途方にくれた母親は助けを求めることになるのだが、しかしあまりに多いのが、精神療法医が彼女の罪悪感をさらに強め、そして――恐ろしいことに！――母親自身にも治療に来るようにと勧めることだ！　もし子どもが悪いとしたら、母親が悪いのは当然だ。もし母親がよくなれば、子どももよくなるだろう。これが心理学の古風で偉大な教訓が望んでいることだ。そして残念なことに、この考えがまだ私たちの国でまかり通っているのである……。振り出しに逆戻り、今度は母子二人が悪くなる。しかも非常に悪くなる。そしてもしここで父親や周囲、プロがブロックしなければ、母親と子どもは言葉では表現できないほどの鬱状態に落ち込んでいくのである。

お母さんたち、負けないで！　そう、あなたの子どもはあなたと同じ！　あなたを必要としている！　あなたならより添っていける！　ただし、一つの条件だけは守って――あなたの子どももあなたと同じように特異だということを理解し、受け入れることだ。そのときあなたは子どもと一緒に道を歩み、子どもの手を取って、あなたとともに美しい人生へ連れていける。大自信を持つことだ、あなたならできる、あなたにはそれができる力がすべて備わっている。大切なことは、あなたが理解する子どものいちばん近くにいることだ。正しいのはあなた。もしあなたの意見があなたのまわりの人、とくに学校や精神療法医と違っていても、あなたの子どもが欲することをいちばんよく知っているのは、あなただということを忘れてはいけない。負けてはいけない、抵抗して、まっしぐらに突っ走ることだ。こけおどしを叫ぶような人たちから影響されてはいけない、それはあなたを怯えさせ、あなたの信条を疑わせるためだ。あなたが不安なのはわかっている。間違えて、失敗して、選択を誤るのではないかと、大きな不安を抱いているのは知っている。不安を抱くのは当たり前、しかしあなたはそれを使ってあなたの大きな力を結集しなければならない。子育てでは、ゼロ・リスクは存在しないことを忘れないようにしよう。子どものためにどんな選択をしても、リスクは必ずある。だから決断をする前に、重要なのはそのリスクの「重み」を評価することだ。そして秤は必ずしも想定したほうへは傾かない……。これは一人の母親の人生において、最終的な決断がかかってくる瞬間でもある。そしてまた、責任を負うのも母親の役割だ。心穏やかに、失敗はつきものとわきまえることだ。ギフテッドのための選択は、子どもを前にしたギフテッドの母親にとっては一つの試練、耐えがたい苦痛でもある。わかっている、しかしあなたなら不安を味方にできるだろう。やればわかる、すべてが変わる！

ギフテッドの女性は必死に男性を探す

「ある日、母が私に言いました。「あなたは小さい頃から才能に恵まれ、頭がよかったけれど、そのことであなたは問題しか起こさなかった」……」

これはあるギフテッドの大人からの匿名のメッセージだ。彼女が幸せになれないのは「それ」が原因なのかと自問しているのである。

ギフテッドの女性は大きなジレンマにもてあそばれている。まだ何か問題がある？ と言われそうだが、これは恋愛関係での話である――人は女性であると同時に知性的でいられるのだろうか？ 下手をするとブスで魅力なしの女性になるのではないだろうか？ 金髪女性について言われること――たとえばよく言われる、美人はおつむが弱くて、その逆もしかり、というような。なぜこう言われるのだろう？ なぜなら知能は人を怖がらせるからである。とくに男性を、その男性が非常に知的であっても怖がらせる。なぜなら、知能と自分や他人に向ける批判精神は一体で、つねに何かを質問するからである。知能の高すぎる女性といると、男性は自分がふさわしくないのではないか、弱点が暴かれ、傷つきやすさが見抜かれるのではないかと不安を抱く。そしてこのチャレンジを受け入れる男性が少ないのは、彼ら自身も自信がないからだ。この二十一世紀になってもなお、現代的な男性といえども自分は強いと感じたいと思っている。自分が上に立ち、家族を守り、ある程度先にいたいと思っている。なにもあなたを馬鹿にし、先史時代を懐かしんでいるのではない。ただ単に、彼も不安だからである、恐ろしいほど不安なのだ。

したがってギフテッドの女性にとっての挑戦はこうなる。優しく、従順で大人しいという、従来の役割分担から抜け出し、そのままで男性にとって「魅力的」になることだ。自分のままでいながら魅力を保ち、誘惑しようとする男性に逃げられないことだ。これはそう簡単ではない、男性はすぐに逃げるからだ。彼女のことを夢中で愛している男性でも、こんな女性を前にしたら自分の方向性を見失ってしまうのだ。そして仮に二人が結ばれたとしたら、彼は彼女を自分の枠の中に入れ、管理して安心しようとするだろう。

ここに難点が一つ加わる。女性もまた非常に不安だということだ。なぜなら例によって彼女はギフテッドだからである。当然、彼女は自分を疑い、自分の価値や利点、身体つきや、話の内容を疑っている。彼女は自分をあまりに小さく、無能で、馬鹿だと感じている。もちろん誤解である！

そのうえ感覚過敏とくれば、あんまりだ！ 彼女はなんでも、一時の些細な感情でも強く感じとってしまうのだ。そのとき、あふれる感情を整理して、手なずけ、のみ込まれて流されないように努力する。それがよそよそしくて冷たく、感受性に欠けていると理解される。ひどすぎる！ しかし、こういう状況はきわめて多いのである。

「私の頭がいい？ ご冗談を！」

これもよく聞く言葉である。診断書を返却するときの定番フレーズだ。自分を頭がいいと考えるのは、女性のほうが男性より難しいようだ。彼女にとってはほとんど詐欺、自分でもわけがわからないようだ。

もっとも驚くのは、ギフテッドと診断された子どもの母親と話すときだ。よく聞かされるのが「まあ、これは私から受け継いだものではありません！　絶対に夫からです！」。ギフテッドの女性の治療は、すべての作業が長くデリケートなものになる。より添って、彼女自身と本当の彼女に再び自信を持たせ、再び適合させる治療である。彼女たちの抵抗はものすごい。知能が高いことの問題、そこから推測されるすべてのイメージ、発生するすべての質問が、彼女たちを信じられないほどおびえさせるのである。本当に男性以上だ。励ましと忍耐、そして、彼女たちが自分の本当のアイデンティティを見出して受け入れるときの驚嘆！　彼女にとって、彼女の人生にとって、控えめながらこの変身を観察する治療医にとっても驚きだ。というのも、それはまさに変身、内面の変身が外面にほとばしり出るのである。身体的にも、年齢に関係なく、顔つきが変わるのがわかる。以前より晴れ晴れとしてオープンになり、よく笑うようになる。内面の美しさが外面の領域を取り戻すのだ。これは見ていて非常に嬉しいことである。本当に嬉しいことだ。全員がそれに気づき、このポジティヴな若返りがまさに触媒のように働き、自己イメージが増幅され、強化されるのである。

この女性と知能の関係から予想もしなかったことが起こる。テストを受ける女性が非常に少ないのである。ギフテッドという考えが頭をかすめもしないのに、なぜ診断を受けなければならないのだろう？　というわけだ。しかしギフテッドの女性を見ていると、彼女たちは本当に何度も考えに考え、自分や世界について質問し、心の奥ではつねに理解不能なズレを強く感じている。ただ、言葉にしないだけなのだ。

小さな——しかし重要な——個人的確信

この本を書くにあたり、私はこの数年間に受け取ったメールをすべて読み直してみた。衝撃的な証言が多く、助けを求めるものや、深い苦悩の話、解決不可能な問題などが書かれている、手紙は長いものが多く、詳細で、真摯で、事実そのものである。驚くのは、四通に三通が……女性からということだ。男性の羞恥心、あるいは女性の誠実さと正直さ？　この二つが多少関係しているのは確かだろう。しかしもう一つある。子どもの心理学的診察では、男の子の患者のほうが多いのである。彼らの障害はより人騒がせで、まわりに迷惑をかけるのだ。彼らのほうが周囲をより心配させるのに対し、女の子は黙って順応し、多くのことを諦めて犠牲を払っている。喜んでもらうため、親や教師の期待に合わせ、愛してもらうためである。しかし、大人になったら、誰が診察に来るだろう？　誰が質問を受け入れてくれるだろう？　誰が、簡単なことでも質問し、自分の人生について深く考えてくれるだろう？　誰が心を開き、心の奥深くの傷を話してくれるだろう？　もちろん、女性である。精神療法医が治療するおもな大人の患者は、彼女たちなのである！

第8章　カップル……似た者同士が一緒になる？

ギフテッドの友人でいちばん多いのは……ギフテッド！　そうなのだ、休み時間の校庭で、磁石に引きつけられたように集まっている子どもたちのようである。仲のよい子どものそれぞれの親がビックリするのは、子どもたちが二人ともギフテッドだとわかったときだ。これは性格でみられる傾向で、人は同じシステムで機能する誰かに惹かれ、それから愛情関係になるのである。だからといって二人は同じということではなく、お互い内的に理解しあえるということだ。相手の人生や、世界に対する受容性、黙っていても理解できることを強く感じ、自分の家にいるように落ち着いた気持ちになる。

「不思議な親近感」が二人を近づかせる……。

「ダヴィッドと会ったとき、私はデジャヴュに感じました……」と思い出すのはイングリッドだ。「突然、魔法のように、私は自分の感受性や、物事や人々への知覚をもう隠さなくていいと思った。彼はごく普通に私を理解してくれました。私のほうは、彼をずっと前から知っているような気持ちでした。まるでそれが本当のことであるかのように。これには本当に心が休まりました！」

そしてカップルは？

これに関しての研究は存在せず、臨床的な実践で、ギフテッドのカップルにも「同じ」化学反応が機能していることを確認しているだけである。言ってみれば他の人と同じ。人は私たちの表面だけでなく、ありのままを理解し愛してくれそうだとピンとくる誰かに惹かれる。この人なら、社会的に順応した私たちの行動や、認知された成功、さらには自衛のために身につけた恋愛術にもかかわらず、私たちが隠そうとしていることを知覚し、私たちの性格の豊かさも見抜くだろうと想像するのだ。この表向きの仮面としては、ユーモア、からかい、当意即妙の受け答え、外向的な性格などが明白な印となる。これらは専門家だけでなく、お互いに認めるギフテッドの目にも見えるものだ。

しかしまた、暗い性格も見つけることができる。内向的で、ぶつぶつ不満や文句が多く、つねに世界はうまくいかず、誰も何一つ理解していないと確信している人物だ。物静かだが、しかし世界に辛辣な視線を投げかけている。これらの性格を選ぶのは、自分自身も世界の複雑さにおびえ、この人生に不安を抱いている人たちだ。たいていの人には簡単そうに見える人生が、彼らにとっては一歩一歩が試練なのである。

この二つの両極端のあいだには、あらゆる組み合わせがある。非常に創造的で外向的な人は、自分の行動を精神的に意味づけ、自分の知能を世界に通用するやり方で整理誘導できるギフテッドに惹かれる。不安や感覚過敏な人は、自分の精神的バランスのために欠かせない、しっかりと順応して、カリスマ性のあるギフテッドを探す。そしてしっかりタイプのギフテッドは、頼りないギフテッドと一緒になることで、自身のリーダー的な性格を正当化し、再認識するのである。

確実なのは、私たち専門医は縞模様が重なるか補い合うシマウマのカップルにたくさん会っているということだ。どうしてわかるのか？　私たちが一人の大人に出会い、診断から治療に入ると、夫婦間の質問がすぐに出てくる。患者は、男性でも女性でも、配偶者について考えるのである。肯定的にも、否定的にも。

サラはギフテッドの大人の女性で四十歳。最近になって診察を受け入れ、ついに、彼女が夫を選んだ理由はただ一つ、彼が逃げたからだと認めている。彼は唯一彼女に抵抗した男性で、彼女は彼を説得するためにあらゆる手を使って誘惑した。こうして彼女は、最終的には自分の意に反して未来の夫に感情移入することで、この偉業をなしとげた。彼が感じていたこと、彼女に期待していたことを感じ取り、この男性を喜ばせるイメージに合わせて個性をつくりあげたのだ。この場合は、優しくて美しく、従順で仕事をしないブロンド女性だ。夫は職業柄、彼女を同伴していくことの多い夜会で、妻を見せびらかすように自慢することができた。サラは、自分の計画に合わせ、実際に大成功して、夫は間接的にその恩恵によくしている。それから、家庭の事情で進学できなかったサラは、ギフテッドなら当然なのだが、本物のコンプレックスを抱くようになった。自分を心底馬鹿で、頭が悪いと考え、他人といてすぐに退屈するのはそのせいだと考えたのだ。本気でそう思ったのは、彼女が何も理解していなかったからだ！

診察をきっかけに自分がギフテッドであることを意識できたサラは、ヴェールが裂かれたように、突然理解した。「それほど頭がよくなかった」のは夫で、おまけに、彼は彼女のことを何も考慮していなかった。自己中心的で、「お飾り的な」（これはサラが自分で言った言葉だ）妻の欲望に無関心なこの男性は、何の面白みもない人生を送り、性的な対象となる女性を成功に必要な社会的背景として取り入れていたのだった。これは診察で直面する難しさの一つで、過去の決断を再検討するきっかけにもなる。おかげでサラは、このおそろしいほどの軽蔑は自己に対する自信が決定的に欠けていることが原因で、それによって自分の知能が抑圧されているのを理解した。彼女は守られたいと望み、そして、自分の知能の欠如が夫の成功と堂々たる風采で隠されるよう全力を尽くし……夫に献身的に尽くしたのだった。サラはまだケアを継続中で、私にはこの話の結末がまだ見えない……。予想は暗い、というのもサラは現在、夫に光を当てて見ているのだが、見えることを好ましく思えないからだ。とくに夫は、妻が充実を求めて個人的な道を見つけたい欲望を表に出せるようになったこと、自分のために別のことをしたい欲望を持てること、知的で感受性があり、教養のある女性になれることを受け入れることができない。サラはそれでも夫に少しでも理解してもらおうと頑張っている。しかし彼は聞く耳を持たず、突然、妻と競争するつもりでいる。彼は妻が自分より才能があり、知識も自分以上で、理解力も彼より適切であるという考えが我慢できない。そうしていま、彼のほうが不安を抱き、攻撃的になっている。自分のほうが下だと感じるこの危険から身を守ろうとしているのだ。不可能を試すサラにとって、そんなことは重要ではない。彼女は、どうしたら別の考え方ができるか、夫に説明しているところである……。

自分がギフテッドであることを知るか知らないか……カップルにとっての危険または恩恵？

サラの話は、診断やパートナーのどちらかの治療で当初の誤解が解明され、ここまでの関係になったメカニズムを明らかにできる象徴的なケースである。そのときカップルは再考しなければならなくなる。

ほかの状況でよく見られるのは、患者がパートナーもまたギフテッドだと理解するケースだ。そして自分をよく理解することで、相手もよく理解するようになる。自分自身について勉強することで、相手の性格をオープンにさせる鍵を手にするのである。その場合、関係はより強化され、とくにお互いの補足的な部分を活かせるようになる。ギフテッドの二人は本当に同じであると同時に違っているところがあり、この両極端による展望で、お互いにとって達成すべき新しい道が開かれることになる。よく、これでカップルの治療は終わるのだが、しかしもっとも多いのは、患者自身が容易にパートナーの治療医になるケースだ。なかにはまた、数回の面談だけで縺（もつ）れをほぐせる強行策を始めたとき、患者が次からカップルで参加して、診断を元にした作業が治療医とともに軌道に乗ることもある。これは全員にとって非常に嬉しいことである！

私の視点

ギフテッドであると「知る」ことによって変わるのは、現在の私たちの人生を支えているいくつかのメカニズムを、知識に基づいた明晰な視点で理解できるようになるということである。私たちを仕事や個人、家族や愛情……での決断に至らせたメカニズムを「知る」ことで、十分な手段を手にして新しい力を取得することになるのだ。それも非常に大きな力である。そうしてこの新しい理解によって、私たちは知識と事実に基づいた選択をすることができる。これらの選択のなかには、現在の生活を再び選び直すというのもある。これはカップルの将来にとって非常に豊かで、約束に満ちた推進力の一つである。

私たちが分析するのは……私はあなたを愛していた、あなたを選んだのはこうこうこういう理由だったことが、現在理解できる。いま私はあなたと生きることを決める。明白で暗黙に理解できる理由が無数にあり、それらが人生や新しいコミュニケーション、豊かになったこのカップルの中心になるのである。関係を「再訪問」したことで深く結ばれ、心の底から成熟して（大人になったと言うべきだろうか？）、二人はこれからの人生を新たに組み立てていくこともできるのだ。

ギフテッド＋ギフテッド＝幸せなカップル？ それとも安心が保証された孤立？

これはそう単純ではない！　すべてはそれぞれの個性、体験、各自の歴史に左右されるからだ。夫婦の形は二人が自分たちの特異なところを簡単に知るか、途中で発見するかによって、違うふうに構築されるだろう。最初に気づいたのは誰か、それはいつのことだったのかによって、カップルに対する影響もまた同じではない。あなたにもわかるように、多くのパラメータが介入する。それでも、私たちがすべてのカップルに言ってきたように、機能の類似点は強みでもある。コミュニケーションの循環をよくし、お互いの理解を助けるものになる。これには異論の余地がないだろう。

◆孤立？

これは孤立ではなく、カップルが静かな小島のように一緒に安心して生きることである。自分に立ち戻り、言葉がなくてもコミュニケーションができて理解し合い、お互いのバランスを強化できることである。カップルの内面の自己イメージが強固になり、外部や他人、世界に対してより強くなることができる。ギフテッドのカップルは世界に適応できないという考えは、現実とは合っていない。カップルはここで生きるうえでの強固な基地となり、そこから心静かに離れ、力を取り戻すために帰ってくることができるのである。

マルクとカロリーヌは結婚して十三年、次のように証言する。「私たちが二人ともギフテッドだとわかった、というより理解したのは、長女に問題が起きて診断を受けたときです。ほかの子どもたちもテストを受け、それで私たちにも子どもたちに見られる特異な性格があると実感したので、一大決心をして夫婦でテストを受けたのです。それまでの私たちは、ほかのカップルと違っているなど気づいていませんでした、なぜなら、まさに……私たちは同じだったからです。私たちにとっては、私たちの特別なところは『普通』でした、ほかにモデルがいなかった！　この診断で明らかになったことを元に、私たちは出会いからの人生を読み直し、それまで見逃していた側面も理解しました。おかげで私たちの内面が強化され、お互いの理解を深めることができました。現在、私たちは以前より強く、より準備を整えて子どもたちにより添っています」

第9章　そしてうまくいっている人たちは？

　さてここは書いていて気持ちのいい章である。

　確かに私は違いについてずいぶんと強調してきた。しかしこれは避けて通れないことだと思っている。もし目的が、これら普通ではない個性の人たちに対する見方を変え、機能の特異性をすべて受け入れる必要性を認めてもらうことだとしたら、まずは彼らが何者で、どこがどう違っているのかをよく理解する必要がある。それが、彼らがよりよく生きて順応するのを助ける唯一の可能性である。それが、彼らの多くがいまなお対象になっている誤ったイメージを修正する唯一の可能性である。しかし、もし私たちがギフテッドの性格の弱点に多く言及してきたとしたら、今度はうまくいっているギフテッドの歩みに光を当ててもいいだろう。そして、一部のギフテッドがどのように強固で安定した彼ら自身のイメージを築き、気持ちのいい人生を組み立てられたのを理解してみるのもいいだろう。

　もちろん私たちは、これら快適に生きるギフテッドたちをあまり知らない。人生に満足し、取り組んだことを簡単に成功する彼らは、診断を受けないからだ。いまのところ私たちがよく知っているのは、自信を持って成長する子どもたちと、充実した人生を送っている思春期の若者たちである。彼らは確実に存在し、本当に魅力的な性格と、驚くほどの生きる力にあふれている。人生の成功も手の届くところにある。経験から明らかなのは、彼らの歩みのなかにいろいろな傾向や柱となるものが見つかることで、これらを知っておくことが本当に重要だということだ。子どもにより添う親にとって、そして大人にとって、そこに自分の過去の痕跡を見つけることができるだろう。

幸せな大人になる子どものギフテッドの歩み

これから私が書くことは少し滑稽かもしれない。必然的に誇張され、ありそうもない話である。言ってみれば机上の仮説、本当の人生ではない。そうなることはありえず、そうなるべきではないという話だ。決して期待してはいけないのは、完全な親になることだ。これは子どもにとってきわめて病的だ。その代わり最善を尽くして、子どものありのままに応じて、その子にとっていちばんいいと考えることをしなければならない。間違いもあれば、失敗もあるだろうが、そのほうがいい。そうやって個性は構築されるからだ。非現実的で過保護な世界ではいけないのである。

この想像上の歩みで、私が願っているのは、軸となる需要なポイントを浮き彫りにすることである。力の場の様子をあらわす曲線だ。この小さなシマウマが強くなって自信を持ち、一人で厳しい弱肉強食の世界に立ち向かえるために必要なものである。それはこれから紹介するが、結局は十分にシンプルである。たくさんの良識と、とるに足らないように見えるポイントに特別の注意を払えばいいだけである。ギフテッドにとってはそれが重要なのだから。

◆ギフテッドの困難な道のりと、より解放された道を見つけるための一覧表……

これはさまざまな傾向を評価する一覧表で、網羅的ではないが偏ってもいないものだ。簡単なメモのような表で、いくつかのメカニズムのなかでもっとも頻繁に見られ、自己評価にもっともダメージを与えるポイントを抜き出したものである。しかしまたこの表では、新しい展望が開けるいくつかの鍵が見つけられるだろう。

子ども時代に起こりえること	自己構築に与える影響	大人になったときの結果	どのように修正するか	何を期待するか
―学校での長期的な難しさ	―理解できない感覚 ―将来への不安 ―自己イメージの重要な障害	―仕事選びの方向づけでの失敗 ―人生への不満 ―不完全な感情 ―同時につねに他人より頭が悪いという確信	―自分の思考と知能を再び飼いならす ―異なる知能は無能と思われがちなことを理解する ―この知能の形は比類ない宝であることを受け入れる	―知能が与えてくれた可能性に基づいて人生の流れを取り戻す ―職業の選択を修正するか方向を変える ―知能的であることの喜びを取り戻す

子ども時代に起こりえること	自己構築に与える影響	大人になったときの結果	どのように修正するか	何を期待するか
―無理解を繰り返す（理解しないことと、理解されないこと）	―ズレ、違い、奇妙さの感覚をつねに抱く ―溶け込む試みを何度かするのだが、失敗することが多く、受け入れてもらえない確信を強める ―心の奥で抱く違いの感覚がアイデンティティを凹ませ動揺させる	―順応できずに騒動を起こす ―深く失望する瞬間が生きる躍動の障壁となる ―自分しか頼りにできない確信 ―退屈、さらには生きる苦悩	―このズレのなかから他人には手の届かない力を汲みとる ―ズレによる距離のおかげで創造的で新しい理解にアクセスできる	―世界に対する理解を豊かにし、そこから自分や他人、環境のために多くの利益を引きだす ―しかしまたそれを自身の専門的な活動や家族関係にも活かす ―違うこと、違って理解すること、違うふうに感じることは、実行する力と比類のない影響力のある個性をつくる
―周囲の過剰な期待	―自分の傷つきやすさと、期待にそう成功ができない不安を隠すため、過剰なほど自己中心的になる ―知的な作業すべてに対し極度に不安になる	―強制された成功の裏に偽りの自己がある性格で息切れしている、または不安なほどの抑制が前進を妨げる	―自己イメージのバランスを考え直す― ―力だけでなく限界も考え、それらを受け入れる	―自分の人生で評価することや、改善したいことで正しい立ち位置を見つける。人生の活力を取り戻し、自分には合わない強制的な成功に固定されずに進む

	―自己構築で彷徨う			ことができる（これは成功を邪魔するものではない、もちろん！）
―不正感を抱くことが繰り返される	―他人のなかで信頼を失う ―世間の無理解 ―内面の孤独感	―他人に対して防御の姿勢になる ―自己中心的または身勝手な利他主義 ―機能の硬直	―難しい。なぜなら不正は現実だから。それよりは受け入れ、可能なときは闘う	―他人や世界にオープンになり、不正が闘いの原因にふさわしい人たちと可能性を共有する
―社会的追放（他人からの拒否）	―アイデンティティを構築する過程での困難 ―違いを理解できない感情とともに一人で構築する ―他人への不安と、他人と一緒にいる不安 ―孤独感 ―愛されることがないという確信	―社会的な孤立 ―人間関係を築く難しさ ―他人への不安、極端な社会恐怖症	―自分の力と限界を知ったうえで自分自身を評価することを学び、他人との関係を生きやすくする ―他人との関係を試みる訓練をし、人は生き延びるだけでなく、そこで喜びを得て……共有できることを理解する	―重荷だった社会的義務から解放され、他人との関係が本物になる ―なんでも自由に共有できる本当の友だちを持てる可能性

子ども時代に起こりえること	自己構築に与える影響	大人になったときの結果	どのように修正するか	何を期待するか
—抑圧された感受性 —欲求不満の感情	—硬直した防御のメカニズムが、たえず感情を抑えようとする —自分のルーツを見失う	—個性を殺す —冷たく、人間関係で距離を置く、尊大さらには横柄な性格 —不条理なほどの知的表現、すべてを分析し、何事も真摯で自然な方法で体験できない	—自身の感情源を再び見つけ、それを不安を抱かずに機能に再び取り入れる —自身の感情の豊かさと、それらが私たちのバランスと幸せにもたらすことを理解する	—より柔軟で、フレキシブルで温かみのある性格 —自身や他人の役に立つ感受性 —創造性、想像力だけでなく、感情移入も取り戻し、周囲と誠実で温かい関係を見いだす —豊かな恋愛関係
—さまざまな屈辱感	—自分と精神の傷 —自尊心が過剰に傷つき、アイデンティティの感覚が弱まる —自己イメージへの痛みをともなう攻撃、内面で拒否された確信	—制御できない攻撃性 —証明し、証明される欲求 —生きるエネルギー	—言われたことと、解釈したことを区別する。傷つきやすい自尊心は愛されていない不安がかき立てることを理解する。体験したことは事実ではないことも。	—さまざまなケースを考慮する能力、他人と自分の限界を受け入れ、社会的な関係を強化して、生きている瞬間を十分に評価する —自分自身の傷つきやすさを笑うことで非常に好感の持てる人物になる

—すべてを鋭い知能のふるいにかけ、つねに分析する	—何一つ逃さない輝かしすぎる人生に対する不安 —感情的に管理できることの先を理解する不安 —理解するのは自分一人で、どうしていいかわからない不安 —自己認知力を危険なほど妨害する漠然とした苦しみ	—性格の冷たさ —他人との関係での距離 —人間関係において真摯さが欠けている —分裂した個性	—自身の感情源に再び接続し、自己に近づく —感情を破壊的な激流にせず、思考の力として取り入れる	—知能を認識と愛情の二重の入り口で使うことで幸せになる —知能的な人は人生の大きな可能性への扉を開き、喜びを共有することができる

◆避けて通れない挑戦……自尊心

すべては自己イメージにつながっている。これは基点である。ほかのすべての要素を決定づける、もっとも重要なメッセージでもある。肯定的な自己イメージを持つとすべてが可能になり、対して自己イメージが傷ついたときや、自信が失われたとき、さらには自尊心に障害が発生したときはすべてがより難しくなるのである。

1．揺るぎない自己イメージのために好ましい環境

揺るぎない自己イメージと自信を持って成長するには、前提として好ましい環境が必要だ。「壊れやすい力」とも言われている、この性格の特異性を理解して受け入れる愛情に

満ちた環境だ。それはその子の価値を認め、褒めて、励ますことの重要性をつかんだ家庭環境である。若いギフテッドに必要なのは愛する人たちの視線に誇りを感じることで、それが彼らが発達するうえでの驚くべき糧になる。子どものギフテッドは安心できる言葉、私に言わせると愛をたくさん「注がれる」ことが必要だ、なぜなら、何度も言うように、彼らの世界に対する明晰さは、つねにときに痛みをともなう自己批判と対になっているからだ。ギフテッドは、自身の欠点や限界を認識していることから、思いあがることは決してない。もし彼らがうぬぼれで、気取っているように見えたら、それは自分の傷つきやすさから自分を守ろうとしているからだ。これを決して忘れてはいけない。子どものギフテッドは理性や知能で機能する前に、まず心、感情で機能する。子どものギフテッドが自分自身と快適でいられるよう助けることができるのは愛情によってであり、そうしなければいけない。これがおもな鍵である。

2. 安定した感情の重要性

こういう子どもにはどんなときも安定した感情で接することが必要だ。ギフテッドは他人の不安や心の傷をすぐに心配する。自分のこととしてとらえ、周囲を安心させようとする。だから家族が安定してバランスが取れているほど、彼らの自己愛や個性は発達しやすくなる。これは頻繁に見られることだが、感情的な受容性や感情移入が過剰な子どものギフテッドは、感情的な環境が荒れているとほかの子より苦しむ。すべての子どもに当てはまることは、例によって、彼らにはもっと当てはまるのである。

3. 本当に理解される

ありのままを理解され、特異性を受け入れられることである。そのためにはつねに積極的な働きかけと、注意深く聞くこと、調整が求められる。これは自発的に物事を見て、理解するやり方に囚われている者にとっては、簡単なことではない。他人に受け入れてもらうには「努力」が必要になる。自分のやり方で反応しないことが求められる。他人に受け入れてもらうということは、違う人になれということなのだ、本当の意味で。

4. 子どもの手を取って……

人は一人では成長できない。ありのままを十分に表現し、他人や仲間と一緒に生きていると実感し、満足できる人生の道を自分で切り開くには、絶対的に他者が必要だ。他人、案内人。私たち自身の道により添ってくれた誰かに出会うことが重要なのである。誰かとは、私たちを本当に理解し、私たちの持つ力（知能だけではない）を働かせて才能に変えようとしてくれた人である。しかしそれは子どもを「駆り立て」たり、「プレッシャー」を与えることではない、そんなことをしたら逆効果になるだろう！　よくて偽りの自己を生み出すことになり、最悪は深刻な精神障害になるだろう。期待された成功を手にしようとするストレス病世代の子どもを生みだすことになるだろう！　重要なことは、子どもの道を開くことで、親が子どもの成功を通して励まし合うことではない。案内人は慎重になることも重要だ。子どもに「私がしているのは全部、あなたのため」などと言うと、親に見捨てられないよう満足させようとする子どもに罪悪感と義務感を抱かせることになる。

求めている結果とはまさに真逆だ！

寄り添うとは、手を取って道を示すことで、子どもが無理やり進むよう引っ張って、駆り立てることではない。それは励まし、価値を与え、努力の一つ一つを褒めることである。力づけることである。それもたくさん！　たぶんいつでも！

これは神経科学も実証している。人が苦しむ人の手を実際に取ると、視床下部で否定的な感情を和らげるホルモンが分泌されるのだ。身体的に他人に接触することは、有効性が証明されており、誰の手にも届く調整役の「薬」なのである！　これはみんなに知らせよう！

5．友だちづくり……将来のバランスある人生の切り札

子ども時代や思春期に、本物で長続きする友人関係をつくる能力があると、大人になったときに精神的に健康でいられるという。[*] つまり、他人との関係は重要事項で、できるだけ大切にしなければいけないということだ。人は友だちが多いほど、現時点で健康になれ、将来はもっとバランスの取れた大人になるということだ！

6．学校では十分に満足してよい成績を上げ、あまり迷惑をかけない

ギフテッドが学校の規則を受け入れる助けになるのは、ここでもまた自信である。自信があれば、学校は自身の成功の役に立つと理解できるだろう。彼らの知能の形は必ずしも

学校の要求には有効ではないが、しかし「型にはまる」ためにあえて棄てるものではないと認めることができるだろう。柔軟で「聡明な」やり方で、自分の知能や感受性、性格を学校の環境に合わせることができるだろう。また、そのカリスマ性や魅力、説得力、精神の活発さを、どう利用すれば教師に気に入ってもらえるかも理解できるだろう。教師が協調的で、その生徒を感じがよく熱意もあると認めれば、すべてがより簡単になる。さらにもし、我らが子どものギフテッドが、クラスで活発に参加することで退屈を埋め合わせたら、学校の時間はより生き生きしたものになり、教師をも喜ばせるだろう。そうすればほとんどつねに勝ち！　たぶんこれを操作術と呼ぶのだろうか？　しかしいい意味での操作で、目的はお互いそれぞれが各自の利益にそって満足することである。成功した学校生活は、人生の計画を――ほぼ――現実に変えられる可能性の証（あかし）である。とくに思春期になっても、好奇心はもとのまま。すべてをしたいという欲望は、もう身動きできなくなる不安ではなくなり、逆に可能性の分野を広げ、小さな道に限定する制約もなくなるだろう。成功の欲望と喜びは、生きていく原動力であり続けるだろう。

7. 感受性は創造性のために、感情移入は他人のために、感情は生きる感覚のために使う

若いギフテッドが自分の感受性や他人に対する受容性、感情的な体験を抑制しないよう

＊P. Mallet, *Ontogenèse et organisation des relations entre enfants et adolescents*, Université René-Descartes, 1998.

になると、逆にそれらの特徴を活かし、非常に好感の持てる、カリスマ性があって熱く、評価される性格になるだろう。感情が機能に自然に組み入れられると、強い性格と驚くべき影響力の源となるだろう。ギフテッドの賭けはまわりの環境を変えるだろう。感情的な表現にいやがらせをされず、何度か爆発しても不安にならず、この感情的な反応を欠点ではなく生命力として統合するようになるのだ。ギフテッドの「過剰な」感情と一緒に生きることは、周囲にとってはときに危険な仕事である。即座に判断せず、認めて受け入れ、慰めて心を和らげられるようになることは、ギフテッドの将来と自信、人生のバランスにとって大きな担保なのである。

要約すると、決して諦めない＝自己評価の方向に向かうことである。

将来に向けての進行方針で保持すべきもっとも重要な方向位は、自信と自己イメージである。疑いだし、どう答えたらいいのかわからなくなったら即座に、この小さなギフテッドにどうより添ったらいいのか、現在の方向性を再確認することが必要だろう。自信を回復し、その助けになることや役に立つことすべてについて再考することだ。それがこの子どもをバランスの取れた人生へ落ち着いて導き、決して間違いをおかさないための唯一の担保である。自分自身と合意して大人になったギフテッドはそのとき、強固に構築された性格に基づいて人生や予想外の出来事に対応できるだろう。喜びや限界をきちんと評価し、感情的によい「テンポ」で困難に向き合えるだろう。これが人生の複雑さに対して「武装」した大人であり、その武器は彼自身なのである。

方向方針＝自分自身にもっとも近づいて成長できること。

それは私たちの性格の特徴を世界の機能に合わせて調整するために、私たちを助けて導いてくれる環境である。

それは自分を否定して順応することでも、統合の唯一の代替案として自分を抑制することでもない。

それは生きることで、生き残ろうともがくことではないのである。

重要なこと

ギフテッドの性格は「壊れやすい力」である。充実して生きるためにこの性格に必要なのは、簡単だがしかし避けて通れないほど大きな欲求――理解と愛、温かい目と評価である。この「愛情の糧」はポジティヴな自己イメージと強固な自尊心の構築を条件づけるものだ。これは将来のための取り組みで、この小さなギフテッドが幸せな大人になるためにより添う者すべての使命である。これはすべての子どもに当てはまるとしても、ギフテッドの場合は傷つきやすいポイントが非常に多く、そのぶん人間関係の亀裂も癒しがたいほど辛いものが多い。そんな子どもたちを「いくじなし」と言っていいのだろうか？

高い知能と過剰な感受性が混ざれば爆発寸前のカクテルとなり、取り扱いには細心の注意が必要になる！

気分よく生きる大人のギフテッドの道のり

気分よくと言っていいのかどうなのか、それには気分のよさを定義しなければならないのだが……それでも気分がいいのは――ほとんど――本当だ！

混沌とした子ども時代を生き、傷つき、傷つきやすくなって成長し、将来に一人で向き合っていると感じるとき。気分よく受け入れてもらえず愛される希望を失ったとき……。すべてが行き詰まっているように見えるとき……でも大丈夫！　すべては失われない。なぜなら、ここでも脳は私たちを助けにきてくれるからだ。

あなたが知っている既成概念は、昔から精神療法医が繰り返し言っていたこと、「人は子ども時代の傷を治す」ことはできない、さらには「すべては六歳前に決まる」。それをあなたは信じている！　ところで現在わかっているのは……それは間違いだということだ！

主要な理由は二つある。

・レジリエンスの力

レジリエンスとは私たちに備わっている力で、運命の急転で存在が危険になっているにもかかわらず、困難に立ち向かえる力となり、うまくいけば、さらに強い性格を作りあげることができるものだ。私たちには全員にこのレジリエンスの力があり、それを確信して、いざというときは表に引き出し、利用しなければならない。なかには、危険に直面すると自動的に力が湧いてくる人もいる。そういう人たちは、人生のさまざまな困難な状況になると自分で力を補給するのである。いっぽう他の人では、レジリエンスの力が簡単に働かず、起動させるために注意深くしなければならないこともあるだろう。乗り越えるべき辛い出来事があるたびに、どんな力が保存され、何に頼ればいいのかを見きわめる必要があるだろう。重要なのは、物事に対する視点を少しズラすことだ。それができたら、脳内のポジティヴな感情回線が再び活性化することになる。このポジティヴな体験を何度かできたら、レジリエンスのメカニズムがしっかりと安定する。脳内では、悲しみと喜びに導く回線は非常に近いことがわかっている。目的は、回線を変えて感情の方向を変えることである。

・脳の柔軟性

現在、人は何歳でも新しいことを学ぶことができることが証明されている、ということは何歳でも……幸せになることも学べるということだ。人生の傷は脳の回線に刻みこまれていることが多く、その場合、人生を悲観的に見るようになる。脳は怠け者で、どんな状況に直面してもこれらの回路を直接進んでしまうのだ。そうして体験することの色合いはすべてほぼ体系的にネガティヴに染まる。幸せな瞬間にさえ、脳は私たちに、これが長く続くはずがない……と心配のサインを送るのだ。しかし、私たちは脳のこれらの回路を変えることができる！　私たちは脳の犠牲者ではなく、コントロールを取り戻すことができるのだ！

脳の柔軟性のおかげで、人生のどの段階でもすべてが可能である。

自分にふさわしい人生を生きるギフテッドの大人は、人生の物語が複雑であっても、取り返しのつかないことは何一つなく、人生の流れはつねに調整できることを直感的に理解していたのである。

大きな幸せが存在しないとしたら？　小さな幸せ術……

私たちは幸せが権利になっている社会に生きている。いやそれ以上で、幸せにならなければいけないと義務になっている。そして幸せを得られなかったら、これは不正で、おそらく誰かのせいにされる。配偶者、私たちの子ども、雇用主、周囲の人、政府……。そして現代社会は私たちにこの権利、この義務を大声をあげて要求せよと頼んでくる。幸せになろう！　そうして人はそれを信じ、または信じるふりをして、この出来合いの幸せを求めている――夢の一戸建て、素晴らしい旅行、私たちを魅力的にする商品、私たちの欲望がすべてそろうデパート、抗しがたいブランドなどなど。この例ならいくらでもあげられるが、私の目的はそれではない。

私がみなさんと共有したい考えは以下の通りである。私たちは全員私たちのなかに、手に入れたもので喜びを感じ、私たち自身や他人といて気分よくなれる能力があるということだ。幸せでも大きな幸せを期待するのはやめるべきだろう。人はそれを求めて、多くは一生追いかけている。確かにそれが幸せだと人は考えている。子どもが成功したとき、憧れの家を購入したとき、昇進したとき、金に恵まれなんでもできるとき、有名になって認知されたとき、退職してついに自由な時間ができたとき……。そこでもまた、人生の脇にいて、普通の人とテンポもあっていないのは、小さな幸せなら手が届き、それで人生を輝かせ、魅力的で快適にできる人たちだ。もちろん私は、本当の苦しみや、社会的、文化的、事件的な悲しみを無視しているのではない。私は苦しむ人たちを深く尊重している。しかし私が訴えたいのは、まさにそれ以外の人、普通の幸せに手が届くのに、素晴らしい幸せが手に入らないと不平を言う普通の人たちだ。大きな幸せはまやかしでしかない。幸せはそこにあり、その幸せこそが素晴らしいのだ！

小さな幸せを求めて

よく考えてみることだ。あなたに一時でもいい、小さなものでもいい、深い満足感を与えるものは何だろう？　あなたの周囲、あなたの人生を見つめ、何でもいいから考えてみよう。慢性的で伝染性の不満でこれまであなたの目に入らなかった、これら小さくて素晴らしいものがすべて輝いて見えるのではないだろうか？　小さくても大きくても、自分自身で苦労して勝ち取ったこれらの成功をすべて見ただろうか？　そして心の奥で、これまで達成したこと、手に入れたものをどんなに誇りに思うか、わかっただろうか？　現代社会はたえず私たちに、もっと大きくもっと美しいものが持てると説明するけれど、しかし何に比べて大きいのだろう？　私たちの唯一の測定器は、私たち自身である。私たちが必要とする唯一のものは、心の中の自分と合致するものだ。私たちだけしか知らないものだ。それは私たちのもの、私たちのもっとも高価な財産。これ以上豊かなものは、外には絶対にない！　私たちを中心に置きなおそう。それがいちばんではないだろうか？

◆幸せとは不満より満足感を多く得ること

人はしつこく続く不満の重みで満足感が消えると、すぐに苦痛を感じるものだ。ここで重要なのは、私たちそれぞれにとって何が満足で、何が不満なのかを知ることだ。この二つは違っているはずだが、じつはびっくりするほど似ている。私たちを幸せにするのは、「自身のもっとも深いところで」、自分の正しい居場所にいて、私たちにぴったりの人生を生きているという感覚だ。この場合、私たちは道に迷うことがなく、出口のない道や、明るくても目が眩んで満足できない道をたどることもない。私たちが選んだものではなく、他人が線を引いた道を危険をおかして進むことでもない。私たちは私たち自身のリソースと力、喧嘩と傷つきやすさ、弱さと一緒に一本の道を構築し、その上を楽しんで歩き、豊かな出会いをし、喜びに満ちて目的地に行くことになる。だからといって、障壁に出合わず、危険もないということではない。しかしそれらにどう立ち向かい、予想外のことにどう向き合って生きるか、私たちにはわかるだろう。悲しみや、ときに苦悩や激しい怒りもあるが、しかし私たちはつねに内面にある錨で世界と結ばれ、その錨のおかげで私たちは人生の道を外れることはないのである。

人生とバランス、才能と仲間、幸せ術について……

◆ギフテッドの場合は？

「もしときどきだけでも幸せになれたら、ほかのことは全部我慢できる」と語るのは二十二歳のヴィルジニー。彼女は気分よく生きるための必死の闘いに疲れ果てている。

「ある本で、知能が高すぎる人は幸せになる素質に欠けていると書かれているのを読んだ。これは間違いなく本当だが、しかし私はどこにいてもうまくできないのだと言いたい。よくよく考えてみると、私は一生不幸になるようだ、早熟が何になるのだ？*」

この瞬間こそ、いざというときのために蓄えていた私たちのリソースを「頭を使って」駆使するのだ。知能の最小の原子から感受性の最小の粒子まで、頭と心で理解して、ディズニーのアニメ映画『ジャングル・ブック』（訳注：密林で動物たちに育てられた少年の愛と冒険の物語。一九六七年）で、主人公の少年モーグリが歌うように。「少しのことだけで幸せにならなければならない、本当に少しのことで幸せになれる、必要なことだけで満足しなければならない……」

そうなのだ、身体と精神が環境に非常に敏感な人たちは、鋭敏な洞察力で効率よく、自身が楽器のようにそれぞれの弦を調整することができる。それは不変の目的である目標の中心を守

＊Tonino Benaquista, *Tout à l'Ego*, Gallimard, 1999.

るためだ。中心とは自分自身である。

簡単な提案……

私は四十六歳のギフテッド、アランと会っている。私たちは幸せについて話している。私が、幸せになるには試練より満足感を少し多く受け取ることが大切で、人生の一種のバランスだという考えを伝えると、彼は私の話を途中でさえぎって、深く考えてこう言った。「あなたは大切な概念を忘れています。どうして人は与えずに幸せになれるでしょう。僕にとっては、与えることが大きな幸せになっている。受け取るだけでは不十分だ！　与えることはこれ以上ないほど大きなもので、もちろん、受け取るものが大きくてもそうだ。受け取るだけでは十分ではない」

◆与えるために与える……

「僕の人生で重要なことは、他人のために何かをすることで、自分のためではない」と語るのは二十歳のエンゾ。彼はこの利他主義があまり共有されないことを認め、悲しく思っている。

ギフテッドにとって、与えることは至るところで多様な形で見られる。彼らにとっては、他人によいことができる、他人がよくなるよう助けることができる確信を持つことが喜びなのだ。このような例は人生のあらゆる段階、あらゆる状況で見つけることができる。子どもに対してなら、貧しい子どもたちにアメや玩具を与える、思春期の若者に対してなら、時間を与えて話を聞き、人間関係の問題を整理し、自分からなかなか近づけない人たちの仲介役を買って出る、ほかにも、人道的な大きな夢や、不正と闘う野心的な計画を企てるために自分を与える、配偶者には自然な動きで他人を理解するよう助けを与える、そして自分の子どもたちには「すべて」を与えたいと思っている……。与えるために与える。愛するやり方として与える。それが地上に生きることの意味であるかのように与えるのである。

・生来の性向とは逆になることも

私たちが出会うギフテッドは、子どもでも大人でも、とりわけエゴイストである。自己中心的である。彼らは決して、何があっても決して、自分の何かを手放したり、自分の持っているものを共有したりはしないだろう。性格的にはあまり感じがよくない。寛大さに欠けているので、仲間外れにされることがある。しかし、彼らが自己本位になったとしたら、それは自分の意に反し、生来の性向にも反してのことである。子どもの頃、彼らは不安からバリケードを張りめぐらし、感情に介入されてコントロールできないことから疑念が生じ、共有することを望まなかったのだ。さらに、彼らはいたるところで自分の領土に侵入される感覚を体験していた。また、彼らにとっては言葉にできないことを表明しなければならず、感情に呑み込まれているのになんとかして自分の気持ちを示さなければならなかったのだ……。こうして彼らは表面で判断されて理解されず、精神的に虐待されていた。これはもちろん無意識なのだがしかし、閉ざされて刺々しい性格になるには十分で、彼らにとって与えることは脅威になったのである。

・自身の根っこを見つける

仮に、これら「才能に欲求不満」のギフテッドが、人生の過程で安心できる誰かと出会い、自分自身の内面に向き合わせてくれると、この生来の「与える」価値を再び身につけ、内面に閉じこもった状態から抜け出すことができるようになる。人生と自由の新しい息吹が、彼らを可能性に満ちた人生に導いていくのである。

七歳から七十七歳まで

ギフテッドの大人はどうなるのだろう、わかっているのだろうか？

あらゆるケースが、相反するケースも含めて賑やかに混ざり合っている。彼らの特異性を十分に知ったうえでより添われて成長した人たち、子どものときに診断されて虐待された人たち、自分たちの子どもを通して診断を受けて発見した人たち、個人的なアプローチでわかった人たち、また、職業的、社会的、愛情的に成功した人たちもいれば、自分の人生を側から見た第三者的感覚で過ごした人たちもいる……。

有名な「シロアリ」の例がある。昆虫とはまったく関係なし！　この名前はアメリカの研究につけられたもので、心理学者のルイス・ターマンが、数百人のギフテッドが子どもから大人になるまでを研究したものだ。ターマンの研究対象になった子どもの大半は教師から選ばれた優秀な生徒で、募集時点でバイアスがかかっていたのはいなめない。これらの子どもはすでに立派に順応戦略を身につけていたからだ……。実際、大人になった彼らは職業的な状況では高い地位につき、バランスの取れた家庭を築いていた。ここで有名な諺が思い浮かぶ――金持ちで知能があって健康なほうが、貧乏で病気で馬鹿よりはいい……これは少し単純化しすぎだ！

フランスでも、ある観察が結論づけたのは、サンプル数は少なかったものの……同じことだった。*これは退職したギフテッドの「人生での満足度」を評価したもので、彼らの満足度は平均よりずっと高かった！

対象数を多くした別のフランスの研究でも、高い認識機能と老後の人生の満足度の高さに相関関係のあることが確証されている。つまり、ギフテッドはすでに勝ち組、「老後」は幸せになるのだろう。

私がここで「なるのだろう」と言ったのは、これらの結果はそれぞれの人生の流れを見てみないと引き出せないからだ。しかしこうも考えられる。人は年齢を重ねるにつれ、より「さまざまな分野を考慮する」能力が発達し、それがまた彼らに重要な価値を与えるということだ。結局は、これらの価値だけが有効で、その他の小さな矛盾は私たちの人生にはさほど悪影響はないということだ。これを知恵と呼んでいいのではないだろうか？

＊Annick Bessou, «Satisfaction de vie de 28 surdoués parvenus à 65 ans et plus», *La Presse médicale*, Masson, 10 mai 2003, tome 32, n°16, p. 721-768.

第10章　うまくいくにはどうしたらいいのだろう？

この章では、辛いことの多いギフテッドの機能モードを、生きる力、解放のエネルギーに変え、方向転換して利用するにはどうしたらいいかを紹介しよう。

そのためには、ある性格の機能を書き連ねるだけでは意味がなく、それを元に新しい手がかりを考え、唯一有効な質問に対する答えに取り組まなければならないだろう。どうすれば気分よくなれるのだろう？　という質問だ。事実を知ることは賛成だ。しかし人生をよりよくするためでなければ、知ってなんになるだろう？　それは自分自身に再び意味を与えるためである。自分をしっかり持って、どこへ行くのかを知るためである。

ここで断っておくが、私がこれから書くことで、ギフテッドの大人の機能モードの特異性を示す側面では、独断的なところが目につくかもしれない。独断的になるのは、あなたも理解できるだろう。すべてが結びついている。知能は感受性なしには働かず、創造性は知能と明晰さ、感情的な受容性の化学反応で生まれるものだから。感情移入は感覚過敏のなかに刻み込まれなければ意味がなく、他人を意識することを予知能力に変えるのが知能であるからだ。

リバウンドの能力の大きさは落ち込む能力と同じ

イザベルの息子はギフテッドと診断され、彼女もしばらくして自身の診察を受け、結果は同じ診断だった。これは彼女の手紙の抜粋である。

「いまの私は自分を「超壊れやすく」させる欠点がわかっています。でも、自然はよくできていて、いったん解決法が見つかったら、すぐに立ち直ることができる……そして思考が再び働きだします」

私たちはギフテッドが笑顔から一瞬にして涙顔になるのを知っている。興奮していたかと思えばどっと落ち込む。樹木状の思考が急に予告もなく、気分を変えてしまうのだ。そして暗い考えが精神的な苦痛や耐えられない人生の錯乱に引きずり込むのだが、この思考様式はまた、素晴らしくポジティヴなエネルギーと、ありえないほどのリバウンド力を放出するのである。前述したレジリエンスの力だ。

レジリエンスは、ようやく知られるようになったが、人生の複雑さに向き合い、調整して、建設的な解決法を見つける能力に通じ、心理学の重要なコンセプトの一つである。

すべてが極端な性格のギフテッドは、世界と向き合い、ともに作るための本当の「蓄積された能力」を持っている。レジリエンスを活性化させる力だ。その能力は非常に大きいのだが、しかし、ぶ厚い層の下に埋もれていることがあまりに多い。諦めや悲しみ、失望、あらゆる種類の罪悪感が、その存在を忘れさせるのだ。しかし、たとえ埋もれていても、またギフテッドがまったく意識しておらず、そこに直接アクセスできなくても、この宝物はつねに備わっているのである。

それを輝かせるには、このぶ厚い層全体を取り除くことを受け入れなければならない。これら内面のリソースの逆効果に苦しめられないよう、丁寧に積みあげられた層だ。これらの大人に会ってみると、ときにこの宝物が自分のなかにあることをまったく知らなかった人もいる。彼らが慣れっこになっていた奇妙な感覚は、普通を装った仮面の下に隠れていたものだった。そしてこの内面の葛藤を抑えるには相当なエネルギーが必要で、それが困難や苦痛を引き寄せることが多く、これらのリソースを引きだして人生を違ったやり方で輝かせることができるとは想像もしていないのである。

ギフテッドの大調教術……『ジェットコースター』

ジェットコースターを思い出して欲しい。上に昇るときは、どこかへ運ばれていくように感じて上昇感に陶酔し、しかし頂上に近づくと不安で引き裂かれそうになる。そして突然、目が回るように下降し、底のない深淵に吸い込まれていくように見える。感情的にも肉体的にもすべてが急だ。身体中に激しいものを感じ、死が差し迫った感覚になったかと思えば、次は宙返りで、頭が逆さになり、物事の意味も世界の秩序も失ってしまう。自分がどこにいるのか、何者なのかもわからず、この冒険から生きて出られるかさえわからない。しかしそのとき、また上昇が始まって、あなたは自信を取り戻し、すべてがまた可能になる……。

ギフテッドの人生はこれに少し似ている。無限の希望があるかと思えば、一転しての失望、強い喜びがあれば、苦悩の深み、矛盾する感覚や感情のつながりに頭がくらくらする。人生が線状になることは滅多にない。目的はあっという間に見失い、新たな目的を見つけては、そこでも良きにつけ悪しきにつけ激しい感情に見舞われる。上昇でも下降でも、つねに不安がつきまとっている。

同じジェットコースターでも静かに回転し、唯一の目的が勝利を手にすることだったら、どんなに心が休まるだろう。人生のイメージに似ているようだ。一部の人は、人生で何か新しい出来事はと聞かれて「うまく回転している」と答え、仕事について聞くと「うまく回っている」と答える。勝利とは、本当に手に入れたかったことで成功することだ。人生をうまく回っていると錯覚して？　おそらくこれが実際、世界を前に進めるのだろう……。

◆ジェットコースターの魔法が消え、光が消える日

アリスは五十五歳。彼女の人生は新聞にさらされている。彼女は有名でその名は広く知られている。しかし夫婦関係は揺れている。二十五年間、彼女と夫は人生について、夫婦関係について喧嘩をし、二人ですべてを築くと同時に壊してきた。あまりにも情熱的な力関係、したがって憎しみも大きく、愛も過剰なのは確かだろう。別れることが決まり、離婚が成立する。彼のほうは、偶然に出会った新しい女性との関係を「維持」している。彼女は遊びの恋愛を試みるのだが、まだ「うまくいっていない」。突風のような人生は続い

ている——旅行、プロジェクト、専門的な制作の実行、引きも切らない出会い、フェスティバル……などだ。しかし月日が経つにつれ、夫の不在が耐えられなくなる。彼との生活は難しかったが、彼のいない人生はありえない。とくに彼女は診断でこのことを話し、自分の感情との接点を失ったような気持ちだと言う。彼女が言うには、頭で感じるが、心の底ではもう何も感じないそうだ。例として、孫娘が腕に飛びついてくると嬉しくて飛び上がりそうになるのだが、しかし心の奥底ではこの喜びを感じていない。感情的な反応はゼロなのだ。すべてが同じに見え、本当に重要で興味を引くものが何一つないようだ。人生が突然、白黒になったようだ。そんなときアリスは「そう見える」よう闘い、満足して熱中し、楽しんでいるふりをする。そのとき夢中になっている恋人と本当に楽しい瞬間を過ごしていても、彼女は「ときどき無理をしています。本当に気分は快適で、彼は素晴らしい人なんです。一緒によく笑うし、いろいろなことを話す。でも、本当のことを言うと、退屈している。これは耐えられない感覚で、私はもう疲れ果てている」と告白する。彼女の言う「コメディ」を続けるのに精も根も尽き果てたアリスは自分を見失い、自殺までしようとする。しかし私たちがそのことを改めて話すとき、彼女は死にたくなかったと繰り返す。ただ、こんなふうには生きられない、味気ない人生ではもう感動できないのである。「こんなことをしていて何になる?」と彼女は強調する。いや、これは単なる鬱症状ではない、彼女はほかでもう数ヶ月も治療を受けているのだが、これといった効果はないのである。

いや、アリスのような患者には普通の治療では無理だろう。彼女は臨床医を待ち構え、あなたのどんな小さな反応もつかみとる。あなたが彼女を本当に理解しないのではないか、あなたが「馬鹿な」ことに注目してすべてをぶち壊すのではないか、あなたはただのプロで彼女を助けられる超人的な人物ではないのではないかと、激しい恐怖を感じている……なぜなら彼女の極端なほどの明晰さに対しては、治療ではどの瞬間も警戒することが必要だからである。明敏さが明らかに見て取れるアリスの世界観をどう修正したらいいのだろう？　相反する価値感のなかで生きていると感じる彼女が、人生のバランスを再び見つけられるよう助けるにはどうしたらいいのだろう？　自分の感情と接続できなくなったことで苦しむ彼女が、再び感情と接続できるようにするにはどうしたらいいのだろう？　臨床医にとって非常に難しいのは途中で諦めないこと、急にありきたりのことを言わないこと、または不可能が可能になりそうだと信じさせようとしないことである。そしてアリスにとっての不可能は夫を「取り戻す」ことである。というのも、彼は彼女が築いてきたことすべての中心にいるからだ。彼女にとっても、彼女の家族にとってもそうだ。そしてこれは嫉妬でも思い上がりでも自尊心でもない。おそらく単なる愛でもない。しかしギフテッドの大人でよく見られるように、恋愛を不滅で永遠の関係にする深い意味の一つ、別れを考えられないはかり知れない愛着の一つなのだろう。これは文字通りの意味である。彼女が違う人生に進みたくないというのではなく、ただ、できないのだ。アリスはそのような女性ではないのである。「そんなことはできません」と、彼女は強調する。さらに、ギフテッドとしての機能が働いて彼女には休む間がない。周囲や他人、状況の分析においても、感情的な体験においても休みなし。感情とともに生きていないということは、すべてを生きていないということである。

小さいとはとても言えない問題、それはアリスに曲がりくねった彼女の性格を自覚させ、彼女のなかに埋もれている力すべてを発見させることである。そしてそれを自滅のブーメランとしてではなく、人生の力として役立てられるよう彼女を助けることだろう。

そしてもう一つ、アリスは「美しく、金持ちで、知能的」であるのに、愚痴をこぼしている！　しかし、これほどありえないことを誰が理解できるだろう？　話を聞くだけでも大変なのだから……。

「哲学の最初の講義のとき、教授はコメントシートの代わりに、私たちにプルーストの質問表を書き込むように言いました。「手に入れたい自然の恵みは？」という質問に、私は「愚かなこと」と答えました。教授は私に、この答えは生意気すぎると注意しました。でも、それは私の本心でした。この大馬鹿教授がまず見るべきだったのは、この答えの後ろにどんな苦悩が隠れていて、私がなぜ気の利いた冗談か挑発っぽい言葉でしか表現できなかったかということです。私は話を聞いてくれる人だけに、幸せな馬鹿者について話すのは意味があると思っている、幸せになれるには、どうしても少し馬鹿じゃないといけません」これはギフテッドの大人の女性の証言である。

リソースとしての知能

「そこにある問題は、この余分な知能を飼い慣らし、分別をもって見てもらい、価値をつけてもらうようにしなければならないということだ。とくに、それで他人を押しつぶしてはいけない……いっぽうで過小評価もしてはいけない。私はそれを充実して温かい知能と呼んでいる」

これは実際、大きな問題である。どのようにこの「過剰な」知能、より正確には「奇妙な知能」を飼い慣らせるのだろう？　人生を違うふうに、驚くほど増幅させ、本当にどこにでもついてくるものを？

◆自己評価の媒介としての知能

知能があると自己批判ができる、これはネガティヴなだけの側面ではない。知能のある人は、自分が……馬鹿な瞬間がわかる！　あるいは不適切な反応をしていることもわかる。そのとき笑い飛ばすことも、自分を軽く馬鹿にすることも、とくに訂正することもできる。これは大きな利点だ。自覚と行動で、そのときの自分、自分がしていること、言っていることを意識できるのだ。

ほかの機能が休みなく働いているあいだ、ギフテッドは展望態勢に入ることができる。このとき被写界深度の深さから無数のリソースが得られるので、これを十分に活用しなければならないだろう。この自己批判の力、展望できる力を使って前へ進み、成長し、心を開くことである。即座にネガティヴになるこの内省のせいで苦しまないことだ。明晰になることである。あなたが感知することを歪め、あなたが自身に抱く自己イメージを自動的にネガティヴな色合いにするのは、あなたがつねに自分自身に疑念を抱いているからである。それは現実のあなたではないのだ。人は自分のことを考えるとき、ポジティヴなオプションを選択することができるのだ!

巨大な森を隠しているこの藪を突き進むのだ。そこであなたは何の不安もなく冒険でき、逆に、すべての美しさをほとばしらせることができる、あなたにとっても他人にとっても素晴らしいことだ。これらのネガティヴな考えで隠された豊かさを、そのまま放っておかないことだ。豊かなものがそこにある。それはあなたのもの、それを利用することだ。

知能でもこの形の知能があれば、人生を自分の手で、十分に意識してつかむことができる。あなたの自己批判力があれば、この知能は長所となり、正しく整理して使えば、ポジティヴな自己イメージの糧にできることもわかるはずだ。ありのままの自分で達成できることを誇りに思えるはずだ。

◆知能と思考による逃避

もっとも多いのは、私たちがこれを欠点として話すことだ。私たちは子どもにも大人にも、思考に逃避することを非難する。この機能が、一部の状況では迷惑で、妨害になることは理解できる。しかしこれはまた、思考のリソースとして非常に有効なやり方で活用することもできるのだ。もしあなたが困難な瞬間にいて、辛く感じ、身体的にも精神的にも苦しいときには、思考によってこの状況から解放されることができるのだ。思考に運ばれていくのである。記憶と過剰な感覚、連想の力で豊かになった想像力で、あなたはその場を一時的に抜け出すのに十分な強い夢を自分のために作り、根源に立ち戻ることができる。ここで重要なのは、これが意図的な行動で、思考を自分の役立つ道具として使っていることである。これは、重く具体的な現実のなかで身動きできないままでいないために、有効なテクニックの一つである。身体はそこにあるのだがしかし、精神は離れ、身体的、精神的な私たちの存在すべてが旅に出る。すべての意味において本当の喜びであり、これ以上ない楽しみであり、エネルギーに満ちた旅である。

この旅を成功させ、そこから恩恵を引き出す唯一の条件は——コントロールを維持すること。これは企画された旅なのである！

◆知能と記憶力……楽しいことを思い出す

ギフテッドの驚くべき記憶力、とくに個人の思い出に関わるものは、幸せの汲めども尽きぬ源になることがある。

この記憶がエピソード記憶と言われるのは、私たちの人生のエピソードが記録されているからだ。ギフテッドの場合、信じられないほどの数の詳細を明瞭に、正確に保存する能力がある。そのなかにあるのが、一つまたは複数の「イメージ・リソース」である。私はこの考えが大好きで、心理療法に利用することが非常に多い。あなたの記憶を探し求め、埋もれていた思い出があらわれるままにしておこう、もちろん楽しい思い出だ。するとあなたは、自分のイメージ・リソースを見つけることになる。これを心のなかに呼び起こすだけで、またたく間に幸せな感覚を得ることになる。そしてそれを精神のなかで活性化させると、すべてはあなた次第だが、幸せな気分になれるのである。

原理は、記憶、とくに感覚の記憶のなかでそれを再活性化させることで、その光景に直面したときに体験した印象すべてが思い出される……そのときの音、色、匂い、温度、材質感、光と影の綾など、あなたの脳が知覚して記録したごく小さな細部である。

◆困難なときに心を癒されるイメージ・リソースを自分のなかに見つける

レオは三十五歳のギフテッド。面談時に、私がイメージ・リソースの原理を話すと、目を輝かせてこう言う。「でも僕は、いつもそうしているんです！　子どもの頃、家族で毎夏、田舎の家に行きました。僕はよく自転車で、黄色や白の野の花が咲く野原の横を通った。この野原に魅了されました。僕にとってそれは幸せのイメージでした。それで、僕が暗い部屋で悪夢を見たとき、頭のなかでこのイメージを思い浮かべると、すぐに幸せな気分になった。僕がとくに好きだったのは、そよ風が背の高い野草や花をゆらゆらさせる光景で、それが悲しい考えを全部追い払ってくれるようだった。現在でも、ストレスを感じたときなどに、この思い出を使うことがとても多い。このイメージを目の下で見ているように浮かび上がらせると、すぐに気持ちが落ち着く。また元気になれる。まるで魔法のようだ！」

これこそ記憶を「治療」にうまく使っている証拠である。おそらく多くのギフテッドは、レオのように、イメージ・リソースのいい点をうまく利用することを本能的に知っていると思われる。記憶に力があるほど、ギフテッドの場合、関連する感覚で満たされており、それがイメージ・リソースを喚起する力を強め、よい結果を生むのだろう。

・イメージ・リソースをどう利用するか？

イメージ・リソースを利用する原理は、たとえるなら、私たちが思考の方向をそらせたいと思ったとき、すぐに頭の画面にスライドを投影することだろうか。加えて現在わかっているのは、脳の中では、感情をポジティヴかネガティヴかに運ぶ回線が非常に近く、一方から他方へ、笑いから涙へすぐに移行できるということだ。感情の神経生理学に関するこれら新しい知識で説明できるのが、イメージ・リソースの動員で、私たちの精神を陽気で温かい領域に移行することができるということだ。全体の感情状態が自然に変わってしまうのである。

◆記憶力もまた驚くべき力を発達させる

・普通ではない視覚的記憶

診断を終わろうとして、私は八歳のトーマに暗算の質問をする。彼の視線が動かなくなり、私の背後（私は彼に向き合っている）を見ているようだ。トーマは計算するのに数字や記号を視覚化したものを私の後ろに見て、それを短時間で記憶に定着させたのだ。それから彼は、これらのものを精神的に操作し、計算の正しい答えを出したのだ。

・よく使われる長期記憶

最近の科学的実験で明らかになったのは、ギフテッドの若者は長期記憶を使って複雑な暗算の問題を素早く解くということだった。必要な計算で頭を働かせる代わりに、彼らは長期記憶で以前行った計算の結果を探しにいき、そこで得たデータは新しい問題の答えに近かった。彼らは頭の画面で答えを視覚化していたのである。

普通に行われる方法とは非常に違う驚くべきやり方だが、このことからもよくわかるのは、ギフテッドの視覚的記憶のありえないほどの能力だ。この能力は神経科学で実証されている。

・このパワフルな記憶力の利点

利点とは？　写真のように正確な記憶が、元のまま、光景全体（現実または抽象的）を詳細に保存されているということだ。一つの手がかり、完全なイメージが記憶によみがえり、新たに使われるのである。この記憶力は、知的能力が衰えたと考えている大人にもつねに存在する。

・この超記憶力をどう利用するか？

記憶力を再び活性化させるには、目を開けて、見つめ、目を閉じて、あなたが見えるものを頭のなかで描いてみる。どうだろう？　あなたはほかの人と同じだと考えるだろうか？　では誰かと比べてテストしてみよう。あなたは無数のものの細部を、その人の目に入らないものまで記録していることがわかるはずだ。この訓練は簡単で元気回復には最高だ。というのも、テストをどんどん難しくしていけば、パワフルな記憶力を取り戻し、あなたも嬉しくなって、人生で効果的に使えるようになるからだ。これはお勧めだ！

◆知能と遊ぶ、子ども用の「化学キット」のようにゲーム感覚で

ギフテッドの知能は、あなたが観察して考えることの最小の構成要素まで細かく分析し、すべてを理解できるようにする。そこでゲーム感覚で最小の構成単位まで細かく分析すれば、最後の最後に新しい仮説を考えだすこともあるだろう。この場合難しい問題に挑戦することもでき、そのあとパズルのピースをすべてまた集める――新しいイメージをどう作り直したらいいだろう？　すべてのピースが手元にあると、「組み立て直す」ことができる。考えや思考も同じである――まず思考を際限なく発展させ、文字にして最大行数を書くために誇張し、そのあと再び加速し、それから長文を短くするのである。実際にこれを行うときは、思考の動きを継続させることである。最初は、思考のテンポを遅くし、それぞれの考えや提案をできるだけ長く引き伸ばす。次に、集めた情報を処理する速さを一貫したペースに戻す。脳は再び超活性化し、それをできるだけ加速させる。それから、物語を短くして書き直す。重要な要素を残しつつ、余計なものや無意味なものを捨て、最優先と思われるもの、ポジティヴで建設的、安心させるものに価値を与えるのである。これが脳と「遊ぶ」ことで、脳の能力をすべて使って訓練

させるのである――速さと、正確さ、分析力である。
・思考のゲームをすることで、考えを深め、最小の構成要素まで探求することができる。
・新しい理論や、新しい思考体系を考えだすのに最高のインスピレーションの源である。
・思考を操作して、自身の中心を冒険することができる。

私たちは治療の一環として、ステヴァンとある野心的な計画に取り組んだ。それぞれの人物の核となる、アイデンティティの最小の一かけらを断定するというものだ。ステヴァンは面談と面談のあいだに、この精神哲学について考察した現代の偉大な思想家の理論をすべてむさぼるように読んだ。週に何冊もの本を読んでいた。ステヴァンがそうしたのはもちろん、自分自身の人生を前に進めるための最初のステップだったからだ。彼は自身の人生のプロジェクトに取り組むため、まずは自分と他人を理解したいと思っている。それはステヴァンにとって、避けて通れない個人的なやり方の一つである。

こうして私は、彼が推し進めていった考えにより添い、治療での面談は触媒の役になる。ステヴァンのケアの本質となる一つのシステムを共同で構築している感じである。彼は自分で考えたモデルを描写する。小さな一人分の「土地」の周りに杭を打って輪郭を決めていくのだ。それぞれの杭は自身の一部を象徴するもので、これらの杭の設置は人生とともに変化する。ステヴァンのシステムがあらわしているのはアイデンティティの概念だ――つねに同じで、最初の土地の大きさが減ることはなく、つねに変化しながら、私たちのアイデンティティの領域は広がり、経験や個人的な変化によって修正される。ステヴァンはこれを一つの理論にして、人間をよりよく理解し、悩める人を助ける役に立てたいと思っている。いい考えではないだろうか？　確かなのは、この治療例は、知能が構築して再構築するために使われることを正確にあらわしているということだ。

◆知能と樹木状……無数の考え

確かに私はこれまで、樹木状の思考は考えをこんがらからせると繰り返し言ってきた。とくに思考を組織だて、構築しなければならないときはそうだ。しかしほかの状況では、この樹木状の思考を探求することを身につけると、非常に多くの考えの源になるのである。

・スクリプト・マインド……そのつどの考えをメモする

スクリプト・マインドは、私が個人的に名前をつけて導入している治療テクニックだ。このテクニックは……なんでもいいのだが、ある一つの考えからスタートする。新しい考えが浮かぶと、それをメモする。そんな感じで全部、面白くないものでも、意味がないものでも、厳密に全部をメモする。それを何枚かの白紙にテーマごとに書く。次々と浮かぶ考えには秩序がないので、そのつど分類して用紙ごとに再編成しなければならない。そしてやめたいときに止める。最終的に用紙はかなりの数になり、メモを読み直したときにビックリするのである。

普通は、樹木状の活動は非常に速いので、多くの考えや連想、関連した思考はすぐに消えてしまうのだが、メモをすることで意識化し、興味を引くものに戻すことができる。また、これによって「頭のなかの」知識にすることもできるので、自身の知識の役に立つ新しいツールになる。

このテクニックではまた、整理するだけでなく、忘れないようにすることもできる。ギフテッドは忘れて、考えを失うことに不安を抱いており、それでなくても忘れることが多いのだ！　会話では、早く言葉にしようとして考えがどこかへ行ってしまい、それでイライラすることが多い。しかし思考はミリ秒単位で進み、言葉にしたときはすでにほかのことを考えている。この忘れる不安から、なかには自分の思考にしがみつき、頭の中で展開していることに意識して注意するあまり、周囲から浮いてしまう人もいる。

「子どもの頃、何も理解できず、なんとか理解しようとしていたんだけれど、そのうちもっとも恐ろしいのは忘れることだと思った。忘れると、いつも再構築しなければならず、何一つ取得できなかった」と十八歳のエティエンヌ。そうしてエティエンヌは現在、自分の考えや理解したことを覚えておくために自分自身だけを見ている。そして社会から孤立している。

・「スクリプト・マインド」のテクニックは、忘れないための代替案である。思考を解放することで、内面に新しいスペースを作り、そこで新しい思考や思考の喜び、新しい思考体験を受け入れることができる。

・スクリプト・マインドは、ギフテッドの樹木状思考にとって力強い味方の一つである。

◆広角の知能……多目的に使える利点！

個人的な生活でも仕事の世界でも、この特異な知能によって、一つの問題を同時に多様なイメージで考え、理解と分析を驚くほど広げることができる。どの問題も多様な角度で研究され、何一つ否定されず、すべて探求されるだろう！

そして最終的には、網羅的で滅多にない専門的な評価、比類のないほどの力強い考察、知識と経験に裏打ちされた未来に関する視点となる。これは制限なしで使用すべき非常に大きな利点である！

・思考の中心への旅

これは風に吹かれるまま、上を向いて散歩するような、思考の道のりに沿って気の向くままの散歩である。辞書を読んでいるときのように、一つの単語、一つの考え、一つの語源から別のものへ跳んでいくと……、そこで密接な関係が確立される。経験からは存在しえない関係だ。思考への旅では、時間や空間のバリアだけでなく、理論や理性の障壁も消えている。制限されず、ブレーキもかからない。散歩の喜びがあるだけだ。不安や疑念も忘れている。自己批判も一瞬だけ、「無視できる！」。ないに等しく、もしあったとしても、一瞬だけならいいではないか！

感覚過敏も才能としてみる

感情は……知的な思考の重要な構成要素の一つである。自分や他人の感情を正確に見抜く能力は一つの才能だ。

ギフテッドはとくにこの才能に恵まれており、どんな感情も、どんなに抑えられていてもキャッチし、先取りもできる。彼らはそれを整理して、コントロールしようと思えばできる。そしてそれができれば、その能力を味方にすることができる。まだ表に出ていない感情を感じるとき、あるいはある状況で感情的な問題を見抜いたとき、困難な瞬間を通過するため、またはそんな状況に陥った他人を助けるため、これらの知覚を利用することができる。

ルイはホラー映画を観ても全然怖くないと私に説明する。どうしてだろう？　彼は恐怖の生理学的なメカニズムを分析していた。そしてこの種類の映画を観るときは、予想される恐怖に先がけて、その前に心臓の鼓動を速くするだけで十分なことを理解していた。こうして彼は恐怖のシーンになる前に、突然の恐怖が引きおこす身体の状態にシンクロするのである（もちろん彼はシナリオを自分のものにし、巧みに分析していた）。彼の心身は暴力的な感情を殺すことでシーンに備えているのである……。

感情をその意味も含めて詳細に感じると、自分をよりよく理解することにも通じる。すべての感情は生理学的にあらわれることと関連している。感情は前兆となるサインを出し、それに気づく人もいれば、見抜けない人もいる。この第六感の才能のあるギフテッドは、その事態になる前に、そこに含まれる感情の負荷がわかるのである。

・彼らはそれを利用して自分を調整することができ（ルイがホラー映画を観るときのように）、感情に流されずに状況をうまく生きることができる。

・自身や周囲の人のために、ある種の危険を先取りし、予告することができる。

・二人の人のあいだに不穏な空気を察知し、喧嘩になりそうだと感じるとき、対立を未然に防ぐことができる。注意をほかに逸らせるか、当事者の気持ちを和らげるようなことを言って、近づく喧嘩の雷管を除去するのに役立てることができるだろう。これは子どもたちが、両親のあいだのテンションが高まったと感じるときによくすることでもある。

◆すべての感覚を生きる喜びに役立てる

・感覚過敏は可能性を十倍にする

ギフテッドは、すべての感覚を同時に働かせ、違いを見抜く素晴らしい能力を使って、並外れた存在感を発揮する。感覚過敏が知覚したものすべてを増幅し、他人には平凡にしか見えないものが美しいものになるのである。感知した感覚すべてで濃くなった感情によって、世界を輝かせることもできるのだ。感覚過敏は周囲のものをキャッチして、それを素晴らしいものにすることに利用できるだろう。世界全体を見渡すために、自分の感覚すべてを使うことである。

すべてを強く感じることは、非常に大きな喜びの一つであり、人生を魔法の瞬間にする源でもある。あなたが望むときに即、この源泉にかえって利用することだ。この力はあなたのもの、気持ちよく生きるために、それを十分に利用することである。

・詩学と美学

美の感覚、本物の感性、触ったものに抱くこれらの感覚はまさに美学の本質である。これは好みの問題ではなく、感性だ。美学は世界ともっとも内面で調和できるものである。美学は哲学の分野の一つで、形の知覚（ゲシュタルト心理学の意味で）に基づくもの、つまり、部分や分析ではなく知覚したものの全体である。美的センスとは、すべての感覚と巧妙な感性を介して、物事の真髄をつかみ取る能力だ。美学は隠れたものと目に見えるもの、内面と外面を同時につかみ、世界を衝撃的な深さで理解するものだ。美学は世界を理解するもう一つの方法で、鋭い感性と本物感を必要とするものである。

詩学は詩を作成する術だけのことではない。詩的な性格とは、自分自身を忘れて自然や他人の美しさを褒めたたえる能力のことをさしている。詩学は周囲と密接な関係を創りあげるものだ。詩学とは、周囲に完全に浸りきり、本質とアイデンティティを吸収する力である。詩学とは、敏感な毛細管現象によって世界と一体感を持つことである。

詩学と美学は密接に関連している。詩学と美学は感覚過敏から発するもので、可能性を高揚させるものである。埋もれていることが多いのだが、全開で表現することで、私たちを取り囲む世界は生き生きとした現在になり、そして私たちはその世界と完全に調和して響き合うことができるのだ。これは人生の美しさに向けて開かれる素晴らしい扉なのである。

将来を展望するものとしての創造力

創造力はしばしば芸術的な表現だけのものと混同されるが、本当はもっと非常に広範なメカニズムをカバーしている。

創造力とは、新しい考えを見つけ、多様なデータをおり混ぜたものから真に新しいものを作り出す能力のことだ。指標のある道から遠ざかるリスクをとることであり、未知の分野や世界、人や場所を発見することである。不安を抱かず、好奇心と信念を持って、この未知の状況に順応できる手段を自身で見つけ、それを楽しむことなのである。

◆創造力と世界に対する過剰な知覚……組み合わせの勝利

創造力は、ギフテッド特有の「選択しない」能力から生まれるものである。科学者が呼ぶところの潜在的抑制の欠如である。裏を返せば、脳はありきたりのものも含めて、すべてをキャッチするということだ。これによって周囲をより詳細に意識し、知覚を増幅させることになる。ギフテッドの脳は、普通は条件づけて放棄される一部の要因も、即座に捨てることはない。つまり、普通の人は重要なこととそうでもないことを選別できるのだが、ギフテッドの感覚過敏は扉を大きく開いたままにしておくのである。こうして、どんな小さなことでも安心して喜んで侵入されるままにしているので、それらが集まると非常にオリジナルな考えや、ユニークな作品になることがある。作品といっても芸術だけでなく、無数の顔をもっている。そのまま、不安を抱かずに接続していることだ。考えがほとばしり出ることだろう。これは歓喜の瞬間で、実現に向けて情熱的な道になることがある。もう一度言おう、あなたが感じることは持続して無限に拡大するのだから、強く感じても何一つリスクはないことが、よく理解できただろう。とにかくすべてがあなたの脳に入り、そこで思いもよらない関係が作られれば、それがあなたの力強い創造力となって噴き出すことだろう。

ここで決して忘れてはいけないのは、知覚の扉が大きいほど、あなたの創造力は大きいということだ。それを利用しよう！

◆創造力は可能性への扉を大きく開く

すべての情報を選択せず、前もっての上下関係もなく思考のなかに「入れる」潜在的抑制の欠如は、創造力にとっては一つの長所になる。可能性は何一つとして閉ざされない。思考が精神や感覚に軽く触れただけの小さなことを自然に関連づけ、連続してつながる新しい考えを生みだすのだ。何もこれを止められないだろう。ただしそこでこそ、ときに選ばなければならない――これらの考えすべてを見つめ、そのなかから、私たちを別の方向に向かわせ、新しい計画に導いてくれそうな、意味のあるものを見つけるのである。新しい考えに向かえば、それが今度はギフテッドの特異な機能を再び活性化させ、新しい道で、新たな結びつきに向かっていくだろう……。

一つのイメージにしてみよう——もし私が脳を「オープン」モードにしたら、すべてが入ってきて、私の脳はどんな小さな粒も挽いて粉にし、私の脳は「アイデアの箱」になる。しかし私は「クローズド」モードを選ぶこともできる。たとえばパソコンで情報プログラムを閉じ、一つのファイルだけを開くように。私はまた「スリープ」モードにすることもできる。

私たちはそれを自由にしてよく、脳をオープンにするかスリープにするかの時間や状況は、私たちの欲望や現実的な制限に合わせて決めることである。私たちは選択することができ、無意識に世界中の情報に侵入されないこともできるのである。

◆拡散的思考……「見つけた！」が浮かび上がるとき

樹木状思考は思考の流れの方向を変え、無数の支流を作って思考をその流れに引きずりこみ、すべての水路が中断することなく拡がっていく。もちろんこの形の思考は、多くの状況で当初の指示から離れていくことになる。冷静な推測力を失って、つねに異なる仮説の検討を強いられ、連想に連想を重ね、最後は致命的になることがある。フランス語の作文の構成ができない生徒から、研究論文の作成を前に混乱する大学生、説明が混乱して落ち込む講演の講師から、報告書の結論部分で自分を見失う専門家まで、例をあげればきりがない。

しかし、この拡散的思考のみが考えを拡げ、思いがけない巡り合わせがあることから、創造性または天才的な発見に適しているのである。分析的な線状モードで考えるとき、つまりある仮説や既知事項を基に出発して論理的な段階をたどっていくと、結論にはたどり着くが、しかしそれが新しい考えであることは滅多にない！　これは拡散的思考とは反対の収束的思考と言われるもので、知能を固定した目的に収束させるものだ。対して樹木状思考は突然、思いもかけない思考の交差点に通じる。これは連続した思考の構造では決して巡り会えないものである。

拡散的思考はあなたの創造性の宝庫。それをよく考えて！

◆拡散的思考と創造性とテンポ……先駆者の利点

物事の分析と理解で先を行くということは、普通の思考の進行の「上流」に位置することで、ある状況や行動の先取りをして、他人より先に目的地点にたどり着くことができる。拡散的思考がもたらす創造性と、ギフテッド特有の全能の感覚が少しあれば、どの分野でも先駆者になれる要因はすべてそろっている。もちろん、先駆者になるには流れに逆らって進み、物事の独自の視点を認めさせるエネルギーが必要だ。批判を受けてたつカリスマ性や才能、個性、深い信条も必要だろう。すべてがうまくいく場合、ギフテッドの性格にはこれらの利点がすべてある。これは絶対に隠してはならない重大な側面である、というのも多くのギフテッドは独自な考えを持っているのだが、それを認めさせ、自分で引き受けるまでに至る人は少ないからだ。そのことをみんなに知らせよう！

◆直感はエキスパートシステムに匹敵する力

コンピュータのエキスパートシステムは、ある状況を無数のデータと経験を考慮して分析し、与えられた問題を網羅的に処理するものである。これはまたある決まった分野の専門家の仕事でもある。ある見解や決定を発言するのに見合った能力や経験を持ち合わせている専門家だ。ギフテッドについて言うと、連想や理解、分析が速いのは、多くの異なる出所から来るものが、意識を超えたところで素早く結びつくからで、そこから結果として生まれるのが創造的な「直感」だ。この直感は複雑な過程を経た結果で、どこからともなく突然あらわれる魔法の思想ではない。これは信用でき、信用すべきものである。この過程を経て得られる問題の答えは、エキスパートシステムに通じるもので、力と創造性はそれ以上だ！

問題は……その正当性を証明することだ。そのとき「これは明らかだ」あるいはまた「これがこうなのは確かだから、そうするべきだ」だけでは説得するのは難しいだろう。フランスの数学者アンリ・ポワンカレが言ったように「証明するのは論理で、発見するのは直感」なのである。これは裏を返せば、あなたの考えを有効にするには、なんであれ論理を使わなければならないということだ。その論理が創造に使ったものとは違ってもだ！　この場合、うまくごまかすだけで十分なことが多い。なぜなら、いずれにしろあなた自身がなぜ、どうしてそれを理解したのかわからないからで、説明のしようがないからだ！

したがって説明も創造的（！）でいいのだが、しかしこの場合は受け入れてもらえる妥当な論理を考えだすためだ。これもうまくいき、しかも心から満足できるだろう。

感情移入は能力

他人の感情を感知する感情移入の能力は、苦しめられることが多いとしても、大きな可能性を開く能力の一つである。

まず人間関係について。他人の感情をキャッチすると、折り合いをつけることができる。そのとき私たちの話すことや、存在することの影響、行動のはね返りの影響を想定し、そして調整することができる。感情移入の能力を楽しまないと、「問題の蚊帳の外」になることが多い。状況の表面は理解したが、微妙なニュアンスはすべて見逃していることになる。感情移入ができる性格の人に、他人は好んで打ち明け話をする。ほのめかしただけで理解してくれ、同じテンポで響く人だ。

「人に話しかけられるとき、私はいつもその話の「裏」を感じているような感覚になります。いつも自問しなければなりません。この話に答え、私が感じていることを言わなければならないのだろうか？　って」。サンドラのこの証言は、会話での感情移入の影響をよくあらわしている。その罠も利点も……。

◆感情移入は共感

何人のギフテッドが打ち明け話の適任者だろう？　何人が、人生の無数の小さな出来事を調整するために、他人から助けや立ち会い、忠告を求められていることだろう？「友人同士の小さな揉め事の調整」をもっとも多く引き受けるのがギフテッドだ。私たちはギフテッドを頼りにすることができる。したがってギフテッドのあなたは他人から愛され、評価してもらうために、この感情的な能力、自然な感情移入を頼りにできるのである。

◆感情移入はうらやましいほどの順応力

感情移入は利点の一つで、人生の多くの状況に順応でき、もっとも適切な答えを先取りすることができるものだ。職場では、あなたは直感的にその日に賃上げを要求したら雇用主の怒りを買うか悲しませることがわかり、交渉では、相手の感情的な調子に合わせて話をすることができる。ビジネス関係では、潜在的な顧客の感情の変化をキャッチして説得力のある対応をすることができるだろう……。夫婦では、感情移入は相手の期待や要望に応えるための最高の味方だ。言葉にされなくてもわかるのだから。黙っていてもわかりあえる関係をつくり、それを強固にするのが感情移入である。

◆感情移入は精神科医の資質？

スイスの心理学者、アリス・ミラーは素晴らしい著書『才能ある子のドラマ――真の自己を求めて』のなかで、子どものギフテッドは両親のための精神療法医だったことが多いと言っている。彼らは両親が欲していることを解読して理解し、行為や行動で親を満足させなければならなかった。親に不足している感情を埋め合わせることで、子どものギフテッドは他人の感情を解読する専門家になり、それが面白くてついには自分の「生きる手段」になるのである。そうして大人になってなるのが……精神科医！　これはアリス・ミラーが言ったことである。

実際、このような感情移入によって、世界の意味や人間の機能に近づいて理解できることは、精神科医にとって最高の資質ではないだろうか？　私のまわりにも、ギフテッドと思われる精神科医はたくさんいるのだが、しかし認めようとしない人のほうが多い。まるでギフテッドであることが職業的、個人的メリットを失わせるかのようだ。

私が行っている臨床現場でも、将来的にこの仕事を考えている思春期の若者にたくさん会った。なかにはすでに精神科医になった若者もいる。私は彼らに卒業後に共同して作業することを約束した。私はその約束を守る！　彼らは最高の精神科医になるはずで……私のほうから患者になりたいと頼むだろう。これは本当！　彼らの特徴である人の話を聞く能力、感情移入、とくに創造的な総括の能力を、私は本当に信頼しており、私を新しい道にアクセスさせてくれるのではないかと期待している！

感情的なシンクロ……テンポを合わせる

感情移入ではまれな機会が訪れることがある――テンポが合うときだ。感情的なテンポである。他人の感情を繊細に敏感に強く感じると、ちょうどいい瞬間に反応して、その場に溶け込むことができる。そして感情移入はネガティヴな感情だけではなく、感情に含まれる楽しいニュアンスもすべてキャッチするものだ。あなたは周囲に漂う陽気な雰囲気を感知して、楽しい感情になるのではないだろうか？　こうしたポジティヴな感情をキャッチして、感情の貯蔵庫に蓄えておくことだ。それらはもっとも困難なときに役立つだろう。それらはあなたの貯蔵庫とリソースの糧になるものだ。つねに蓄えておかなければならない……イソップ寓話のアリとキリギリスを思い出そう！

感情のいいテンポを多くの人が強く感じるのは、音楽やさらにはダンスを共有している瞬間だ。同じペースで響き合い、他人の感情に接続して、周囲の感情に乗って、どこかへ運ばれていく。魔法のような瞬間だ。感情移入は、バランスが取れていれば、元気回復の瞬間は効果十倍になるのである。

人生の夢を夢の人生（ほぼ！）に変えるいくつかの秘策

◆ズレから新しい力を汲みとる

退屈はじつは思考を前進させ、新しい考えを作りだし、見つけさせてくれるものである。この退屈がテンポと関係しており、退屈なのは人生ではなく、人生は自分で構築するものだと理解できたら、退屈は原動力になるのである。

あなたは退屈している？　それは好都合！

1．あなたの脳はとりとめのないことを考え、連想し、創造している。

2．あなたはこの放浪する思考を実現するものに変えることができる。

退屈なときは幸せな人生を想像し、決断することができる。

◆チャレンジ精神……前進するための大きな力

チャレンジ精神は、困難を乗り越えたときに強く感じる喜びに通じるものである。チャレンジ精神は成功の欲望と結びついている。ありのままの自分に誇りを感じ、同時に他人の視線のなかにも誇りを感じたいという欲望だ。それは横柄さや傲慢さではなく、前進して、自己の限界を超えたいという絶対的な欲望である。チャレンジ精神は大きな力を持つ原動力なのである。

ギフテッドの進む道が、小さくても大きくてもかまわない、この成功の喜びに向き合う機会を与えてくれたとき。人生が楽しみな実現の機会を提供してくれたとき。その時点で十分な自信があり、気弱になるときはあっても温かい環境で成長していたら、そのときはギフテッドのチャレンジ精神が大きなことを成し遂げさせてくれるだろう。彼らにとっても、他人にとってもだ。人道的で大義を守る渇望にかき立てられて、ギフテッドは前進する。抑制できない自身のエネルギーに押されて遠くへ飛ばされていくように。

チャレンジ精神は、自身の困難に関連する困難を乗り越えることを可能にする。
チャレンジ精神は、取り組んでいることを成功させるための驚くべきエネルギーを与える。
チャレンジ精神は、自分自身の限界までいくために成功することである。

◆ギフテッドのエネルギー……超自然的な力？

ギフテッドが発揮するエネルギーは驚くべきもので、他人を疲れさせるほどである。みんな疲れている？　それでもギフテッドは続ける。他人が不可能と考える闘いにも挑み、出口がないように見える状況でも解決法を見つける。つねにいまも、子どもの頃、疲れ知らずだった小さなシマウマのままだ。ギフテッドは決して疲れない。このエネルギーは、彼らが自分のなかのやはり大きなエネルギー貯蔵庫から見つけてくる。ときに、仕事に没頭して極限まで集中するあまり、すべてを忘れることがある。時間も周囲の要請も、他人も束縛も忘れ、それには生理的な基本の欲求も含まれる——食べて飲んで、眠ることだ。仕事や使命に浸りきり、何も止めることはできないのである。

ただしそこは慎重に。この超自然的ともいえるエネルギーは逆のものに変わることがあり、これまた人目を引くのである。ギフテッドの大人が心底から自分は無力で無能、何の役にも立たず、何をしてもうまくいかないと確信していると、そのとき正反対のことが起こる。身動きできなくなって固まり、動作も鈍く無気力になり「死んだ」も同然になるのである。あまりに重苦しいので、何も彼らを動かせなくなるのだ。

要注意……これは同じエネルギーが自身に向かうのである。

動きを逆にすることだ。逆の方向に向かって元気よく再出発することだ。そしてあなたを身動きできなくさせたのと同じ力で、あなたが思いもよらないエネルギーを発揮することだ。ジェットコースターを覚えているだろうか。恐ろしいほどの深淵に下降したあと、再び加速し興奮して上昇する！　宙返りの始まりだ！

◆理想主義……ポジティヴな苦しみ!

理想を追いかけることは辛いことで、失望することも多い。この苦しみに不安を抱いてはいけない、逆に利用するのだ。理想主義は自身に備わった力である。理想主義には、定めた目標にたどり着くために必要な努力を維持することが強いられる。理想主義は前進を促す目的を作るのである。

自身に対する理想主義は自己実現を促すものである。

理想主義は実力以上の力を発揮して、大きなプロジェクトの成功を可能にするものである。

この疲れ果てる闘いをついにやめるとき……

ギフテッドはつねに闘っている。精神的に生き残るため、感情を整理するため、他人や世界に順応するため、思考にブレーキをかけるため……。

闘いは人を拘禁し、毒を盛る。文字通りの意味だ。つねに用心してストレスのある状態で生きていると、脳からストレスのホルモンが継続して分泌されることになる――コルチゾールは精神活動と身体の組織を消耗させるホルモンだ。コルチゾールが過剰に分泌されると、さまざまな痛みや深刻な病気が発症することになる。精神的だけでなく生理学的な病気だ。

この闘いを避けることが不可決だ……。
・物事の意味をつねに問いかける不安の「カーテン」を超えるために。
・受け入れることで自分を裏切るという感覚を超えるために。
・つねに感じている、人生や他人の「外にいる」という感覚を超えるために。
・他人と一緒にいて気分よくなれるために。違いを消さずに彼らを尊重し、介入なしに彼らの感情を感じることを受け入れるために。
・私たちの理想のイメージとは違う人生に、自ら「選択して」順応するために。

解説
・私たちは自分の人生を考え、そこに限界や不完全さを見ることができる。しかしまた、強みや秘めた能力、優れた点、喜びも見つけることができるのだ。
・そして自分に言い聞かせる――この人生は私が意識して、これと決めて選んでいるのだと。無力な犠牲者から運命のパイロットになることで、すべてが変わる。
・人生を選択し、選び直すことは、どんなに欠点があっても、それとともに充実して生きることを受け入れることである。これは自由の一つの形、誰もが自分に与えることができる！

人生との闘いをやめ、人生と向き合うとき、私たちはエネルギーを発散して構築し、築き、創造して前進する……。

希望

すべてが可能（または再び可能）になるときが訪れる。再び人生を信じ始めるとき。自分のなかにある子どもの部分を再び見つけて夢中になれるとき。そしてついに自分の運命や宿命の支配者になれるとき。ここでの支配者は権力やコントロールを欲しているのではない。そうではなく、約束や新しい冒険、出会い、新しい道でいっぱいの未知の土地を発見して、深い喜びを求めているのである。

忘れていけないのは、サバンナでは、シマウマの捕食者は結局のところ非常に少ないということだ。彼らは恐怖を抱いているのだが、しかし滅多に襲われない。その縞模様がほかの動物に唯一優っているのである。彼らの体の構造がほかの野生動物にはない利点なのである。

あなたもそう？　縞模様がある？　だったら大丈夫、さあ、まっしぐらに突っ走ろう！

要約と、幸せになるための重要なアイデア

1. 自分に備わった非常に高い知能を再び飼い慣らすことだ。計画を企てるため、人生を

調整するため、学んで理解する喜びを再び見いだすために。知能は一つの内的な資質で、自身に誇りを持つためにもそれを再評価しなければならない。

2. 感覚過敏を世界でのあり方の一つとして、ユニークで歓喜に満ち、魔法のようなものとして利用することだ。感覚過敏は才能の源泉の一つである。

3. 創造性は先駆者や改革者、リーダーとしての能力である。ギフテッドの創造性はその樹木状の思考から汲みとり、継続してそれを補給するものである。

4. 感情移入は他人の感情を知覚する能力で、他人との関係やコミュニケーションでの視界を信じられないほど深めるものである。感情移入は、まれな感情の側面で、世界や他人の心を開くものである。

5. ズレは、距離を取ることで逆に観察し、分析して理解できる恵まれた機会にしなければならない。事実を超え、表面だけではわからないことがわかるはずだ。ズレは、世界に順応し、自身の正しい居場所を見つけるために、斬新な展望を与えてくれるものである。

6. ギフテッドであることは、日々、発見して学ばなければならない無数の豊かさのことである。

第11章　すべてがうまくいかないとき

この章では、ギフテッドのもっとも暗い面を述べていくことになる。自己喪失のサインである。これはギフテッドを不安定さの悪循環に陥らせ、行きつく先は非常に大きな苦しみでしかないものだ。そして多様な形の病気が待っている。暗い面に言及することは、起こりうることを理解するために欠かせないことでもある。とくに、避けるにはどうすべきかを理解するために必要だ。ここでも原則は、障害を予防するためのメカニズムを見抜くことである。

ギフテッドの性格の発達は、その個性の特異な構成要素で特徴づけられる——知能と感情の二つの面からである。ギフテッドであることは、世界の構成要素すべてを分析する知能と、どんな小さな感情の印もキャッチする過剰な感受性の組み合わせで定義できる。これが受け入れられたら、アイデンティティを追求する歩みは不安定になることが容易に理解できるようになる。人生のバランスもまた見つけるのが難しい。複雑な人生に向き合う不安が心をさいなむのである。私は向き合えるのだろうか？

壊れやすい基盤の自己イメージ

小さな子ども時代から思春期まで、ギフテッドの自己イメージは他人との違いと直面して構築される。これには二つの面があり、それぞれ異なるのだが、しかし結果は同じになる。

・最初のシナリオ……ギフテッドの子どもは自分自身で違っていることに気づいているのだが、なぜかはわからないまま、他人と同じように考えて理解したり感じることができないでいる。本人はなんとかして自分を合わせ、順応し、調整しようと試みているのだが、しかしそれには大変なエネルギーが必要だ。その順応の仕方は自然ではなく、自分では生きていないように見えている。ときにそれがうまくいき、ズレと自分に対する無理解にもかかわらず他人に溶け込んで成長するのだが、しかしまたときに失敗して孤独に襲われることもある。そのときの孤独感は、他人と同じになって受け入れてもらうようずっと努力してきたぶん、凝縮している。彼らはもう自分が何者かがわからず、心の奥ではネガティヴな自己イメージ――自分には何の価値もない、愛されるにはふさわしくない、決して成功できない――と、何か自分ではないところがあるという確信とのあいだで揺れている。しかしそれが何なのかわからない！　この精神的な生きづらさは辛いことが多く、自己イメージを混乱させ、人生で「気分よく」なれる可能性も見通しが暗くなっている。

・二番目のシナリオ……こちらのギフテッドの子どもは自分の違いに気づいていない。彼らは自分をほかの子どもと同じだと思っている。自分の思考や感受性の特異性に気づいておらず、みんな彼らと同じように機能すると考えている。そんなときギフテッドは、ある反応や行動、出来事を攻撃的で公正さを欠いていると受け止め、深く傷つくことになる。そして、彼らが敵意としてとらえたこれらの体験に意味を与える説明を求めるほど、自分と他人双方の無理解に直面することになる。自分の身に起きたことが理解できず、混乱も共有できないギフテッドは自分を見失い、足元がぐらついて、再び自問する——もしみんなが自分のことを適合していないと考えているとしたら、自分には大した価値がないということだ。どうしたら、こういう状況で強固な自己イメージを構築できるだろう?

大人の入り口でも、自己イメージをめぐる混乱は落ち着く気配がない。こうしてアイデンティティが曖昧なままでいると、若いギフテッドは選択をするときに「試行錯誤」を繰り返すことになる。自分が何者かわからず、どんな能力があるのかもわからないとき。自分の好きなことや、楽しめることが本当にわからないとき。自分や他人、人生に失望して大きな不安を抱くとき、人は手探りで試し、間違えてはまたやり始める。ときになんとか「正しい居場所」を見いだすことはあっても、将来を展望する気持ちを抑えることができず、つねに疑念を抱いている。結果としてギフテッドは慢性的でしつこい不満感を抱くようになり、人生が不安定になる。そんなときたえず絶対的な真実を追求する人物によく見られるのが、パートナーや仕事を替え、新しい計画を試み、人生の方向転換に挑むことだ。こうしてギフテッドは一生、休むことなく、自分のアイデンティティを追求し続けるのである。

◆子ども時代から大人まで、ギフテッドの発達と体験につきまとう自己イメージの欠陥

強固で安定した自己イメージの構築において壊れやすさが先立ち、自信がなくなって曖昧な不安を抱くようになると、人は自尊心をひどく攻撃し、自分に対する価値観を完全に喪失するようになる。鬱病の症状から深刻な病状まで、人生に行き詰まって抜け出せないギフテッドに見られるサインである。

これらさまざまな段階には一般的な傾向がある。ギフテッドのアイデンティティの根元を蝕む複雑な化学反応に加担し、深刻な障害のリスクを助長するさまざまな傾向である。

・さまざまな一般的傾向とは何か？

外部と内部からの攻撃。他人から攻撃されていると感じるだけでなく、つねに自己批判もしている。

奇妙なズレの感覚。

感覚過敏のあまり、背後でつねにチクチクした感情と、傷が痛むような感覚。

知能が加速して、継続的に内面で疑念や問いかけ、不安を生じさせる。

ギフテッドの最悪の敵は自身の機能モード！

◆成長し、生きるために自分を守る

アイデンティティを構築する過程で、ギフテッドはあふれ出る感情の流れから身を守るため

保護メカニズムを作動させる。この感情の激流の源は二つ、鋭い知能と過剰な感受性だ。

心理学では、この保護メカニズムは防衛機制と呼ばれている。目的は？ 自分を安全に守り、苦しみを軽減することである。これらのメカニズムが柔軟であれば、保護機能は有効に働き、私たちそれぞれにとっての味方になる。しかし、感情の負荷が大きくなりすぎると硬直化することが多く、苦悩が大きくなり脅威となる。そうなるとこのメカニズムは罠となり、テコでも動かない石柱となって、そのまわりに性格が構築されることになる。保護機能のはずが破壊者になってしまうのだ。

◆ギフテッドの防御メカニズム

このメカニズムは、ギフテッドの精神病理的な修正をするうえで非常に重要な目印で、知っておくべきであり、理解し、統合すべきものである。臨床的に観察可能な特異な特徴として注視することが絶対に必要だろう。

まずは大ざっぱに、ギフテッドの保護メカニズムの構築や機能、限界について観察してみよう。

1. 最初の目的：感情の激流や、他人に対する受容性、絶え間ない世界の分析に侵略されないためである。
2. 期待される結果：どんなことがあっても気分よく過ごせるようになる。
3. 防衛戦略：感情から距離を置く。

4. 方法

・制御とコントロール

安心するため、つねに働き続けるこの思考を止めるため、絶え間ない疑念や不安に襲われないため、ギフテッドはすべてを制御し、コントロールを維持しようと懸命になる。この使命のためにエネルギーの大部分が費やされ、限度を超えることもよくある。とくに感情があふれるままにしておかないために、先取りしていっさい諦めないために。これらギフテッドの管理メカニズムはさまざまな形を取ることがある。際限のない議論や秩序や命令を拒否するくせに意味にこだわる、なりゆきで選択することのないようつねに確認する、不可能な正確さを疲れるまで追求する、強迫観念のような習慣、つねにすべてを再検討する……など、例をあげればきりがない。

・認識力による防衛

「僕の知能が感情からあふれ出るものをすべてひっかき回す」と、三十二歳のヴァランタンは明快に説明する。

そのときのどんな小さな感情も過剰なほどの理論を使って防御し、どんな些細な感情表現も冷静に距離をおいて分析する。この強固で硬直したメカニズムをギフテッドはよく使い、濫用している。

・情動麻酔

この保護機能メカニズムが頂点に達すると、非常に目を引くものとなる。ニコラが証言する。「感情を繰り返し殺していたので、現在の僕は状況に応じてどの感情で順応すればいいのかもうわからなくなっている。感情を言葉や動作、態度でどう表現していいのかさえわからない。おかげでいつもそこで起きていることに無関心なように見られ、ひどい目にあっている。彼女といるときは最悪だ。だから、まわりの人がどうするのかを観察して、感情的な反応をそっくり真似している。それが自分で見つけた唯一の解決法だ。僕はとても敏感だったんだけれど、現在はもう何も感じなくなっている。そしてどうすれば元に戻れるのかわからない」

・ユーモア

人生の物事を笑いの種にする、状況をこっけいなものにしようとする、傷つける言葉をエスプリの効いたものにする、ユーモアの手管なら何でも、ギフテッドは操るのが得意である。ユーモアの利点は？　感情をうまく操作して、認識的に正しいと評価される形にして伝播させることである。巧妙に距離を置くことも必要だ。感情的な脅威が個人の切り札に変わるのだ。うまくやれば！　しかし条件が二つある。まずユーモアはケチって使わなければならない。濫用すると本当の関係が築けなくなる。そうなると魅力であるはずのユーモアが、人間関係の毒になる。二つ目の条件は、ユーモアは一方向でしか使えないということだ。というのも、この点ではエキスパートのギフテッドは、自分が対象になると非常に機嫌が悪くなる。突然、メカニズムが理解できないようになるのだ。きわめて予想外だが、珍しく暴力的な行動に出ることもある。ここでもまた、暴力の下に隠れているのは彼らが感じた感情の負荷の激しさだ。したがって用心を！

5．分裂した個性の構築

・感情と接続しなくなると、唯一前線で活発になるのは理性的な知能である。結果として冷たい性格になり、感じて感情を活かすことが難しくなる。しかしそれは大変なエネルギーを使ってのことであり、精神的なリソースが枯渇することになる。これは自分自身、本来の自己との闘いである。自分と世界とのあいだに必死で堤防を築き、感情におかされないように殻を維持し、側から見てわかるほど無関心になるには、つねに疲れ果てるほどの警戒心が必要だ。そして、激しい感情の重みで、メカニズムが重すぎる負荷を抑えきれなくなると、崩壊が始まり、ギフテッドは絶望の穴に吸い込まれていくのである。もはや自分を守る可能性はなくなり、丸裸で苦しみと直面し、呑み込まれていくことになる。

・行き着く先はより深刻な精神障害で、将来的に障壁となるだろう。

ギフテッドに特有な病気について話せるだろうか？

重要なのはそういうことではない。繰り返すがまず、ギフテッドは病気ではないということだ。いっぽう、ギフテッドの苦しみは、典型的な障害の形を呈しているとしても、同じやり方でアプローチすることはできない。違うところは典型的な表面上の障害の形ではなく、その内容にある。

なかにはギフテッドの大人に特徴的にあらわれる障害もある。

これらの特徴的な症状は精神障害の国際的な分類表には記載されていないのだが、その症状があらわれる頻度が多く、特徴もつねに同じなので、臨床医は知っておくべきと思われる。

◆際限のない問いかけに呑み込まれる「人生の意味」……生きる苦しみ

・生きる苦しみ

生きる欲望が健在なところは、自殺願望と非常に異なる点である。しかし生きる困難は乗り越えられないものでもある。「難しすぎます」と説明するのは四十二歳の女性患者。彼女は毎朝、その一日をどう乗り越えようかと自問すると語る。「最初の五分間、同時にたくさんのことを考えて自殺したくなりそう、本当に怖いです！」

これは彼女が生きる気力を感じていないということではない。鬱状態で起こりがちなのは、医師のいう無気力や無為感だが、彼女の場合はエネルギーをほかの目的に動員しなければならないのが原因だ。それは――

1. 自分を守るため。
2. 物事に興味を見つけるため。
3. すべてを無意味と思わないため。
4. 自身の存在に意味を与えるため。
5. 他人をはぐらかすため。これは耐え難く、痛みをともなう試練である。

治療の面談で、私たちはロールプレイをすることに決めた。九歳のナタンは精神科医役だ。彼が私に問いかける。「あなたの生きる情熱はなんですか？」。九歳にしてすでにこうだ！

これが意味するのは、この人生の質問、その意味、物事の意味、生きる意味が、ギフテッドの精神のなかでどれほど連続糸になっているかということだ。ときには、たとえば人生がいつもより刺激的で、旋風に巻きこまれてギフテッドが満足しているときなどは、この種の質問はおぼろになり、頭の片隅に遠ざかる。しかし人生の流れが平坦で味気なく、失望や失敗などで妨害されると、すぐに猛烈な勢いでよみがえり、自分と世界のあいだに執拗に居着いてしまうのである。そしてそれは避けて通れない、致命的なものになる。

難しいのは、どのように助ければいいのだろう？　ということだ。なぜなら、どんなに合理的に、あらゆる戦略を使って、考え方や人生や物事の想像の仕方を新しくしようとしても、苦しみを軽減するために駆使したプロセスはすべて、この致命的な問いかけにぶつかってしまうからだ。ギフテッドの鋭い分析が何度も繰り返す例の質問だ。この人生をどのように生きればいいのだろう？　これでいいのだろうか？

◆社会的抑制……世界から身を引く

「私がアトリエに閉じこもっているのは偶然ではなく、世界から自分を守るためです」。ドミニクはタペストリー作家になっている。彼女がそれを決断したのはある日突然、これまでにも増して、他人に攻撃されたと感じた日だ。そのとき彼女の感情は、もともとズレや違いを感じていたのだが、社会からこれからも拒否され、もう他人とは一緒にいて気分よくなれない、そのためにこれ以上努力できないと、決定的に確信したのである。

社会的抑制がギフテッドを待ちかまえている。多かれ少なかれ深刻な形で。一部の人については、これを「人嫌い」で「非社交的」な性格だと言う人もいるだろう。しかし彼らの場合は、少なくとも社会の一員として組み込まれている。なかには、社会から身を引き、世界から徹底的に孤立している人もいる。一人で引きこもる彼らは、外部とは仕事など重要な関係しか維持していないのだが、しかし慢性的で危機的な鬱状態に陥ることがあり、予後となるとさらに深刻だ。彼らは自分で強固な殻を築いており、そんな彼らに手を差しのべて助けることは難しくなる。彼らの世界や自分の危険に対する不安は非常に大きいのである！　自分の「縄張り」から出て何の意味がある？　もっと苦しむため？　そんなことはごめんだ！

マリファナからアルコール、ビデオゲームから仕事、テレビからインターネット……依存症ならなんでもありだ。

◆もう何も考えないための依存症

「どうしても止められないただ一つの生き方は、考えること」とラファエル、八歳半だ。

ところで、考えることに疲れ果てたとき、思考の旋風に我慢できず頭が爆発しそうになったとき、これらの思考や質問が際限なく続く漠然とした悲しみに襲われたとき、思考を吸収してくれそうな活動をしても頭が働かなくなったとき……この地獄のような脳の激しい動きを消し去る！　ことが唯一の……生命を維持するための解決法である。しかし依存症には裏がある——一時は落ち着かせてくれるが、これが苦悩の種になるのだ……。私の経験だが、画面にかじりつく思春期の子どもを心配する親を安心させることがよくある。私は安心させる意味で、それは子どもたちが学校から帰ったあと、ヒーローになれる世界へ逃避しているだけだと説明する。全能のヒーローを見つけることは本当に心が安らぐのである。ある意味で、それは思春期の若者が不安を鎮めるために自然と使う抗不安薬と言えるだろう。少しなら非常に有効だ。やりすぎはもちろん罠になる。しかし知って欲しいのは、仕事にもまた同じ効力とリスクがあることだ。人生でもっとも頭が明晰な時期を仕事に捧げるのは、不安との闘いの一つである。リスクは？　退職すると苦悩が急に表に出てくることである。

◆睡眠障害

眠るときに、思考があふれ出るのを止め、激しさを軽減するのは難しい。睡眠障害は頻繁に見られ、再発も多い。逆のケースに出合うこともある。睡眠過剰は思考によく効く鎮痛剤のようなものだ。たくさん眠るほど、考えなくてすむからだ。

◆順応戦略としての知的抑制

「本当のバカになることが、私の病気によく効く治療薬だ。私には根治的な治療が必要なのだ。バカになることは、私の知能の化学療法になるだろう。これはリスクだが、私に迷いはない。いや本当だ、六ヶ月後に、あなたは私が少し生き生きしすぎているのがわかる……くそバカになってね、確かめに来てください。私の目的はキューピットのような間抜けになることではなく、分子が私の身体の組織に循環するままにして、辛すぎる私の精神を浄化することだ。しかし六ヶ月になる前は来ないで欲しい。（……）これもまたリスクだ。間抜けでいるほうが知能に束縛されて生きるよりよほど楽しいものをもたらしてくれる。そのほうが幸せだ、それは確かだ。私は愚かなことの意味に固執すべきではないがしかし、よい影響をもたらす要素がそこには微量元素のように浮遊している――幸せ、ある種の距離、感情移入に苦しまない能力、人生の軽さ、精神の軽さ、そして何も気にしないことの軽さ！　（……）結局、間抜けになることで、私はここでも驚くべき知能を証明したことになる。あなたは私を誠実ではないと思うだ

ろうか？」＊

◆生き残りのために抑制する……

抑制は強力な戦略だが、ときに取り返しのつかない影響をもたらすことがある。自分自身の全体を抑え、さらには崩壊するために大変なエネルギーを使うと、結果が当初の目的を超えてしまうのである。最初は深く静かに潜行する苦しみを和らげる目的だったのが、だんだんと自己が貧しくなり、内面が本当の砂漠になってしまうことがある。結果、気力のない性格になり、意味のない存在に道を踏み外し、もっとも多いのが社会から孤立することだ。「バカになる」目的のはずが、自分自身に無関心になり、他人からは透明人間のようになるのである。

◆理由なく変わりやすい気分

「私はむら気のような気がします。突然嬉しくて飛び上がりそうになったかと思うと、すぐに悲しくなる」と語るのはローラ、二十五歳である。

樹木状の思考を活性化させる速さから、次々と非常に速いテンポで活発な考えが連なり、イメージや思考、感情、思い出がそれもポジティヴ、ネガティヴ、不安なもの、楽しいものとさまざまな色合いで浮かんでくる。この気分の変わりやすさは、臨床的に鬱病または双極性障害

＊マルタン・パージュ、前掲書。

と混同されることがある。しかしこれはただ認識機能によるもので、あらゆる種類のあり余るほどの感情を運んでいるだけなのである。

ギフテッドにとってこれは難しい体験になる、というのも、急激に変わる気分の根源にアクセスできないからだ。本人はなぜ悲しくなるのか、気分がよくなるのかもわからない。ある意味で、自分ではどうしようもできない脳機能の犠牲者なのである。自分自身にアクセスできず、これがまた不安や生きづらさの本当の原因になることもある。理解もできず、典型的なケアも不可能になるのである。

危険……診断の間違い

ギフテッドが表現する苦しみは、その形状がときに典型的な病状に近いことから、間違った診断になることが非常に多い。この性格の特殊な調整に必要な情報をよく知らず、訓練もされていない専門家は、この患者に不適切な治療を勧める危険性がある。その場合、いつまでたっても障害を軽減するには至らないだろう。

◆よくある典型的な誤診断

・拡散的思考、連想の速さ、樹木状思考の速さによる論理的脈絡のなさ……は統合失調症と診断されることがある。感情的な冷たさ、感情的な距離感がこの診断の仮説を裏づけることになるだろう。

・不安定な気分、興奮するときと悲観して落ち込むときの落差、高揚する気分などは、双極性障害（以前は躁鬱病と呼ばれていた）の症状のサインと見られる傾向がある。

・過剰な感受性や感情の受容性、退行、安定しない社会的順応性は境界性人格障害と考慮される徴候である。

・鬱病、不安障害、恐怖症……なども見てとられるだろう。しかしギフテッドの特異な体質は含まれていない。注意が必要だ……。

本当に苦しみの出口を見つけたいと欲しているにもかかわらず、これら間違った診断の犠牲者であるギフテッドは、精神科医巡りをして……診断を重ねることになる。最初は、診断を信じるのだが、少しずつ失速し、そしてまた罠にはまるのだ。今度は、彼らはもう誰も信用できず、彼らを理解し治療できると主張する人となるともっと信用できない。診断で彷徨った結果、あれほど探し求めていた援助に通じる可能性が、どう頼んだらいいかもわからないまま、閉ざされてしまうのだ。それはギフテッド自身にも謎なのである……。

◆ケアの罠

「あなたはバカなことだと思われるでしょうが、でも私は、精神科医と会うとすぐに彼は理解していないと確信します。私の問題や困難の性質をつかんでいないとわかるのです。私のほうが彼より詳しい。ときどき、私が解決の手助けをすべきではないかと思うほどです。言ってみれば、私が……私を助けるということでしょうか。でも結局、誰も私を助けられないと思います。何かできるのは私だけです」と、恥ずかしそうに謙虚に打ち明けるのは三十八歳の女性患者である。彼女もまた二人のシマウマに疲れ果て、悟りきっているようでもある……。

ケアで頻繁にぶつかる問題がこのアンビバレンスである。誰か理解してくれる人、ついに任せていいと感じられる人を見つけたいという際限なき願望と、他人に場所を与える可能性を閉ざして、自分で制御しコントロールしたいという願望である。

◆流行りの「解き放つ」コンセプトに要注意

これはギフテッドの機能には不適切である。現代の心理学的な流れに着想を得たよくある障害物の一つである。考え方は、自身と再接続するための内面の緊張を自分自身に解き放ち、恩恵を施す静けさで満たして回復の源泉にするというものだ。しかしギフテッドにとっては、まさにこの解き放つ瞬間に思考が拡大する。というのも自由な空間ができるからで、仮に思考を少し止めることができたとしても、漠然とした不安がこみ上げてくるのである。

ギフテッドに、思考を鎮めるために勧めるアドバイスとしていいのは、いつも心を占めているることから遠く離れ、それらを全部吸収してくれるほかのことに没頭することだ。それが彼らの日常や普段の生活様式と落差があるほどいいのである。重要なことは、その活動や時間つぶしに完全に夢中になれることだ。思考の「追放」である！

要約

・ギフテッドであるということは個性の構成要因の一つで、病気ではない。
・ギフテッドであるということは、苦しみの表現に独特の色合いがあるということで、これらは適切な治療の過程で効果的により添い、助けるために必ず考慮し、彼らに認めさせなければならないことである。
・ギフテッドの性格の精神力動の構造の特徴を無視することは、間違った診断をするリスクをおかすことで、その場合、ギフテッドを解決の道がないほどの苦悩に突き落とし、人生の道を外れさせることもある。
・ギフテッドのケアには、治療をするうえでことなるものがあり、それは必ず頭に入れ、使い方を知っておかなければならない。とくに言えることは、認識的な自己を拠り所にすることで、これは抑えられていても元のまま保たれている。ギフテッドの場合、考えることが苦しみの原因なのだが、しかし彼らが思考を再び飼い慣らし、自己回復の味方にできるよう助けることができる。例えるなら、古い建物を改修するようなものだろう。

ひび割れだらけで屋根も壊れているが、しかし基礎工事がしっかりしていればそれを頼りにすることができ、強固にして安心できる基礎に再建できるだろう。しかしまた、他人や人生が攻撃される不安を抱かずに入れるよう、オープンであることも必要だ。これは想像上の敵の攻撃を追いやるために建てられた家ではなく、快適で、他人と一緒でも気分よくいられるために作られた家になる、この二つは非常に違っている。

高い知能のよい点は多くの研究で証明されている。気力を取り戻そう!

- 高い知能の人は精神的な病気になるリスクが低いことが、ケンブリッジ大学の研究で発表されている。
- 知能指数が高い人は、鬱病や統合失調症など一部の精神障害で重症化する度合いが低い。
- 研究者が明らかにしたのは、知能指数が高い人の場合、深刻な症状は少なく、順応する可能性がもっとも高いということだ。

知能はまた病気に対する保護因子でもある。

結論に代えて

　この本を書いているあいだじゅう、私は何度も中断し、頭のなかやパソコンを前に自問した。もしこれがすべて空想でしかなかったら？　もしギフテッドが私が書いたようなものではなかったとしたら？　そしてもし何も知識がなくて中傷する人たちのほうが正しく、これら生まれつき満たされた人たちを心配しても無駄だとしたら？

　本当だ、誓ってもいい、私がこれら意地悪な疑念に襲われたことは何度もある！　そしてそれから少しあと、再び一人の子どもや思春期の若者、家族、大人と向き合い、彼らの話を聞き、絶望や彷徨いの本質、彼らの言葉、態度に接すると、電光のような確信が驚くほどの力で戻ってくる。しかしどうして私は一瞬でも、これらの性格の信じられない特異性が臨床の現実ではないと考えたのだろう？　そうして私は、実際に語られて書かれ、科学でも証明されたこの事実に満たされて、再び激しい情熱と固い意志を持って書き始めた。あなたたちは存在している、私はそれを確信している、私はあなたたちに出会っていた！

　この本があなたを助け、ありのままの素晴らしいあなたになれることを願っている。この激しい知能と並外れた感受性が、あなたを壊れやすい力のある性格にしているのだ。あなたを構成している各一片が、多くの罠がありながらも多様な才能のある特異な人にしていることを、心から自覚することだ。

　あなたはそれを利用してまわりを光り輝かせるのだ。世界はそれを必要としている。人生でのあなたの成功は全員の成功でもある。

　そしてこの簡単な事実を思い出して欲しい。普通の子どもだった人も、素晴らしい大人になれるということだ。生きている限り、運命を決定するものは何一つない。人生のどの段階でも、私たちは新しい道を選ぶことができる。すべてがつねに可能なのだ。道を変え、自己や他人に対する視線を変えることは素晴らしい冒険である。不安を抱くのは当然だが、しかしその先に見えるのは新しい喜びだ！

　そしてとくに、とくに、あなたのなかにある子どもの魂を大事に守って欲しい。新鮮な印象を与えるあなたのナイーヴさ、ほとばしり出る創造性、衝撃的なほどの感受性、つねに潑剌とした好奇心、ぷくぷく沸き立つ知能。これらの宝物をすべて守ったまま大人になったのがあなた、違っていて当然なのだ。あなたは「子どもの心」を決して忘れない一人の大人なのである！

ジャンヌ・シオー=ファクシャン
Jeanne Siaud-facchin

1957年生まれ。臨床心理学者でセラピスト。パリとマルセイユの公共病院の元専門医。ギフテッドの専門家で、このテーマでは世界的な参考書となっている『ギフテッドの子ども』の著者として知られている。また、フランスで最初の学習障害を診断し、治療にあたるセンター「コギトZ 」を創設。現在フランス各地に支部がある。

鳥取絹子
Tottori Kinuko

翻訳家。訳書に『素顔のココ・シャネル』(河出書房新社)、『ビッグデータという独裁者』『アルツハイマー病は治る』(いずれも筑摩書房)ほか多数。

大人のギフテッド

高知能なのになぜ生きづらいのか？

2023年 5月30日 初版第1刷発行

著　者　ジャンヌ・シオー=ファクシャン
訳　者　鳥取絹子
発行者　喜入冬子
発行所　株式会社 筑摩書房
東京都台東区蔵前2-5-3 〒111-8755
電話番号 03-5687-2601（代表）

装　幀　井上則人／入倉直幹（井上則人デザイン事務所）
印刷・製本　三松堂印刷株式会社

ISBN 978-4-480-84328-9 C0011